U0608592

税收实务

李沐杉　主编

中央广播电视大学出版社·北京

图书在版编目（CIP）数据

税收实务 / 李沐杉主编 . —北京：中央广播电视
大学出版社，2016.12
  ISBN 978 - 7 - 304 - 07912 - 3

  Ⅰ.①税… Ⅱ.①李… Ⅲ.①税收管理—中国—高等
职业教育—教材 Ⅳ.①F812.423

中国版本图书馆 CIP 数据核字（2016）第 164539 号

税收实务
SHUISHOU SHIWU
李沐杉 主编

出版·发行：中央广播电视大学出版社
电话：营销中心 010 - 66490011 　　　　总编室 010 - 68182524
网址：http：// www. crtvup. com. cn
地址：北京市海淀区西四环中路 45 号 　　　邮编：100039
经销：新华书店北京发行所

策划编辑：窦思佳 　　　　　　　　　责任校对：赵　洋
责任编辑：陆　恬 　　　　　　　　　责任印制：赵连生

印刷：北京明月印务有限责任公司
版本：2016 年 12 月第 1 版 　　　　　 2016 年 12 月第 1 次印刷
开本：787 mm × 1092 mm 　1/16 　　　印张：18.5 　字数：414 千字

书号：ISBN 978 - 7 - 304 - 07912 - 3
定价：37.00 元

 PREFACE

美国著名的政治思想家富兰克林说过："世界上有两件事是每个人都不能避免的，那就是税收和死亡。"纳税是企业和个人应履行的义务。随着我国依法治国进程的加快，税法体系越来越完善，税法成为与企业和个人息息相关的重要基础知识。伟大的教育家陶行知先生曾提出"行是知之始，知是行之成"，知行合一的技能型人才是当今"中国智造"的基石，也是职业教育的终极人才培养目标。"税收实务"是经济类专业的核心基础课程，学生只有理解税收的基础知识，掌握现行税法的主要内容，才能够完成税收申报纳税的实务操作，从而为以后的工作和生活打下良好基础。

基于此目的，本书以市场需求为导向，技能训练为目标，税法基本要素的掌握为起点，企业主要缴纳的税种为内容，遵循"案例导入—基本认知—模块应用—技能训练"的思路进行编撰。在对我国现行的税法体系进行梳理的基础上，本书的编排以企业纳税实务中常见的核心税种为重点、以计算复杂的税种为难点、以小税种为补充，重点、难点标识清楚，内容系统、全面，技能训练紧随其后。为便于学生了解实务和完成练习题，每个模块后附有相关税种的常用申报表，扫描模块后的二维码即可查看；书后则提供了本书提及的所有常见申报表的打包下载网址。本书既可以作为广播电视大学远程教育的教材，也可以作为广大在职人员、企业财会人员以及其他相关人员的学习参考用书及培训用书，尤其适合广大自学者学习使用。一书在手，税法尽在掌握。

海南广播电视大学的高级会计师李沐杉，海南合嘉税务师事务所有限公司财务总监、税务专家孙令玲，海南大学特聘教授、注册会计师、注册税务师童军，以及海南海航物业股份有限公司财务总监邹蔚兰共同完成本书的整体框架设计。李沐杉任主编，负责模块一"税收基础知识和税收征管法律制度"以及模块二"流转税制"中增值税的编写；海南广播电视大学讲师、会计师黄静负责模块二"流转税制"中消费税和关税的编写；海南广播电视大学副教授、高级会计师徐卫红负责模块三"所得税制"中企业所得税和个人所得税的编写；海南广播电视大学讲师王振兴负责模块四"资源、财产、行为税制"中资源税等小税种的编写。

在本书的编写过程中，我们参阅了国内外大量的文献和资料以及最新的税收法律、法规，对于那些为我们提供了思路而未能一一在参考文献中列出文献的作者，我们在此一并表示感谢，正是因为你们的宝贵思想，才使本书能博采众长。

虽然本书力求反映最新的税收法律、法规，但是由于我国的税制随着经济的转型不断完善、变化，加之编者水平有限，书中难免存在疏漏和错误之处，恳请读者提出宝贵意见，以便日后进一步改进与完善。

《税收实务》编写组

2016 年 6 月

CONTENTS 目 录

模块一　税收基础知识和税收征管法律制度

模块综述

依法纳税是我国的企事业单位和个人应承担的责任和义务。精准解读税收法律、法规的前提是掌握税收基础知识、理解税收术语、了解税务管理，即在了解税收的产生、本质、意义、目标、原则等税收理论知识的基础上，识记税制要素，并落实于税收的各个实体法之中。税务管理制度从税收的征收管理层面明确了税收的征收管理、处罚等方面的征纳双方的权利、义务，其主要包括税收管理法、纳税程序法、发票管理法、税务机关组织法、税务争议处理法等。本模块主要对税收基础知识和《中华人民共和国税收征收管理法》进行系统的阐述。

项目一

税收基础知识

🔻引入

　　我国的税收法律体系严密而又复杂，在以增值税和所得税两大税收为支柱的体系中，企业依法纳税的实务操作流程是复杂的。要了解和掌握我国的税收法律，就有必要理解纳税工作中遇到的常用概念、行业用语等基本知识。这些基础知识会更好地帮助你准确地理解税法、遵从税法，从而提高纳税实务工作的效率。

🔻内容提要

➢ 企业税收实务工作
➢ 税收、税制与税法
➢ 税制的要素
➢ 我国的税收法律制度
➢ 税收征管制度

🔻学习目标

1. 认知税收实务工作
2. 辨析税收、税制与税法的概念
3. 掌握税收的特征、分类
4. 掌握税收制度的基本要素
5. 了解我国的税收法律制度

🔻学习方法

1. 留意观察并思考身边的企业的税收事项
2. 边听课边理解相关概念和内容
3. 记忆税制要素

💡关键词

税收　税收的"三性"　税制原则　纳税人　征税对象　税率　申报纳税

·——— 任务一　总览企业税收实务 ———·

　　企业从设立、生产经营乃至注销，都要按照国家的税收法律制度的规定接受税务机关的监督和管理，依法履行纳税义务。个人（包括个体工商户和个人独资企业）也要依法纳税。在我国，中小企业的税收实务工作一般由财务部门的会计人员办理；大型企业则设立专门的部门或者在财务部门内部设立专门的岗位完成税收实务工作；也有些外资企业或者民营企业将税收实务委托给中介公司的注册税务师或者注册会计师办理，即税务外包。

　　企业单位的涉税事项一般包括：

　　（1）按照税收程序法和相关法律的规定，在开立、变更、或注销时相应地办理税务信息的登记、变更或注销。

　　（2）按照税收实体法的相关规定，在正常经营期间按期（次、月度、季度和年度）办理纳税申报，上缴税款。

　　（3）按照税务行政管理部门的要求，接受税务检查、进行代扣代缴等其他的相关涉税事项。

　　税收实务流程图如图1-1所示。

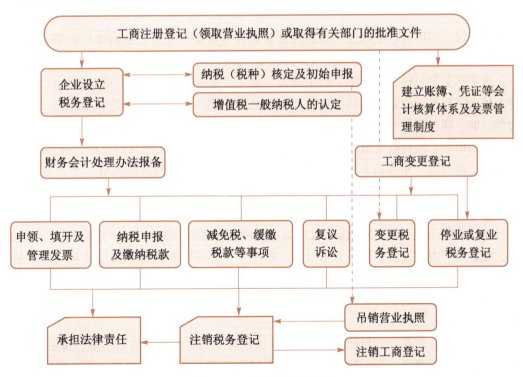

图1-1　税收实务流程图

练一练

1. 连线题

企业设立　　　　　　　　　变更税务登记

变更营业执照　　　　　　　注销税务登记

吊销营业执照　　　　　　　设立税务登记

2. 填空题

在我国，依法履行纳税义务的有单位和_____。

3. 猜一猜

孪生姐妹不一般，一个总在墙上招人看，一个外出显清白。（打一与企业有关的证件）

任务二　了解税收、税制与税法的基础知识

一、我国税收的历史

早在夏代，我国就已经出现了国家凭借其政权力量对百姓进行强制课征的形式——贡。到了商代，贡逐渐演变为助。助是指借助农户的力役共同耕种公田，公田的收获全部归王室所有，这实际上是一种力役之征。到了周代，助又演变为彻。所谓彻，就是每个农户要将所耕种土地一定数量的收获缴纳给王室，即"民耗百亩者，彻取十亩以为赋"。夏、商、周三代的贡、助、彻，都是对农户土地收获原始的强制课征形式，从税收起源的角度看，它们是税收的原始形式，是税收发展的雏形。在商代，商业和手工业已经有所发展，但当时还没有征收赋税，即所谓"市廛而不税，关讥而不征"。到了周代，为适应商业、手工业的发展，开始对经过关卡或上市交易的物品征收"关市之赋"，对伐木、采矿、狩猎、捕鱼、煮盐等行业征收"山泽之赋"，这是我国最早的工商税收。春秋时期，鲁国为适应土地私有制的发展实行的"初税亩"，标志着我国税收从雏形阶段进入成熟时期。春秋时期之前没有土地私有制，随着生产力的发展，到了春秋时期，出现了在公田以外开垦私田以增加收入的情况。在鲁宣公十五年（前594年），鲁国实行了"初税亩"，宣布对私田按亩征税。"初税亩"首次在法律上承认了土地私有制，是历史上一项重要的经济改革措施，也是税收起源的一个里程碑。

秦商鞅变法，改革"禄厚而税多"，实行"官属少，征不烦"的官不多、税不重、征不繁的赋税，使秦国富强，为秦国奠定了统一中国的基础。唐代实行"租、庸、调"的均田、均税制度，促进了盛唐的经济发展；中唐时期的"两税法"，将地税、户税和杂税合并为夏秋两季征收，不分主户、客户，均按贫富等级征收，从而适应了农民的负担能力。明代，地

主豪绅兼并土地激烈，农民失地日多，财政枯竭，"一条鞭法"（初称"一条编"）赋、役合一，按亩征税，以银缴纳，简化了赋税手续。随着商品货币的发展，税法最终在明代实现了实物税向货币税的重大转变。清初社会稳定，农业发展迅速，农业人口增加，但土地没有增加。为缓和矛盾，清政府推行"摊丁入亩"税制，废除人头税，取消地主豪绅特权，从而使农业发展，财政收入增加。民国时期，民怨沸腾，人民不堪重负。

1949 年中华人民共和国成立，国家统一了全国税收，建立了新税制。1953 年税制修正，国民经济恢复和发展后，根据"保证税收，简化税制"的精神，商品从产到销一次课征商品流通税，简并货物税税目、税率，改变营业税纳税环节。1958 年改革税制。1973 年试行工商税。对国营企业征收工商税，对集体企业征收工商税、所得税。1984 年改革工商税制，改单一税制为复税制，开征增值税、产品税、营业税等 17 种税，以适应有计划地发展商品经济的需要。1994 年再次改革税制。为适应发展社会主义市场经济，加入世界贸易组织与国际接轨的新情况，本着"统一税法，公平税负，简化税制，合理分权，理顺分配关系，保障财政收入"的指导思想，扩大增值税征收范围，实行税款抵扣制度，对高消费产品开征消费税，合并内资企业所得税，完善个人所得税，改革地方各税。2003 年从出口退税改革开始，增值税试点范围扩大，内外资企业所得税合并，农牧业税得以取消。2013 年 8 月起在全国范围内开展交通运输业和部分现代服务业的"营业税改征增值税"（简称"营改增"）试点，使我国的流转税体系更接近国际通行体系。2016 年 5 月全面试行"营改增"，取消营业税。

二、税收的概念

从税收的历史与发展中可以看出：税收是国家为了实现其社会管理和经济管理等职能，凭借政治权力，以法律形式强制向单位和个人无偿征收实物或货币，从而取得财政收入的方式。可以从以下四个方面理解其内涵：

（1）税收是国家取得财政收入的基本形式。税收自产生之日起，其目的就是保障国家在实现社会管理和经济管理的过程中所必需的财力、物力。

（2）税收的本质是凭借国家政治权力实现的一种特殊的分配关系。国家征税带有政治强制性，这种政治权力是通过法律实现的，即国家对什么东西征税、征多少税、由谁来缴纳税收、何时征税等一系列问题要求通过法律、法规、规章的形式事先加以规定，征纳双方都必须严格遵守。

（3）税收的形式可以是实物，也可以是货币。税收在很长的时期是以实物的形式征纳的，随着工业兴起、发展和农业逐渐工业化，实物征纳形式逐渐被货币征纳形式所取代。

（4）税收具有财政和经济两大职能。国家在取得财政收入的同时，运用税收调节经济，如调节供需矛盾、合理配置资源、分配社会财富等，所以税收经常被称为"税收杠杆"。

三、税收的特征

税收的本质决定了税收具有无偿性、强制性、固定性的特征。

税收作为一种凭借国家政治权力进行的特殊分配，必然具有同其他分配方式不同的鲜明特征，学界普遍认为税收具有三个特征，即无偿性、强制性、固定性。这也就是人们通常所说的税收的"三性"。

（一）税收的无偿性

税收的无偿性是指国家征税时，既不需要对纳税人直接偿还也不需要支付任何形式的报酬，纳税行为完全是一种单向的无偿支付行为。

（二）税收的强制性

税收的强制性是指国家凭借其政治权力，以法律强制对社会产品进行分配，纳税人并非自愿支付。纳税人必须依法纳税，否则就要受到法律的制裁。国家征税的方式之所以是强制的，是由税收的无偿性这种单向分配形式决定的。

（三）税收的固定性

税收的固定性是指国家在征税之前以法律形式预先规定征税范围和征收比例等可执行的要素，并保持其相对的连续性和稳定性，以便征纳双方共同遵守。

税收在征收时的强制性、缴纳上的无偿性、在征收范围和比例上的固定性，如同税收本身，是随着国家的产生而产生的，是由税收这种凭借国家的政治权力征收的特殊分配形式所决定的。无偿性是税收这种特殊分配手段的本质体现，征税的无偿性必然要求征税方式的强制性。强制性是无偿性和固定性得以实现的保证。国家财政支出的固定需要，决定了税收必须具有固定性的特征，税收的固定性也是强制性的必然结果。税收的三个特征相互依存，缺一不可。

小组讨论

税收的"三性"是绝对的吗？

四、税收的原则

税收的原则是政府在制定和施行税收法律过程中必须遵循的基本指导原则。税收原则直接体现在税收实践中，得到了理论界和政府的高度重视。

税收原则的思想萌芽于中国先秦时期，当时已产生平均税负的朴素思想，提出了对土地划分等级分别征税。春秋时代的政治家管仲则更明确地提出"相地而衰征"的税收原则，按照土地的肥沃程度确定税负的轻重。

现代税收原则的探源首推自由经济学的鼻祖亚当·斯密，他在其著名的《国民财富的性质和原因的研究》一书中首次系统明确地提出了税收的四原则：平等原则，即任何纳税人应按其收入的一定比例负担税收；确实原则，即应纳税额及缴纳方式应该明确清晰；便利原则，即各种税的纳税方法应尽可能为纳税人提供便利；最少征收费用原则，即征税和纳税的各种耗费最小，要使纳税人的付出尽可能等于国家收入，不产生税收以外的负担。

此后，税收原则的内容不断得到补充和发展，其中影响最大的当属集大成者德国财税学家阿道夫·瓦格纳提出的"税收四方面、九原则"：财政原则方面，包括充分原则和弹性原则；国民经济原则方面，包括税源的选择原则和税种的选择原则；社会公正原则方面，包括普遍原则和公平原则；税务行政原则方面，包括确实原则、便利原则、最少征收费用原则（节省原则）。而在现代西方财政学中，通常又把税收原则归结为"公平、效率、稳定经济"三原则。

理论界还有多种税收原则的提法，但上述三种提法影响最大。这三种税收原则理论，不仅代表和反映了三个不同时期人们对税收的认识，而且基本展示了税收原则理论发展和完善的脉络。根据上述各项税收原则的内容，结合税收理论和实践的发展，我们认为税收的原则应从社会、经济、财政、管理四个方面入手，应遵循"公平、效率、适度、法治"四原则。

（一）公平原则

一般认为税收公平原则包括税收"横向公平"和"纵向公平"。所谓横向公平，是指纳税能力相同的人负担的税负应相同；而纵向公平，就是纳税能力不同的人，负担的税负不同，纳税能力越强，其承担的税负应越重。

（二）效率原则

税收效率原则是指政府征税（包括税制的建立和税收政策的运用）应讲求效率，遵循效率原则。这里的效率，通常有两层含义：一是行政效率，也就是征税过程本身的效率，它要求税收在征收和缴纳过程中耗费的成本最小；二是经济效率，也就是征税应有利于促进经济效率的提高，或者对经济效率的不利影响最小。

（三）适度原则

税收适度原则，是指政府征税（包括税制的建立和税收政策的运用）应兼顾需要与可能，做到取之有度。应该是"养鸡生蛋"，而非"杀鸡取卵"。

（四）法治原则

税收法治原则，是指政府征税（包括税制的建立和税收政策的运用）应以法律为依据，依法治税。法治原则的内容包括两个方面：税收的程序规范原则和征收内容明确原则。前者要求税收程序（包括税收的立法程序、执法程序和司法程序）法定，后者要求征税内容法定。

·—— 任务三 了解税收制度 ——·

税收制度简称"税制"，是国家以法律、法规、规章、规范性文件等形式规定的各种税收法律制度的总称，或者说是国家以法律形式确定的各种课税制度的总和。

税收制度包括税收立法制度、税收征收制度和税收管理体制三个方面。从法律的角度来看，一个国家的税收制度是指在既定的管理体制下设置的税种以及与这些税种的征收、管理有关的具有法律效力的各级成文法律、行政法规、部门规章等。从税收制度的形式来看，狭义的税收制度主要是指国家各种税法、暂行条例、实施细则、征收管理法、征收办法及规定等。广义的税收制度除上述税法、征管法等法规外，还包括税务机构的设置、计划、统计、税务行政复议、征管组织形式及税务机关内部的各项管理制度。制定税收法律制度的目的，在于明确规定国家和纳税人的征纳关系，把这些关系法制化、规范化，使之成为国家和纳税人必须共同遵守的法律依据。一个国家的税收制度，可按照构成方法和形式分为简单型税制和复合型税制。简单型税制主要是指税种单一、结构简单的税收制度，而复合型税制主要是指由多个税种构成的税收制度。

目前，世界各国一般采用多个税种并存的复合型税收制度。一个国家为了取得财政收入和发挥税收调节经济的杠杆作用，必须设置一定数量的税种，并规定每种税的征收和缴纳办法，包括对什么征税、向谁征税、征多少税，以及何时纳税、何地纳税、按什么标准纳税、不纳税如何处理等。因此，税收制度主要有三个层面的内容：一是不同的要素构成税种。构成税种的要素主要包括纳税人、征税对象、税目、税率、纳税环节、纳税期限、纳税地点、减税、免税、罚则、附则等。二是不同的税种构成税收制度。构成税收制度的具体税种，国与国之间的差异较大，但一般都包括所得税、流转税。三是规范税款征收程序的法律规范，如税收征收管理法。我国现行税制开征的税种共有 5 大类 18 种，其开征始于 1994 年工商税制的改革。其中，营业税改征增值税已接近尾声，2016 年之后将取消营业税。

税法是税收制度的核心和基础，是在执行国家制定的有关调整税收分配过程中形成的权利和义务关系的法律规范的总称。从法学角度看，税法可进行如下分类。

（1）按照税法的效力不同，可以将税法分为税收法律、法规、规章。

税收法律是指享有国家立法权的国家最高立法机构依照法律程序制定的规范性文件。我国的税收法律是由全国人民代表大会及其常务委员会制定的，其法律地位和法律效力仅次于宪法，高于税收法规和规章。我国现行税法体系中，《中华人民共和国企业所得税法》（简称《企业所得税法》）、《中华人民共和国个人所得税法》（简称《个人所得税法》）、《中华人民共和国税收征收管理法》（简称《税收征管法》）、《中华人民共和国车船税法》（简称《车船税法》）属于税收法律。

税收法规是指国家最高行政机关（如中华人民共和国国务院）、地方立法机关根据其职权或最高权力机关的授权，依据宪法和税收法律，通过一定法律程序制定的规范性税收文件。我国目前税法体系的主要组成部分是税收法规，其具体形式主要是"细则""条例"或"暂行条例"，如中华人民共和国国务院（简称"国务院"）根据《税收征管法》制定的《中华人民共和国税收征收管理法实施细则》（简称《税收征管法实施细则》），根据《车船税法》制定的《中华人民共和国车船税法实施条例》（简称《车船税法实施条例》）等，以及国务院根据人大授权制定的《中华人民共和国增值税暂行条例》（简称《增值税暂行条例》）等。我国现行的主要税种如图 1 - 2 所示。

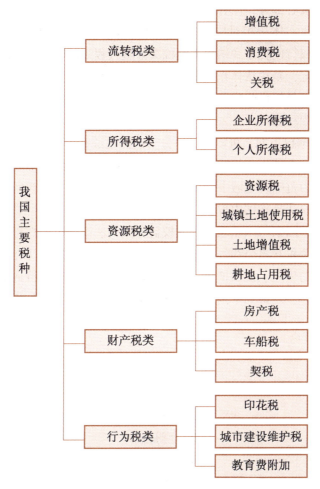

图1-2 我国现行的主要税种

税收规章是指税收管理职能部门、地方政府根据其职权和国家最高行政机关的授权，依据有关法律法规制定的规范性税收文件。在我国，具体指中华人民共和国财政部（简称"财政部"）、国家税务总局、中华人民共和国海关总署（简称"海关总署"）以及地方政府在其权限内制定的有关税收的"办法""规则""规定"，如《税务行政复议规则》《税务代理试行办法》等。税收规章可以增强税法的灵活性和可操作性，是税法体系的必要组成部分，但其法律效力低下。一般情况下，税收规章不作为税收司法的直接依据，只具有参考性的效力。

（2）按照税法的内容不同，可以将税法分为税收实体法和税收程序法。

税收实体法是规定税收法律关系主体的实体权利、义务的法律规范的总称。其主要内容包括纳税主体、征税主体、计税依据、税目、税率、减税、免税等。如《企业所得税法》《增值税暂行条例》等税法属于税收实体法。税收实体法直接影响国家与纳税人之间权利义务的分配，是税法的核心部分，没有税收实体法，税法体系就无法成立。

税收程序法与税收实体法相对应，是指以税收活动中发生的程序关系为调整对象的税法，是规定国家征税权行使程序和纳税人纳税义务履行程序的法律规范的总称，是如何具体实施税收实体法的规定，是税法体系的基本组成部分。例如，《税收征管法》就是典型的税收程序法，其主要内容包括税收确定程序、税收征收程序、税收检查处罚程序、税务行政组织程序和税务争议处理程序等。

（3）按照税收管辖权不同，可以将税法分为国内税法和国际税法。

国内税法是指一国在其税收管辖权范围内调整税收分配过程中形成的权利义务关系的法律规范的总称。其效力范围在地域上和纳税人上均以国家税收管辖权所能达到的管辖范围为准。我们通常所说的税法是指国内税法。

国际税法是指调整国家与国家之间税收权益分配的法律规范的总称。它包括政府间的双边或多边税收协定、关税互惠公约、"经合范本""联合国范本"以及国际税收惯例等。其内容涉及税收管辖权的确定、税收抵免，以及无差别待遇、最惠国待遇等。国际税法是国际公约的特殊组成部分，一旦得到一国政府和立法机关法律承认，国际税法的效力就高于国内税法。

练一练

连线题

	增值税法
税收实体法	企业所得税法
	税收征管法
税收程序法	个人所得税法
	消费税法

·——— 任务四 掌握税制要素 ———·

税制要素又称为税收要素，是指构成税收法律制度的基本要素，是国家有效征税的必备条件。在税法中不仅要明确规定对什么征税、对谁征税、征多少、什么期间征税等可执行的要素，还要规定征纳的程序和征管的方法等。虽然税法的内容很多，涉及的范围很广，各个税种的内容不尽相同，而且世界各国由于社会制度和经济条件不同，税法内容也不大相同，但是税法是由一些共同的要素构成的。这些要素被称为税制要素，理解这些要素是读懂税法前提之一。

一般认为，税收实体法有八大要素：税收主体、征税对象、税率、纳税环节、纳税期限、纳税地点、税收优惠、法律责任，其中征税对象、征税主体和税率是三个最重要的基本要素，也被称为税制的"三要素"。

一、税收主体

税收主体包括征税主体和纳税主体。征税主体是指税收法律关系中享有征税权利的一方当事人，即税务行政执法机关，包括各级税务机关、海关等。纳税主体是指税收法律关系中负有纳税义务的一方当事人即纳税人，是税法规定的直接负有纳税义务的单位和个人。国家无论开征什么税，总要有一定的单位或个人缴纳，即每个税种都有其各自的纳税人。纳税人既可以是自然人，也可以是法人。

在税法中和纳税人相关的还有另外两个"人"——负税人、扣缴义务人。

（1）负税人是指实际负担税款的单位和个人。纳税人和负税人是两个既有联系又有区别的概念，两者有时一致，有时不一致。如果纳税人能够通过一定途径把税款转嫁或转移出去，纳税人就不是负税人。例如，消费税或增值税等流转税的纳税通过提高商品的销售价格或者压低商品的购进价格，将税负转嫁给供货商或消费者。所得税一般不易转嫁，纳税人和负税人往往一致。

（2）扣缴义务人是指按照税法的规定负有扣缴义务的单位或个人。例如，个人所得税的纳税人是个人，但是单位在向个人支付应纳税所得额时，必须计算出应纳税额，从其所得中扣除，然后向税务机关报送扣缴个人所得税报告表，并将税款缴入国库。此时，单位即为扣缴义务人。扣缴义务人按其扣缴的方式不同又可分为代扣代缴人、代征代缴人和代收代缴人。

二、征税对象

征税对象又称为课税对象，是指对什么征税，即征税的目的物。在实际工作中常常称为征税范围。它是一种税区别于另一种税的标志，如增值税是对增值额征收的一种税，所得税是对所得额征收的一种税。

有些税种的征税范围比较窄或者税率不同。例如，消费税的征税范围是特殊消费品，哪些消费品属于需要征税的特殊消费品需明确规定，即设立"税目"列示征税的具体项目。在实际立法中，多以"税目税率表"的形式将税目税率统一明确列示出来。

💬 **税收趣事**

1. 在我国的五代时期，曾经开征"牛皮税"，缴纳实物，用于制造衣甲军需。

2. 从 2005 年起新西兰、丹麦等国对牛、猪等开征"屁税"，源于牛羊等排放的二氧化碳破坏了大气的臭氧层。

三、税率

税率是指应纳税额与计税金额（或数量单位）之间的比率，是计算税额的尺度，也是衡量税收负担轻重的重要标志。税率是税法的核心要素。

我国现行的税率形式有比例税率、累进税率和定额税率三种。

（一）比例税率

比例税率即对同一课税对象不分数额大小采用相同的征收比例。例如，增值税的基本税率是17%，企业所得税的基本税率是25%。在具体运用上，比例税率又有不同的形式，如单一的比例税率、行业比例税率、地区差别比例税率、幅度比例税率等。

💬 **小组讨论**

请同学们翻看教材关于增值税、消费税、城镇土地使用税、城市维护建设税等税种的内容，找到各税种相应的税率，并判断哪些税率是比例税率。

比例税率的优点是简单直观，计算方便。但比例税率不管征税对象的大小，一律采用同一个比例征收，对纳税人的负担能力照顾不够，有悖于税款征收的公平原则。而另一种税率形式——累进税率，可以在一定程度上弥补比例税率的缺陷。

（二）累进税率

累进税率是随征税对象数量的增大而提高的税率，即按征税对象数量的大小，规定不同等级的税率，征税对象数量越大，税率越高。累进税率税额与征税对象数量相比，税额的增长幅度大于征税对象数量的增长幅度。累进税率对于调节纳税人收入有着特殊的作用，更能体现税收的横向公平（能力大的多缴税，能力小的少缴税。）

在税收实务中，累进税率分为超额累进税率和超率累进税率。我国的个人所得税中的"薪金、工资项目"和"个体工商户的承包、承租经营所得"采取超额累进税率计税，土地增值税采用超率累进税率计税。

（三）定额税率

定额税率是根据征税对象的非价值计量单位规定征税数额的一种税率形式，如按征税对象的重量、数量、面积、体积等计量单位的一定比例进行计征。例如，消费税中的黄酒按每吨计征，土地使用税按每平方米计征等。采用定额税率征税，税额的多少不受价格高低的影响，只同征税对象的数量有关。在实际应用中，定额税率又分为四种形式：

（1）单一定额税率：对某种税的单位征税对象只规定一个征税数额。

（2）地区差别定额税率：对同一征税对象按照不同的地区，分别规定不同的税率。这种税率具有调节不同地区之间极差收入的作用。

（3）分类分级定额税率：把征税对象按一定标准分成若干等级，按照不同级别，分别规定不同的税率。一般来说，等级高的税率高，等级低的税率低。

（4）幅度定额税率：税法只规定最高定额税率和最低定额税率，各地可根据本地区的实际情况，在规定的幅度内，确定一个具体执行的定额税率。

小组讨论

请同学们翻看教材关于消费税、土地使用税、车船使用税等税种的内容，哪些税种使用了定额税率？使用的是什么形式的定额税率？

四、纳税环节

纳税环节是指税法规定的征税对象在从生产到消费的流转过程（供应、生产、销售、分配过程）中应当缴纳税款的环节，有广义和狭义之分。广义的纳税环节是指全部征税对象在再生产中的分布，如资源税分布在生产环节，所得税分布在分配环节等。广义的纳税环节制约着税制结构，对财政收入的取得和经济的调节有重大影响。狭义的纳税环节是指应税商品在流转过程中应纳税的环节，是商品流转课税中的特殊概念。商品经济条件下，商品从生产到消费通常经过生产制造、商业批发、商业零售等环节。商品课税的纳税环节，应当选择在商品流转的必经环节。由于有的商品从生产制造到零售要经过多次商业批发环节，有的可能只经过一次商业批发环节，有的可能不经过批发直接进入零售环节，有的可能不经过商业零售直接进入消费环节，因此，如果对所有环节都征税，就会使同一商品的零售价格中包含不同的税额。而且如果中间环节减少，税收收入就会减少，不利于保持财政收入的稳定。

按照纳税环节的多少，可将税收课征制度划分为两类，即一次课征制度和多次课征制度。一次课征制度是指一种税收在各个流通环节只征收一次税。一次课征制税源集中，可以避免重复征税。例如，现行资源税中的盐税就采取的是一次课征制，在盐出场（厂）时课税，对以后其他环节不再重征。多次课征制是指一种税收在各个流通环节选择两个或两个以上的环节征税。例如，增值税采取的是多次课征制，即应税产品从产制到消费各个环节就其增值额征税。

任何税种都要确定纳税环节，有的环节比较明确、固定，有的则需要在许多流转环节中选择确定。确定纳税环节，是流转课税的一个重要问题。它关系着税制结构、税种的布局、税款能否及时足额的入库、地区间税收收入的分配、企业的经济核算、是否便利纳税人缴纳税款等。我国纳税环节规定流转税在生产和流通环节纳税（如增值税、消费税、关税等），所得税在分配环节纳税。

五、纳税期限

纳税期限是纳税义务、扣缴义务发生后，纳税人、扣缴义务人向国家缴纳或者解缴税款的期限。纳税期限一般是根据各税种的不同特点，结合纳税人的生产经营情况、应纳税额的大小等确定的。《税收征收管理法》第31条规定："纳税人、扣缴义务人按照法律、行政法规规定或者税务机关依照法律、行政法规的规定确定的期限，缴纳或者解缴税款。"

这一规定表明：①按照规定的纳税期限纳税是纳税人的法定义务，它有利于保证国家及时、稳定地获得财政收入。②在纳税期限届至之前，税务机关不得违法提前征税，纳税人也无申报纳税的义务；在纳税期限届满后，纳税人不得违法拖欠税款，否则将被视为税收违法行为加收滞纳金。③纳税期限的规定有两种情况，一种是由法律、行政法规明确规定的，另一种是由税务机关依照法律、行政法规的规定确定的，这两种纳税期限都具有法律效力。

纳税期限包括纳税计算期和纳税申报与缴纳期。

（一）纳税计算期

纳税计算期是纳税人据以计算纳税、扣缴义务人据以计算解缴税款的期间，一般分为：

（1）按次计算：以纳税人从事生产经营活动的次数作为纳税计算期。例如，关税、增值税、营业税都有此种规定。

（2）按期计算：以发生纳税义务、扣缴义务的一定期间作为纳税计算期。例如，1 日、3 日、5 日、10 日、15 日、1 个月、1 个季度、1 年等，增值税、消费税、资源税、企业所得税等都有明确的规定。

（二）纳税申报与缴纳期

纳税申报与缴纳期是指纳税计算期届满后，纳税人、扣缴义务人向税务机关申报与缴纳税款的期间。由于纳税人、扣缴义务人在纳税计算期内所取得的应税收入、应纳税款、代扣代收税款需要一定的时间进行结算和办理有关手续，因此，实体税法又根据各税种的特点和纳税计算期的长短，规定了不同的税款申报与缴纳期。例如，《增值税暂行条例》规定，纳税人以 1 个月或者 1 个季度为 1 个纳税期的，自期满之日起 15 日内申报纳税；以 1 日、3 日、5 日、10 日或者 15 日为 1 个纳税期的，自期满之日起 5 日内预缴税款，于次月 1 日起 15 日内申报纳税并结清上月应纳税款。

纳税申报是纳税人为正确履行纳税义务，就计算缴纳税款等有关纳税事项向税务机关提出书面申报的一个重要法定程序。

纳税人、扣缴义务人除按规定不需要申报的以外，无论有无应税收入、所得以及其他应税项目，或者有无代扣、代收税款，都要在规定申报期限内或者扣缴税款期限内，向主管税务机关报送纳税申报表、财务会计报表或报送代扣代缴、代收代缴税款报告表，以及税务机关要求报送的其他纳税资料。临时取得应税收入或者发生应税行为的纳税人，在发生纳税义务之后，应向经营地税务机关办理纳税申报并缴纳税款。

企业所得税纳税人发生亏损期间，纳税人享受减税、免税待遇期间，也要按照规定按期办理纳税申报。因特殊情况不能按期申报的，需要向税务机关申请延期申报。

纳税申报与缴纳期限最后一天是星期日或者其他法定休假日的，以休假日的次日为期限的最后一天。在纳税申报期限内有连续三日以上法定休假日的，则按休假日天数顺延。

💬 小组讨论

如果没有税款上缴，是不是不需要办理纳税申报？

六、纳税地点

纳税地点是指缴纳税款的场所。纳税地点一般为纳税人的住所地，也有规定将营业地、财产所在地或特定行为发生地作为纳税地点的。例如，《增值税暂行条例》规定：增值税的纳税人为固定业户的，应当向其机构所在地的主管税务机关申报纳税；非固定业户销售货物或者提供应税劳务的，向销售地或者劳务发生地的主管税务机关申报纳税。纳税地点关系到税收管辖权和便利纳税等问题，在税法中明确规定纳税地点有助于防止漏征或重复征税。

七、税收优惠

税收优惠是指为了配合国家在一定时期内政治、经济和社会发展的总目标，政府利用税收制度，按预定目的，在税收方面采取相应的激励和照顾措施，减轻某些纳税人应履行的纳税义务，以补贴纳税人的某些活动或相应的纳税人。税收优惠是国家干预经济的重要手段之一。综观我国的税法，税收优惠主要用于：鼓励农、林、牧、渔、水利等行业的发展；鼓励能源、交通、邮电等基础产业的发展；促进科技、教育、文化、宣传、卫生、体育等事业的进步，体现国家的民族政策和对社会福利事业的扶持；鼓励发展第三产业；鼓励环境保护和自然资源的综合利用；鼓励商品出口，吸引外商投资，搞好经济特区。

（一）减免税的基本形式

现代各国采取的税收优惠形式，主要包括减免税（税基式减免、税率式减免和税额式减免）、退税、投资抵免、税前还贷、加速折旧、亏损结转抵补和延期纳税等。

1. 税基式减免

税基式减免是指通过直接缩小计税依据的方式实现的减税、免税。主要有起征点、免征额、项目扣除和跨期结转等减免方式。起征点也称为征税起点，是指对征税对象开始征税的数额界限。征税对象的数额没有达到起征点的不予征税，达到或超过起征点的就其全部数额征税。免征额，是指征税对象总额中免予征税的数额，即对征税对象中的一部分给予减免，只就减免后的剩余部分计征税款。项目扣除，是指在征税对象中扣除一定项目的数额，以剩余额作为计税依据计算应纳税额。跨期结转，是指将以前纳税年度的经营亏损等在本纳税年度经营利润中扣除，相应缩小了计税依据。

💬 小组讨论

查阅教材中个人所得税、企业所得税的相关内容，找到"起征点""免征额""项目扣除""跨期结转"的具体规定。

2. 税率式减免

税率式减免是指通过直接降低税率的方式实现的减税、免税，具体包括低税率、零税率。例如，增值税的基本税率为17%，另外还有13%和6%的低税率分别适用于一定的征税对象，出口货物的增值税税率为零。

3. 税额式减免

税额式减免是指通过直接减少应纳税额的方式实现的减税、免税，具体包括全部免征、减半征收、核定减免率等。

（二）减免税的分类

减免可分为法定减免、特定减免和临时减免。

1. 法定减免

法定减免是指由各种税的基本法规定的减税、免税。它体现了该种税减免的基本原则，具有长期的适用性。

2. 特定减免

特定减免是指国家根据社会经济情况发展变化和税收发挥调节作用的需要而规定的减税、免税。特定减免可分为无限期减免和有限期减免两种。大多数特定减免都是有限期的，减免税到了规定的期限，就应该按基本规定恢复正常征税。

3. 临时减免

临时减免又称为"困难减免"，是指除法定减免和特定减免以外的其他临时性的减税、免税，主要是为了照顾纳税人的某些特殊的、暂时的困难而临时批准的一些减税、免税，如《财政部 海关总署 国家税务总局关于支持汶川地震灾后恢复重建有关税收政策问题的通知》规定的减免税。

八、总则、罚则与附则

总则主要包括立法依据、立法目的、适用原则等。罚则主要是指针对纳税人违反税法的行为采取的处罚措施。附则一般规定了与该法紧密相关的内容，如该法的解释权、生效时间等。

本项目小结

税制基础知识是正确解读和应用税法的钥匙。税收是政府为满足社会成员的公共需要，凭借政治权力强制无偿征收货币或者实物，以取得财政收入的一种形式。税收以强制性、无偿性、固定性为基本特征，具有稳定经济、调节资源配置和监督经济管理的职能。税收的原则应从社会、经济、财政、管理四个方面入手，遵循"公平、效率、适度、法治"四原则。一部完整的税收法律制度包含税收主体、征税对象、税率、纳税环节、纳税期限、纳税地点、税收优惠、法律责任八大税制要素。我国的社会主义税制始建于 1950 年，经过不断地发展完善，现行的税制体系中流转税以增值税为核心，以消费税、关税为补充，所得税为企业所得税和个人所得税并存，其他税种有资源税、财产税、行为税等，形成了多税种、多环节、多层次调节的复合税制体系。随着经济的发展和依法治国的推进，我国税制改革的方向是优化税制结构、完善调节功能、稳定宏观税负，推进依法治税。

本项目主要参考资料

［1］国家税务总局税收科学研究所．西方税收理论．北京：中国财政经济出版社，1997．

［2］孟德斯鸠．论法的精神．张雁深，译．北京：商务印书馆，1978．

［3］张莹．税收理论与实务．北京：中国人民大学出版社，2010．

［4］苏春林．税法与纳税操作．2 版．北京：中国人民大学出版社，2008．

［5］汪蔚青．百姓不缴糊涂税：财税专家汪蔚青的税务普及书．杭州：浙江大学出版社，2014．

［6］言谭．一本书读懂中国税．杭州：浙江大学出版社，2013．

自测练习题

一、单项选择题

1. 税收是国家（　　）不可缺少的重要手段。

　　A. 微观调控　　　　B. 宏观调控　　　　C. 经济调节　　　　D. 中观调控

2. 税收只有通过（　　）才能使统治阶级各个成员的利益统一。

　　A. 法律手段　　　　B. 政治手段　　　　C. 经济手段　　　　D. 暴力手段

3. 累进税率是（　　）增加而逐级提高的税率。

　　A. 税制　　　　　　B. 税收　　　　　　C. 税基　　　　　　D. 税额

4. 负有代扣代缴义务的单位和个人称为（　　）。

　　A. 扣缴义务人　　　B. 纳税人　　　　　C. 负税人　　　　　D. 征税人

5. 税收法律关系是指通过（　　）规范、确认和调整国家、税务机关、税务管理相对人之间在税务活动中发生的具有权利、义务内容的社会关系。

　　A. 宪法　　　　　　B. 刑法　　　　　　C. 民法　　　　　　D. 税法

6. 纳税人纳税是否自觉，很大程度上取决于（　　）。

　　A. 税制与征管是否公平　　　　　　B. 税率的高低

　　C. 税负的轻重　　　　　　　　　　D. 征管效率

7. 一般而言, 税收法律关系的客体是 (　　)。

A. 税收利益　　　B. 税收支出　　　C. 税收收入　　　D. 纳税人

8. 提高税务行政效率、控制行政成本的两层含义包括降低税收成本和 (　　)。

A. 优化税收成本结构　　　　　　　B. 降低税率

C. 提高税率　　　　　　　　　　　D. 完善税收政策

9. 亚当·斯密的税收省费原则的含义是 (　　)。

A. 收税要公平合理　　　　　　　C. 税收制度要稳定经济原则

B. 税收要有可估性　　　　　　　D. 最少征收费用原则

10. (　　) 是指对同一课税对象, 不论数额大小, 都按同一比例征税, 税额占课税对象的比例总是相同的。

A. 比例税率　　　B. 累进税率　　　C. 定额税率　　　D. 优惠税率

11. 一般使用条例、办法、规则、规定等名称的是 (　　)。

A. 税收实体法　　B. 税收基本法　　C. 税收行政法　　D. 税收行政法规

12. 税收的形式特征中不包括 (　　)。

A. 强制性　　　　B. 固定性　　　　C. 有偿性　　　　D. 非直接偿还性

13. 若某税种纳税人所纳税额占收入的比重随着收入的增加而上升, 则该税种称为(　　)。

A. 累进税　　　　B. 累退税　　　　C. 固定比例税　　　D. 固定税额税

14. (　　) 是现代税收的基本特征, 是保障国家无偿、强制、固定地取得税收的唯一途径。

A. 人治　　　　　B. 法治　　　　　C. 德治　　　　　D. 制度

15. 税法是国家制定的用于调整 (　　) 过程中形成的权利和义务关系的法律规范性文件的总和。

A. 税收分配　　　B. 税收征管　　　C. 税收活动　　　D. 经济活动

16. 按 (　　) 分类, 我国税收可以分为价内税和价外税。

A. 征税对象的性质　　　　　　　B. 管理和使用权限

C. 税收和价格的关系　　　　　　D. 预算收入构成和征税主管机关的不同

17. 税制的三个基本要素不包括 (　　)。

A. 纳税人　　　　B. 课税对象　　　C. 纳税环节　　　D. 税率

18. 从纳税人的角度看, 税收是一种 (　　), 是享受社会公共产品而需要向政府支付的价格。

A. 收入　　　　　B. 成本补偿　　　C. 支出　　　　　D. 费用

19. 由于劳动生产力低下, 夏代田赋的征收采用了 (　　) 法。

A. 彻　　　　　　B. 助　　　　　　C. 贡　　　　　　D. 租

20. 下列税种中采用累进税率的是 (　　)。

    A. 消费税　　　　　B. 增值税　　　　　C. 营业税　　　　　D. 个人所得税

二、多项选择题

1. 下列税种属于流转税类的是（　　）。
    A. 增值税　　　　　B. 消费税　　　　　C. 关税　　　　　D. 城市维护建设税

2. 下列各项中不属于社会公共需要的有（　　）。
    A. 住房需要　　　　B. 衣着　　　　　C. 国防　　　　　D. 国民经济稳定

3. 纳税主体，又称纳税人或纳税义务人，是指税法规定的直接负有纳税义务的（　　）。
    A. 自然人　　　　　B. 法人　　　　　C. 其他组织　　　　D. 负税人

4. 流转税的特点包括（　　）。
    A. 收入充裕　　　　B. 计算简便　　　　C. 缺乏弹性　　　　D. 税负公平合理

5. 税收法律关系的主体主要可以分为（　　）。
    A. 司法机关　　　　B. 税务机关　　　　C. 纳税人　　　　D. 国家

6. 下列税种中，纳税人与负税人通常不一致的是（　　）。
    A. 营业税　　　　　B. 企业所得税　　　C. 消费税　　　　D. 增值税

7. 下列采用比例税率的税种有（　　）。
    A. 增值税　　　　　B. 营业税　　　　　C. 企业所得税　　　D. 资源税

8. 我国税法规定的法律责任形式主要有三种，包括（　　）。
    A. 责任　　　　　　B. 行政责任　　　　C. 民事责任　　　　D. 刑事责任

9. 我国的税收实体法主要包括（　　）。
    A. 税收法律　　　　B. 税收行政法规　　C. 税收基本法　　　D. 国际条约

10. 要提高人们的纳税意识，必须（　　）。
    A. 强调纳税人的纳税义务　　　　　B. 保护纳税人的税收权益
    C. 加强对偷税的处罚力度　　　　　D. 加强税收宣传

11. 严密的税法体系应包括（　　）。
    A. 税收法律　　　　B. 税收行政法规　　C. 地方性法规　　　D. 国际条约

12. 按税收与价格的关系划分，税收可分为（　　）。
    A. 直接税　　　　　B. 间接税　　　　　C. 价内税　　　　D. 价外税

13. 下列采用定额税率的税种有（　　）。
    A. 个人所得税　　　B. 车船使用税　　　C. 资源税　　　　D. 增值税

14. 下列关于比例税率的说法正确的是（　　）。
    A. 比例税率是对同一课税对象，不论数额大小，都按同一比例征税
    B. 采用比例税率，税额占课税对象的比例总是相同的
    C. 比例税率是最常见的税率之一，应用广泛
    D. 比例税率具有横向公平性，其主要优点是计算简便，便于征收和缴纳

15. 税收的行政效率可以从（　　）考察。

A. 征税费用　　　B. 纳税费用　　　C. 超额税收负担　　D. 其他费用

16. 税收优惠的表现形式包括（　　）。

A. 减免所得税　　B. 免税期　　　　C. 再投资退税　　D. 特殊扣除

17. 定额税率的形式包括（　　）。

A. 单一定额税率　B. 地区差别定额税率　C. 分类分级定额税率　D. 幅度定额税率

18. 亚当·斯密提出的税收原则包括（　　）。

A. 平等　　　　　B. 确实　　　　　C. 便利　　　　　D. 最少征收费用

19. 我国税收的最初形式有（　　）。

A. 贡　　　　　　B. 助　　　　　　C. 彻　　　　　　D. 捐

20. 减免税具体又分为（　　）。

A. 法定减免　　　B. 长期减免　　　C. 临时减免　　　D. 特定减免

参考答案

一、单项选择题

1	2	3	4	5	6	7	8	9	10
C	A	C	A	D	A	A	A	D	A
11	12	13	14	15	16	17	18	19	20
D	C	A	B	A	C	C	C	C	D

二、多项选择题

1	2	3	4	5	6	7	8	9	10
ABC	AB	ABC	ABC	BCD	ACD	ABC	BCD	AB	BCD
11	12	13	14	15	16	17	18	19	20
ABCD	CD	BC	ABCD	AB	ABCD	ABCD	ABCD	ABC	ACD

项目二

税收征收管理法

引入

　　税收是财政收入的主要来源，为了保证财政收入及时、足额入库，实现税收分配目标，我国的税收法律体系不但有相应的税收实体法律，而且有税收征收管理程序方面的法律——税收征管法。了解和掌握税收征管法，对于维护国家税法尊严、严格纳税以及维护纳税人自身的合法权益具有重要的意义。

内容提要

➢ 税收征管法概述
➢ 税务管理
➢ 税款征收
➢ 税务检查
➢ 税务行政复议
➢ 税收法律责任

学习目标

1. 了解税务管理的内容
2. 掌握有关纳税人账簿、凭证管理的内容
3. 掌握税款征收的方法以及相关规定
4. 了解税务检查的方法
5. 了解税收法律责任

学习方法

1. 仔细审阅所在公司的税务登记或变更文书资料
2. 对照账簿、凭证管理的要求，调查不同类型公司的账簿、凭证管理方法
3. 查阅税收违法的案例，熟悉税收法律责任
4. 浏览中国税务网（http://www.ctax.org.cn/）

关键词

"三证合一" 税收征管　税务管理　纳税申报　税收保全　税务行政复议　行政诉讼

·—— 任务一 了解税收征收管理法的基本内容 ——·

一、税收征收管理法的概念

税收征收管理法，简称税收征管法，是指调整税款征收与管理过程中发生的社会关系的法律规范的总称。其包括国家权力机关制定的税收征管法律、国家权力机关授权行政机关制定的税收征管行政法规，以及有关税收征管的规章制度等。

税收征管法属于税收程序法，它是以规定税收实体法中所确定的权利、义务的履行程序为主要内容的法律规范，是税法的有机组成部分。税收征管法不仅是纳税人全面履行纳税义务必须遵守的法律准则，也是税务机关履行征税职责的法律依据。

我国现行的税收征管法是 1992 年 9 月 4 日第七届全国人大常委会第二十七次会议通过、历经 1995 年 2 月 28 日第八届全国人大常委会第十二次会议修订和 2001 年 4 月 28 日第九届全国人大常委会第二十一次会议修订的《中华人民共和国税收征收管理法》。它是新中国成立后第一部税收程序法，也是我国税收征管的基本法。

二、税收征管法的适用范围

凡依法由税务机关征收的各种税收的征收管理，均适用《税收征管法》。例如，现行的有效税种——增值税、企业所得税、资源税、印花税、城市维护建设税等税种的征收管理均适用《税收征管法》。

耕地占用税、契税的征收管理，按照国务院的有关规定执行。

由海关负责征收的关税以及由海关代征的进口环节的增值税、消费税，依照法律、行政法规的有关规定执行。

我国同外国缔结的有关税收的条约、协定同《税收征管法》有不同规定的，依照条约、协定的规定办理。

三、税收征收管理的法律关系

税收法律关系，是指税法所确认和调整的税收征纳主体之间在税收分配过程中形成的权利和义务关系。与其他法律关系一样，税收法律关系也由主体、内容和客体三部分组成。

（一）税收法律关系的主体

税收法律关系的主体是指在税收法律关系中依法享有权利和承担义务的双方当事人，即税收法律关系的参加者，包括征税主体和纳税主体。

（1）征税主体，是指在税收法律关系中代表国家享有征税权利的一方当事人，即税务主管机关，包括税务机关、海关等。

（2）纳税主体，是指税收法律关系中负有纳税义务的一方当事人，即通常所说的纳税人，包括法人、自然人和其他组织。

在税收法律关系中，双方当事人虽然是行政管理者和被管理者的关系，但法律地位是平等的。

（二）税收法律关系的内容

税收法律关系的内容是指税收法律关系主体所享受的权利和应承担的义务，即征税主体和纳税主体各自享有的权利和所应承担的义务。

（三）税收法律关系的客体

税收法律关系的客体是指税收法律关系主体双方的权利和义务所共同指向的对象，如增值税征纳关系中的增值额、所得税征纳关系中的所得额等。

 小组讨论

税务机关在征税中有没有义务呢？

四、征纳双方的权利和义务

征纳双方在税收征收管理的过程中享有各自的权利，同时也必须承担各自的义务。

（一）税务机关的权利和义务

1. 税务机关的权利

税务机关作为国家税收征收管理的职能部门，享有税务行政管理权。其主要权利有：

（1）法规起草拟定权。拟定税收法律法规草案，提出税收政策建议，制定、发布关于税收征收管理的部门规章等。

（2）税务管理权。税务管理权包括对纳税人进行税务登记管理、账簿和凭证管理、纳税申报管理等。

（3）税款征收权。税款征收权是税务机关拥有的最基本、最主要的权利。税法赋予税务机关其他权利的核心目标就是确保税款征收的顺利进行。税款征收权主要包括计征权、核定税款权、税收保全权和强制执行权、追征税款权等。

（4）税务检查权。税务检查权是税务机关查处税收违法行为的职权，包括查账权、场地检查权、询问权、责成提供资料权、存款账户核查权等。

（5）行政处罚权。行政处罚权是对税收违法行为依照法定标准予以行政制裁的权利，如罚款等。

（6）其他权利。例如，在法律、行政法规规定的权限内，对纳税人的减、免、退、延期缴纳的申请予以审批的权利；阻止纳税人离境的权利；委托行使代政权、估税权、代位权与撤销权的权利；定期对纳税人欠缴税款情况予以公告的权利；上诉权；等等。

2. 税务机关的义务

税收征收管理机关在行使职权时，也要承担相应的义务。其主要义务有：

（1）宣传税法、辅导纳税人依法纳税的义务。

（2）保密义务。税务机关应当依法为纳税人、扣缴义务人的情况保守秘密，为检举违反税法行为者保密。

（3）为纳税人办理税务登记、开具完税凭证的义务。

（4）受理税务行政复议的义务。

（5）进行回避的义务。税务人员在核定应纳税额、调整税收定额、进行税务检查、实施税务行政处罚、办理行政复议时，与纳税人、扣缴义务人或者其法定代表人、直接责任人有利害关系，包括夫妻关系、直系血亲关系、三代以内旁系血亲关系、近姻亲关系、可能影响公正执法的其他利害关系的，应当回避。

（6）其他义务。例如，受理减、免、退税及延期缴纳税款申请的义务；出示税务检查证明的义务；多征税款立即返还的义务；保护纳税人合法权益的义务；等等。

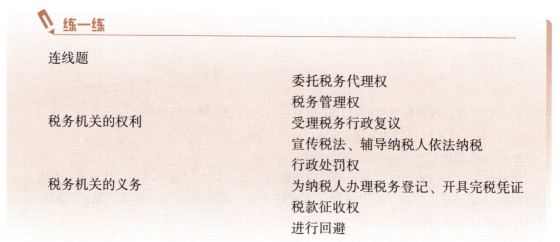

练一练

连线题

	委托税务代理权
	税务管理权
税务机关的权利	受理税务行政复议
	宣传税法、辅导纳税人依法纳税
	行政处罚权
税务机关的义务	为纳税人办理税务登记、开具完税凭证
	税款征收权
	进行回避

（二）纳税人、扣缴义务人的权利和义务

在税收法律关系中，纳税人、扣缴义务人处于行政管理相对人的地位，须承担纳税义务，但也享有相应的法定权利。

1. 纳税人、扣缴义务人的权利

（1）知情权。纳税人、扣缴义务人有权向税务机关了解国家税收法律、行政法规的规定，以及与纳税程序有关的情况。

（2）要求保密权。纳税人、扣缴义务人有权要求税务机关对自己的生产经营和财务状况及有关资料保守秘密。

（3）享受税法规定的减税、免税和出口退税等税收优惠权。

（4）多缴税款申请退还权。纳税人超过应纳税额缴纳的税款，税务机关发现后应当立即退还；纳税人自结算缴纳税款之日起3年内发现的，可以向税务机关要求退还多缴的税款并加算银行同期存款利息，税务机关查实后应立即退还；涉及从国库中退库的，依照法律、行政法规有关国库管理的规定退还。

（5）陈述权、申辩权。纳税人、扣缴义务人对税务机关做出的决定，享有采用一定的方式表达自己的意见，对自己的行为做出称述与辩护的权利。

（6）税收法律救济权。税收法律救济权包括申请行政复议权、提起行政诉讼权和请求国家赔偿权。此外，我国居民可以按照我国对外签署的避免双重征税协定（安排）的有关规定就税收歧视、国际双重征税等问题提出启动国际相互协商程序的申请。

（7）委托税务代理权。纳税人、扣缴义务人可就以下事项委托税务代理人代为办理：设立、变更或者注销税务登记办理除增值税专用发票外的发票领购手续，纳税申报或报告扣缴税款，缴纳税款和申请退税，制作涉税文书，审查纳税情况，建账建制，办理账务，税务咨询，申请税务行政复议，提起税务行政诉讼，以及国家税务总局规定的其他业务。

（8）其他权利。如纳税人、扣缴义务人不能按期办理纳税申报，或有特殊困难不能按期缴纳税款的，有权提出申请，经税务机关核准，可以延期申报和缴纳税款；当税务人员未出示税务检查证和税务通知书时，被检查人有拒绝税务检查的权利；纳税人、扣缴义务人对税务机关及其工作人员的各种不法行为有揭露、检举和控告的权利等。

2. 纳税人、扣缴义务人的义务

（1）依法进行税务登记，并按规定使用税务登记证的义务。

（2）依法设置账簿、凭证，并正确使用、保管有关凭证的义务。

（3）备案财务会计制度核算软件的义务。

（4）依法按规定安装、使用税控装置的义务。

（5）按期办理纳税申报的义务。

（6）按期缴纳或者解缴税款的义务。

（7）接受税务检查的义务。

（8）纳税人、扣缴义务人、纳税担保人同税务机关在纳税上发生争议时，必须先依照税务机关的纳税决定履行缴纳，或者解缴税款及滞纳金，或者提供相应的担保的义务，然后才可以依法申请行政复议和起诉。

（9）其他义务。例如，欠缴税款数额较大的纳税人在处分其不动产或者大额资产之前，应当向税务机关报告，负有及时提供信息的义务，以及为滞纳税款缴纳滞纳金的义务等。

 练一练

连线题

税务机关的权利

　　　　　　　　　　税收法律、法规和规章的知情权
　　　　　　　　　　保密权
　　　　　　　　　　税务检查权
　　　　　　　　　　存款账户核查权
　　　　　　　　　　多缴税款申请退还权

纳税人的权利

　　　　　　　　　　税收法规拟定权
　　　　　　　　　　税务代理权

·—— 任务二 了解税务管理的基本内容、流程和方法 ——·

税务管理，是指税收征收管理机关为了贯彻、执行国家税收法律制度，加强税收工作，协调征税关系，对纳税人和扣缴义务人实施的基础性的管理制度和管理行为。税务管理是税收征收管理的重要内容，是税款征收的前提和基础。

税务管理主要包括税务登记管理、账簿和凭证管理、发票管理，以及纳税申报管理等。

一、税务登记管理

税务登记，是指纳税人为了履行纳税义务就有关纳税事宜依法向税务机关办理登记的一种法定手续，即税务机关对纳税人的开业、变更、注销、外出经营报验、停业复业以及生产经营情况进行登记管理的法定程序。

税务登记是整个税收工作的起点。通过税务登记可以掌握纳税人的基本情况和税源分布情况。从税务登记开始，纳税人的身份及征纳双方的法律关系得到确认。

自 2015 年 9 月 1 日起，新设企业、农民专业合作社、外国企业常驻代表机构（以下统称"企业"）全面实行"三证合一、一照一码"登记，由工商行政管理部门核发加载法人和其他组织统一社会信用代码（简称"统一代码"）的营业执照。

"三证合一"登记制度是指原分别由工商行政管理部门核发工商营业执照、质量技术监督部门核发组织机构代码证、税务部门核发税务登记证，改为企业一次申请，由工商行政管理部门核发一个加载法人和其他组织统一代码营业执照的登记制度。

"三证合一"推行后，新办企业及换发证照的企业将取得工商登记部门核发的载有 18 位的"统一社会信用代码"的营业执照。该 18 位"统一社会信用代码"既是企业的工商登记号，又是税务登记号。

"三证合一"推行后，2015 年 9 月 29 日前取得工商营业执照的企业，工商登记部门将于 2020 年 12 月 31 日之前对其完成换发工作。过渡期内，改革前核发的原税务登记证件继续有效。

练一练

多项选择题

下列组织和人员中，应当办理税务登记的有（   ）。

A. 国有企业
B. 企业在外地设立的分支机构
C. 个体工商户
D. 在集贸市场流动卖菜的农村菜农
E. 市工商局

(一) 税务登记的内容

我国现行税务登记制度包括设立税务登记，变更税务登记，停业、复业税务登记，外出经营报验登记，以及注销税务登记等。

1. 设立税务登记

设立税务登记，是指纳税人依法成立并经工商行政管理登记后，为确认纳税人的身份、将纳税人纳入国家税务管理体系而到税务机关进行的登记。

（1）办理税务登记的地点。从事生产、经营的纳税人，向生产、经营所在地的税务机关办理税务登记。

（2）申报办理税务登记的时间要求。

①从事生产、经营的纳税人领取工商营业执照（含临时工商营业执照）的，应当自领取工商营业执照之日起30日内申报办理税务登记。

②从事生产、经营的纳税人未办理工商营业执照，但经有关部门批准设立的，应当自有关部门批准设立之日起30日内申报办理税务登记。

③从事生产、经营的纳税人未办理工商营业执照，也未经有关部门批准设立的，应当自纳税义务发生之日起30日内申报办理税务登记。

④有独立的生产经营权、在财务上独立核算并定期向发包人或者出租人上交承包费或租金的承包承租人，应当自承包承租合同签订之日起30日内向其承包承租业务发生地税务机关申报办理税务登记，临时税务登记的期限为承包承租期。

⑤从事生产、经营的纳税人外出经营，自其在同一县（市）实际经营或提供劳务之日起，在连续的12个月内实际经营或提供劳务累计超过180日的，应当自期满之日起30日内向生产、经营所在地的税务机关申报办理税务登记。

⑥境外企业在中国境内承包建筑、安装、装配、勘探工程和提供劳务的，应当自项目合同（协议）签订之日起30日内，向项目所在地税务机关申报办理税务登记，临时税务登记的期限为合同规定的承包期。

⑦非从事生产经营但依照规定负有纳税义务的单位和个人，除国家机关、个人和无固定生产、经营场所的流动性农村小商贩外，都应当自纳税义务发生之日起30日内，向纳税义务发生地税务机关申报办理税务登记。

⑧已办理税务登记的扣缴义务人应当自扣缴义务发生之日起30日内，向税务登记地税务机关申报办理扣缴税款登记。根据税收法律、行政法规的规定可不办理税务登记的扣缴义务人，应当自扣缴义务发生之日起30日内，向机构所在地税务机关申报办理扣缴税款登记。税务机关核发扣缴税款登记证件。企业在工商登记，取得"三证合一、一照一码"证照后，30日内未去税务机关报到，不属于逾期登记。

（3）办理税务登记证的程序。一般来说，只需要向当地的税务主管部门索取或者在当地税务主管部门的官网上下载税务登记表并如实填写。税务登记表有三种类型，对应三种不同的纳税人，分别是单位纳税人、个体工商户和临时税务登记纳税人。应在规定的时限内同时递交税务登记表和相关材料。

2. 变更税务登记

变更税务登记，是指纳税人办理设立税务登记后，因登记内容发生变化，需要对原有登记内容进行更改，而向主管税务机关申报办理的税务登记。

纳税人已在工商行政管理机关办理变更登记的，应当自工商行政管理机关变更登记之日起 30 日内，向原税务登记机关如实提供下列资料、证件，申报办理变更税务登记。

（1）工商登记变更表及工商营业执照。

（2）纳税人变更登记内容的有关证明文件。

（3）其他有关资料。

纳税人按照规定不需要在工商行政管理机关办理变更登记，或者变更登记的内容与工商登记内容无关的，应当自税务登记内容实际发生变化之日起 30 日内，或者自有关机关批准或者宣布变更之日起 30 日内，提供下列资料、证件，到原税务登记机关申报办理变更税务登记。

（1）纳税人变更登记内容的有关证明文件。

（2）其他有关资料。

纳税人提交的有关变更登记的证件、资料齐全的，应如实填写变更税务登记表，经税务机关审核，符合规定的，税务机关应当日办理。不符合规定的，税务机关应通知其补正。

3. 停业、复业税务登记

停业、复业税务登记，是指实行定期定额征收方式的纳税人，因自身经营的需要暂停经营或者恢复经营而向主管税务机关申请办理的税务登记手续。

（1）停业登记。实行定期定额征收方式的个体工商户需要停业的，应当在停业前向税务机关申报办理停业登记。纳税人的停业期限不得超过一年。

纳税人在申报办理停业登记时，应如实填写停业申请登记表，说明停业理由、停业期限、停业前的纳税情况和发票的领、用、存情况，并结清应纳税款、滞纳金、罚款。税务机关应收存其发票领购簿、未使用完的发票和其他税务证件。

纳税人在停业期间发生纳税义务的，应当按照税收法律、行政法规的规定申报缴纳税款。

（2）复业登记。纳税人应当于恢复生产、经营之前，向税务机关申报办理复业登记，如实填写"停业、复业报告书"，领回并启用发票领购簿及其停业前领购的发票。

纳税人停业期满不能及时恢复生产经营的，应当自停业期满前向税务机关提出延长停业登记申请，并如实填写"停业、复业报告书"。

4. 外出经营报验登记

外出经营报验登记，是指从事生产经营的纳税人到外县（市）进行临时性的生产经营活动时，按规定申报办理的税务登记手续。

纳税人到外县（市）临时从事生产经营活动的，应当在外出生产经营以前，向主管税务机关申请开具"外出经营活动税收管理证明"（简称"外管证"）。

纳税人应当在外管证注明地进行生产经营前向当地税务机关报验登记，并提交税务登记证件副本和外管证。纳税人在外管证注明地销售货物的，除提交以上证件、资料外，还应如实填写"外出经营货物报验单"，申报查验货物。

纳税人外出经营活动结束，应当向经营地税务机关填报"外出经营活动情况申报表"，并结清税款、缴销发票。

纳税人应当在外管证有效期届满10日内，持外管证回原税务登记地税务机关办理外管证缴销手续。

税务机关按照一地一证的原则，核发外管证，外管证的有效期限一般为30日，最长不得超过180日。在同一地经营累计超过180日的，应当在营业地办理税务登记手续。

5. 注销税务登记

注销税务登记，是指纳税人出现法定情形终止纳税义务时，向原税务机关申请办理的取消税务登记的手续。具体包括以下情形：

（1）纳税人发生解散、破产、撤销以及其他情形，依法终止纳税义务的，应当在向工商行政管理机关或其他机关办理注销税务登记前，持有关证件和资料向原税务登记机关申报办理注销税务登记。按规定不需要在工商行政管理机关或者其他机关办理注册登记的，应当自有关机关批准或者宣告终止之日起15日内，持有关证件和资料向原税务登记机关申报办理注销税务登记。

（2）纳税人被工商行政管理机关吊销营业执照或者被其他机关予以撤销登记的，应当自营业执照被吊销或者被撤销登记之日起15日内，向原税务登记机关申报办理注销税务登记。

（3）纳税人因住所、经营地点变动，涉及改变税务登记机关的，应当在向工商行政管理机关或者其他机关申请办理变更、注销登记前，或者住所、经营地点变动前，持有关证件和资料，向原税务登记机关申报办理注销税务登记，并自注销税务登记之日起30日内向迁达地税务机关申报办理税务登记。

（4）境外企业在中国境内承包建筑、安装、装配、勘探工程和提供劳务的，应当自项目完工、离开中国前15日内，持有关证件和资料，向原税务登记机关申报办理注销税务登记。

（5）纳税人办理注销税务登记前，应当向税务机关提交相关证明和资料，结清应纳税款、多退（免）税款、滞纳金和罚款，缴销发票、税务登记证件和其他税务证件，经税务机关核准后，办理注销税务登记手续。

练一练

多项选择题

下列情形中，纳税人应当办理税务登记业务的有（   ）。

A. 纳税人被吊销营业执照   B. 纳税人变更经营范围

C. 纳税人到外市县进行为期18个月的工程作业   D. 公司停业装修

(二) 税务登记的失效

已办理税务登记的纳税人未按照规定期限申报纳税，在税务机关责令期限改正后，逾期不改正的，税务机关应当派人员进行实地调查，查无下落并且无法强制其履行纳税义务的，由检查人员制作非正常户认定书，存入纳税档案，税务机关暂停其税务、发票领购簿和发票的使用。

纳税人被列入非正常户超过3个月的，税务机关可以宣布其税务登记证件失效，其应纳税款的追征仍按《税收征管法》及其实施细则的规定执行。

二、账簿和凭证管理

账簿和凭证是纳税人进行生产经营活动和核算财务收支的书面资料，也是税务机关对纳税人进行征税、管理、核查的重要依据。纳税人所使用的凭证、登记的账簿、编制的报表及其所反映的内容是否真实可靠，直接关系计税依据是否具有真实性，从而影响应纳税款能否及时足额入库。账簿、凭证管理是税务管理的基础性工作。加强账簿、凭证管理，目的在于从源头上促使纳税人如实反映生产、经营情况，保证国家税收的正确计征，预防和打击偷逃税款等行为。

(一) 设置管理

纳税人、扣缴义务人应按照有关法律、行政法规和国务院财政、税务主管部门的规定设置账簿，根据合法、有效的凭证记账，进行核算。

（1）从事生产、经营的纳税人应当自领取营业执照或者发生纳税义务之日起15日内，按照国家有关规定设置账簿和凭证。

（2）生产、经营规模小又确无建账能力的纳税人，可以聘请经批准从事会计代理记账业务的专业机构或者经税务机关认可的财会人员代为建账和办理账务。聘请上述机构或者人员有实际困难的，经县以上税务机关批准，可以按照税务机关的规定，建立收支批准粘贴簿、进行销货登记簿或者使用税款装置。

（3）扣缴义务人应当自税收法律、行政法规规定的扣缴义务发生之日起10日内，按照所代扣代缴、代收代缴的税种，分别设置代扣代缴、代收代缴税款账簿。

纳税人、扣缴义务人会计制度健全，能够通过计算机正确、完整计算其收入和所得或者代扣代缴、代收代缴税款情况的，其计算机输出的完整的书面会计记录，可视同会计账簿。

纳税人、扣缴义务人会计制度不健全，不能够通过计算机正确、完整地计算其收入和所得或者代扣代缴、代收代缴税款情况的，应当建立总账及与纳税或者代扣代缴、代收代缴税款有关的其他账簿。

（二）对纳税人财务会计制度及财务会计处理办法的管理

（1）从事生产、经营的纳税人应当自领取税务登记证件之日起 15 日内，将其财务、会计制度或者财务会计处理办法报送主管税务机关备案。纳税人的财务会计制度及财务会计处理办法，是其进行会计核算的依据，直接关系计税依据是否真实合理性。

（2）纳税人使用计算机记账的，应当在使用前将会计电算化系统的会计核算软件、使用说明书及有关资料报送主管税务机关备案。纳税人建立的会计电算化系统应当符合国家有关规定，并能正确、完整地核算其收入或者所得。

（3）纳税人、扣缴义务人的财务、会计制度或者财务、会计处理办法与国务院或者国务院财政、税务主管部门有关税收的规定抵触的，依照国务院或者国务院财政、税务主管部门有关税收的规定计算应纳税款、代扣代缴和代收代缴税款。

（4）账簿、会计凭证和报表，应当使用中文记录。民族自治地方可以同时使用当地通用的一种民族文字。外商投资企业和外国企业可以同时使用一种外国文字。

（三）账簿、凭证等涉税资料的保存和管理

从事生产、经营的纳税人、扣缴义务人必须按照国务院财政、税务主管部门规定的保管期限保管账簿、记账凭证、完税凭证及其他有关资料。账簿、记账凭证、报表、完税凭证、发票、出口凭证以及其他有关涉税资料应当保存 10 年，但是法律、行政法规另有规定的除外。账簿、记账凭证、完税凭证及其他有关资料不得伪造、变造或者擅自销毁。

三、发票管理

（一）发票的概念和基本式样

1. 发票的概念

发票是指纳税人在购销商品、提供或者接受劳务或服务，以及从事其他经营活动时，开具、收取的收付款凭证。它是确定经济收支行为发生的法定凭证，是会计核算的原始依据。

国家税务总局统一负责全国的发票管理工作，省、自治区、直辖市国家税务局和地方税务局依据各自的职责共同做好本行政区域内的发票管理工作。财政、审计、工商行政管理、公安等有关部门在各自职责范围内，配合税务机关做好发票管理工作。

2. 发票的式样

在全国范围内统一式样的发票，由国家税务总局确定，如增值税专用发票。在省、自治区、直辖市范围内统一式样的发票，由省、自治区、直辖市国家税务局和地方税务局确定。

（二）发票的种类、联次和内容

发票的种类、联次和内容以及使用范围由国家税务总局确定。

1. 发票种类

发票的种类通常按照行业特点和纳税人的生产经营项目划分为普通发票、增值税专用发票和专业发票三种。

（1）普通发票是最常见的一种发票。

（2）专用发票是专供增值税一般纳税人使用的发票。

（3）专业发票是指由国有金融、邮电、铁路、民用航空、公路和水上运输等单位开具的专业性很强的发票。例如，国有金融、保险企业的存贷、汇兑、转账凭证和保险凭证；国有邮政、电信企业的邮票、邮单、话务、电报收据；国有铁路、民用航空企业和交通部门的公路、水上运输企业的客票；等等。

2. 发票的联次

发票的基本联次包括存根联、发票联和记账联。存根联由收款方或开票方留存备查；发票联由付款方或受款方作为付款的原始凭证；记账联由收款方或开票方作为记账原始凭证。省以上税务机关可根据发票管理情况以及纳税人经营业务需要，增减除发票联以外的其他联次，并确定其用途。

3. 发票的内容

发票的基本内容包括发票的名称、发票代码和号码、联次及用途、客户名称、开户银行及账号、商品名称或经营项目、计量单位、数量、单价、大小写金额、开票人、开票日期、开票单位（个人）名称（章）等。

省以上税务机关可根据经济活动以及发票管理需要，确定发票的具体内容。

用票单位可以书面向税务机关要求使用印有本单位名称的发票，税务机关依据《中华人民共和国发票管理办法》（简称《发票管理办法》）的规定，确认印有该单位名称发票的种类和数量。

（三）发票的印制

增值税专用发票由国家税务总局确定的企业印制；其他发票，按照国家税务总局的规定，由省、自治区、直辖市税务机关确定的企业印制。禁止私自印制、伪造、变造发票。印制发票的企业应当具备下列条件：

（1）取得印刷经营许可和营业执照。

（2）设备、技术水平能够满足印制发票的需要。

（3）有健全的财务制度和严格的质量监督、安全管理、保密制度。

印制发票应当使用国家税务总局确定的全国统一的发票防伪专用品，禁止非法制造发票防伪专用品。

发票应当套印全国统一发票监制章。全国统一发票监制章的式样和发票版面印刷的要求，由国家税务总局规定。发票监制章由省、自治区、直辖市税务机关制作，禁止伪造发票监制章。发票实行不定期换版制度，禁止在境外印制发票。

（四）发票的领购

需要领购发票的单位和个人，应当持税务证件、经办人身份证明、按照国家税务总局规定式样制作的财务印章或发票专用章的印模，向主管税务机关办理发票领购手续。主管税务机关根据领购单位和个人的经营范围和规模，确认领购发票的种类、数量以及领购方式，在5个工作日内发放发票领购簿。

单位和个人领购发票时，应当按照税务机关的规定报告发票使用情况，税务机关应当按照规定进行查验。

需要临时使用发票的单位和个人，可以凭购销商品、提供或者接受服务以及从事其他经营活动的书面证明、经办人身份证明，直接向经营地税务机关申请代开发票。依照税收法律、行政法规规定应当缴纳税款的，税务机关应当先征收税款，再开具发票。税务机关根据发票管理的需要，可以按照国家税务总局的规定委托其他单位代开发票。禁止非法代开发票。

对于外省、自治区、直辖市来本辖区从事临时经营活动的单位和个人领购发票的，税务机关可以要求其提供保证人或者根据所领购发票的票面限额以及数量交纳不超过1万元的保证金，并限期缴销发票。

按期缴销发票的，解除保证人的担保义务或者退还保证金；未按期缴销发票的，由保证人或者以保证金承担法律责任。税务机关收取保证金应当开具资金往来结算票据。

 练一练

多项选择题
下列各项中，单位和个人申请领购发票时应当向税务机关提供的证件有（　　　　）。
A. 税务登记证件　　　　　　　　　　B. 工商营业执照
C. 经办人身份证明　　　　　　　　　D. 财务印章或发票专用章印模

（五）发票的开具和保管

1. 发票开具的相关规定

销售商品、提供服务以及从事其他经营活动的单位和个人，对外发生经营业务并收取款项，作为收款方应当向付款方开具发票；特殊情况下，由付款方向收款方开具发票。特殊情况下是指收购单位和扣缴义务人支付给个人款项，如向农民个人收购农副产品，特殊情况还包括国家税务总局认为其他需要由付款方向收款方开具发票的。

所有单位和从事生产、经营活动的个人在购买商品、接受服务以及从事其他经营活动支付款项时，应当向收款方取得发票。取得发票时，不得要求变更品名和金额。不符合规定的发票，不得作为财务报销凭证，任何单位和个人有权拒收。

开具发票应当按照规定的时限、顺序、栏目，全部联次一次性如实开具，并加盖发票专用章。任何单位和个人不得有下列虚开发票的行为：

（1）为他人、为自己开具与实际经营业务情况不符的发票。

（2）让他人为自己开具与实际经营业务情况不符的发票。

（3）介绍他人开具与实际经营业务情况不符的发票。

安装税款装置的单位和个人，应当按照规定使用税款装置开具发票，并按期向税务机关报送开具发票的数据。使用非税控电子器具开具发票的，应当将非税控电子器具使用的软件程序说明资料报主管税务机关备案，并按照规定保存、报送开具发票的数据。任何单位和个人应当按照发票管理规定使用发票，不得有下列行为：

（1）转借、转让、介绍他人转让发票、发票监制章和发票防伪专用品。

（2）知道或者应当知道是私自印制、伪造、变造、非法取得或者废止的发票而受让、开具、存放、携带、邮寄、运输。

（3）拆本使用发票。

（4）扩大发票使用范围。

（5）以其他凭证代替发票使用。

除国家税务总局规定的特殊情形外，发票限于领购单位和个人在本省、自治区、直辖市内开具。省、自治区、直辖市税务机关可以规定跨市、县开具发票的办法。除国家税务总局规定的特殊情形外，任何单位和个人不得跨规定使用区域携带、邮寄、运输空白发票。禁止携带、邮寄或者运输空白发票出入境。

2. 发票的保管

开具发票的单位和个人应当建立发票使用登记制度，设置发票登记簿，并定期向主管税务机关报告发票使用情况。开具发票的单位和个人应当在办理变更或者注销税务登记的同时，办理发票和发票领购簿的变更、缴销手续。开具发票的单位和个人应当按照税务机关的规定存放和保管发票，不得擅自损毁。已经开具的发票存根联和发票登记簿，应当保存 5 年。保存期满，报经税务机关查验后销毁。

（六）发票的检查

根据《发票管理办法》及其实施细则的规定，税务机关在发票管理中有权：

（1）检查印制、领购、开具、取得、保管和缴销发票的情况。

（2）调出发票查验。

（3）查阅、复制与发票有关的凭证、资料。

（4）向当事各方询问与发票有关的问题和情况。

（5）在查处发票案件时，与案件有关的情况和资料，可以记录、录音、录像、照相和复制。

印制、使用发票的单位和个人，必须接受税务机关依法检查，如实反映情况，提供有关资料，不得拒绝、隐瞒。

税务人员进行检查时，应当出示税务检查证。

对增值税专用发票的管理，国家税务总局可以根据增值税专用发票管理的特殊需要，制定增值税专用发票的具体管理办法。

对专业发票的管理，国家税务总局可以根据有关行业特殊的经营方式和业务需求，会同国务院有关主管部门制定行业的发票管理办法。

 练一练

单项选择题

根据《发票管理办法》及其实施细则的详细规定，纳税人已开具的发票存根联和发票登记簿的保存期限是（   ）。

A. 3 年　　　　　B. 5 年　　　　　C. 10 年　　　　　D. 15 年

四、纳税申报管理

（一）纳税申报的概念

纳税申报，是指纳税人按照税法规定，定期就计算缴纳税款的有关事项向税务机关提交书面报告的法定手续。纳税申报是确定纳税人是否履行纳税义务，界定法律责任的主要依据。

纳税人必须依照法律、行政法规规定，或者税务机关依照法律、行政法规的规定确定的申报期限、申报内容如实办理纳税申报，报送纳税申报表、财务会计报表以及税务机关根据实际需要要求纳税人报送的其他纳税资料。

扣缴义务人必须依照法律、行政法规规定或者税务机关依照法律、行政法规的规定确定的申报期限、申报内容如实报送代扣代缴、代收代缴税款报告表，以及税务机关根据实际需要要求扣缴义务人报送的其他有关资料。

（二）纳税申报的内容

纳税人、扣缴义务人的纳税申报表或者代扣代缴、代收代缴税款报告表的主要内容包括：

（1）税种、税目。

（2）应纳税项目或者应代扣代缴、代收代缴税款项目。

（3）计税依据。

（4）扣除项目及依据。

（5）适用税率或者单位税额。

（6）应退税项目及税额、应减免税项目及税额。

（7）应纳税额或者应代扣代缴、代收代缴税额。

（8）税款所属期限。

（9）延期缴纳的税款、欠税、滞纳金等。

纳税人办理纳税申报时，应当如实填写纳税申报表并根据不同的情况相应报送下列证件、资料：

（1）财务会计报表及其说明材料。

（2）与纳税有关的合同、协议书及凭证。

（3）税控装置的电子报税资料。

（4）外出经营活动税收管理证明和异地完税凭证。

（5）境内或者境外公证机关出具的有关证明文件。

（6）税务机关规定应当报送的其他有关证件、资料。

（三）纳税申报的方式

纳税申报的方式是指纳税人和扣缴义务人在纳税申报期限内，依照规定到指定税务机关进行申报纳税的形式。纳税申报的形式主要有以下几种。

1. 柜台申报纳税

柜台申报是指纳税人、扣缴义务人在规定的期限内，自行到主管税务机关（报税大厅）办理纳税申报手续。这是一种传统的申报方式。

2. 电子申报纳税

电子申报纳税是指纳税人采用国税机关确定的电话语音、电子数据和网络传输等数据电文方式，在规定的期限内向国税机关办理纳税申报和税款缴纳的活动。电子申报纳税分为网上申报纳税、电话申报纳税和银行储蓄扣税三种形式。

（1）网上申报纳税是指纳税人通过互联网将当期申报信息以数据电文形式传递到税务机关，足不出户即可办理涉税业务的一种现代化办税形式。网上申报纳税涵盖六项业务：一是纳税申报，包括增值税、消费税、所得税、储蓄存款利息所得个人所得税的申报，适用于所有企业；二是网上认证，适用于所有增值税一般纳税人；三是网上抄报税，适用于使用防伪税控系统的增值税一般纳税人；四是发票信息导出，适用于使用防伪税控系统的增值税一般纳税人；五是网上清零解锁，适用于使用防伪税控系统的增值税一般纳税人；六是网上缴款，适用于所有纳税人。

（2）电话申报纳税是指纳税人通过电话实现纳税申报和税款缴纳的电子申报纳税方式，适用于增值税小规模纳税人。

（3）银行储蓄扣税是指纳税人通过开立银行储蓄账户，由银行批量划解实现纳税申报和税款缴纳的电子申报纳税方式，适用于实行定期定额管理的纳税人。

（四）纳税申报的其他要求

（1）纳税人在纳税期限内没有应纳税款的，也应当按照规定办理纳税申报。

（2）纳税人在享受减税、免税待遇的，在减税、免税期间应当按照规定办理纳税申报。

（3）纳税人、扣缴义务人按照规定的期限办理纳税申报或者报送代扣代缴、代收代缴税款报告表确有困难，需要延期的，应当在规定的期限内向税务机关书面申请延期，经税务机关核准后，在核准的期限内办理。

（4）纳税人、扣缴义务人因不可抗力，不能按期办理纳税申报或者报送代扣代缴、代收代缴税款报告表的，可以延期办理，但是，应当在不可抗力情形消除之后立即向税务机关报告。税务机关应当查明事实，予以核准。

（5）核准延期办理纳税申报、报送事项的，应当在纳税期限内按照上期实际缴纳的税额或者税务机关核定的税额预缴税款，并在核准的延长期内办理税款结算。结算的时候，预缴税款大于应纳税额的，税务机关应退还多缴的税款，但是不支付利息；预缴税额小于应纳税额的，税务机关补征少缴的税款，但是不加收滞纳金。

任务三　熟悉税款征收的概念及方式

税款征收是税务机关依照税收法律、法规的规定，将纳税人依法应当缴纳的税款组织入库的一系列活动的总称。它是税款征收管理工作的中心环节，是全部税收征管工作的目的和归宿。

一、税款征收的方式

税款征收方式，是指税务机关根据各税种的不同特点和纳税人的具体情况而确定的计算、征收税款的形式和方法，包括确定（征收）方式和缴纳方式。

由于纳税人的情况千差万别，税款征收方式不可能统一固定，必须根据不同情况，采取相应的征收方式。税务机关根据保证国家税款及时足额入库、方便纳税人、降低税收成本的原则，确定税款征收的方式。现行的税款征收方式有以下几种。

（一）查账征收

查账征收是指税务机关对财务健全的纳税人，依据其报送的纳税申报表、财务会计报表和其他有关纳税资料，依照适用税率，计算应纳税款的征收方式。这种征收方式较为规范，符合课税法定的基本原则，适用于财务会计制度健全，能够如实核算和提供生产经营情况，能正确计算应纳税款的纳税人，便于纳税人如实履行纳税义务。扩大查账征收纳税人的范围是税务管理努力的方向。

（二）查定征收

查定征收是指对账务不全，但能控制其材料、产量或进销货物的纳税单位或个人，由税务机关依据正常条件下的生产能力对其生产的应税产品查定产量、销售额，并据以征收税款的征收方式。

这种征收方式适用于生产经营规模较小、产品零星、税源分散、会计账册不健全，但能控制原材料或进销货的小型厂矿和作坊。

（三）查验征收

查验征收是指税务机关对纳税人的应税商品、产品，通过查验数量，按市场价一般销售单价计算其销售收入，并据以计算应纳税款的征收方式。

这种征收方式适用于纳税人财务制度不健全、生产经营不固定、零星分散、流动性较大的税源。

（四）定期定额征收

定期定额征收是指对小型个体工商户在一定经营地点、一定经营时期、一定经营范围内的应纳经营额（包括经营数量）或所得额进行核定，并以此为计税依据，确定其应纳税额的一种征收方式。这种征收方式适用于经主管税务机关认定和县以上税务机关（含县）批准的生产、经营规模小，达到《个体工商户建账管理暂行办法》规定的设置账簿标准，难以查账征收，不能准确计算计税依据的个体工商户（包括个人独资企业）。

（五）其他方式

除了上述四种基本方式外，税款征收的方式还有以下四种。

1. 代扣代缴

代扣代缴是指按照税法规定负有扣缴义务的法定义务人，负责对纳税人应纳税款进行代扣代缴的方式。即由支付方在向纳税人支付款项时，从所支付的款项中依照税法的规定直接扣收税款。其目的是对零星、分散、不易控制的税源实行源泉控管。例如，个人所得税中的"工资薪金所得""劳务报酬"等征税项目采取的就是代扣代缴的征税方式。

2. 代收代缴

代收代缴是指按照税法规定负有收缴税款义务的法定义务人，负责对纳税人的税款进行代收代缴。即由与纳税人有经济往来的单位和个人依照税法的规定收取税款并上缴。这种方式一般适用于税收网络覆盖不到或者很难控制的领域。例如，受托加工应征消费税的消费品，由受托方代收代缴的消费税。

3. 委托代征

委托代征是指受托方有关单位按照税务机关核发的代征证书的要求，以税务机关的名义向纳税人征收零星分散税款的征收方式。

4. 自行申报

自行申报是指纳税人在税法规定的期限内，自行向税务机关申报取得的应税所得项目和数额，如实填写纳税申报表，并按照税法规定计算应纳税额申报缴纳的方式。例如，个人所得税法规定，年所得 12 万元以上的纳税人在纳税年度终了后 3 个月内自行向主管税务机关办理纳税申报。

二、税款征收的措施

为了保证税款征收的顺利进行，《税收征管法》赋予了税务机关在税款征收过程中根据不同情况可以采取相应措施的权利，主要包括以下几种措施。

（一）核定、调整应纳税额

1. 核定应纳税额的情形

根据《税收征管法》的规定，纳税人有下列情形之一的，税务机关有权核定其应纳税额。

（1）依照法律、行政法规的规定可以不设置账簿的。

（2）依照法律、行政法规的规定应当但未设置账簿的。

（3）擅自销毁账簿或者拒不提供纳税资料的。

（4）虽设置账簿，但账目混乱或者成本资料、收入、费用凭证残缺不全，难以查账的。

（5）发生纳税义务，未按照规定的期限办理纳税申报，经税务机关责令限期申报，逾期仍不申报的。

（6）纳税人申报的计税依据明显偏低，又无正当理由的。

2. 核定应纳税额的方法

为了减少核定应纳税额的随意性，使核定的税额更接近纳税人实际情况和法定负担水平，税务机关有权采用下列任何一种方法核定应纳税额。

（1）参照当地同类行业或者类似行业中经营规模和收入水平相近的纳税人的税负水平核定。

（2）按照营业收入或者成本加合理的费用和利润的方法核定。

（3）按照耗用的原材料、燃料、动力等推算或者测算核定。

（4）按照其他合理方法核定。

采用前款所列一种方法不足以正确核定应纳税额时，可以同时采用两种以上的方法核定。纳税人对税务机关采取本条规定的方法核定的应纳税额有异议的，应当提供相关证据，经税务机关认定后，调整应纳税额。

练一练

多项选择题

下列情形中，税务机关有权核定纳税人应纳税额的有（　　　　）。

A. 有偷税、骗税前科的　　　　　　　B. 拒不提供纳税资料的

C. 按规定应设置账簿而未设置的　　　D. 虽设置账簿，但账目混乱，难以查账的

（二）责令缴纳，加收滞纳金

（1）纳税人未按照规定期限缴纳税款的，扣缴义务人未按照规定期限解缴税款的，税务机关可责令限期缴纳，并从滞纳税款之日起，按日加收滞纳税款万分之五的滞纳金。

（2）对未按照规定办理税务登记的从事生产、经营的纳税人，以及临时从事经营的纳税人，由税务机关核定其应纳税额，责令缴纳；不缴纳的，税务机关可以扣押其价值相当于应纳税款、滞纳金的商品、货物。扣押后缴纳税款的，税务机关必须立即解除扣押，并归还所扣押的商品、货物；扣押后仍不缴纳应纳税款的，经县以上税务局（分局）局长的批准，依法拍卖或者变卖所扣押的商品、货物，以拍卖或者变卖所得抵缴税款。

（3）加收滞纳金的起止时间，为法律、行政法规规定或者税务机关依照法律、行政法规的规定确定的税款缴纳期限届满次日起，至纳税人、扣缴义务人实际缴纳或者解缴税款之日止。

（三）责令提供纳税担保

纳税担保，是指经税务机关同意或者确认，纳税人或其他自然人、法人、经济组织以保

证、抵押、质押的方式，为纳税人应当缴纳的税款及滞纳金提供担保的行为。包括经税务机关认可的有纳税担保能力的保证人为纳税人提供的纳税保证，以及纳税人或者第三人以其未设置或者未全部设置担保物权的财产提供的担保。

1. 适用纳税担保的情形

（1）税务机关有根据认为从事生产、经营的纳税人有逃避纳税义务行为的，可以在规定的纳税期之前，责令其限期缴纳应纳税款；在限期内发现纳税人有明显的转移、隐匿其应纳税的商品、货物以及其他财产或者应纳税收入的迹象的，纳税人需提供纳税担保。

（2）欠缴税款、滞纳金的纳税人或者其法定代表人需要出境的。

（3）纳税人同税务机关在纳税上发生争议而未缴清税款，需要申请行政复议的。

（4）税收法律、行政法规规定可以提供纳税担保的其他情形。

2. 纳税担保的范围

纳税担保的范围包括税款、滞纳金和实现税款、滞纳金的费用。费用包括抵押、质押登记费用，质押保管费用，以及保管、拍卖、变卖担保财产等相关费用支出。

用于纳税担保的财产、权利的价值不得低于应当缴纳的税款、滞纳金，并考虑相关的费用。纳税担保的财产价值不足以抵缴税款、滞纳金的，税务机关应当向提供纳税担保的纳税人继续追缴。用于纳税担保的财产、权利的价格估算，除法律、行政法规另有规定外，参照同类商品的市场价、出厂价或者评估价估算。

（四）采取税收保全措施

1. 适用税收保全措施的情形及措施

税务机关责令具有税法规定情形的纳税人提供纳税担保而纳税人拒绝提供纳税担保或无力提供纳税担保的，经县以上税务局（分局）局长批准，税务机关可以采取下列税收保全措施：

（1）书面通知纳税人开户银行或者其他金融机构冻结纳税人的相当于应纳税款的存款。

（2）扣押、查封纳税人的价值相当于应按税款的商品、货物或者其他财产。其他财产是指纳税人的房地产、现金、有价证券等不动产和动产。

2. 不适用税收保全的财产

个人及其所扶养家属维持生活必需的住房和用品，不在税收保全措施的范围之内。个人所扶养家属，是指与纳税人共同居住生活的配偶、直系亲属以及无生活来源并由纳税人扶养的其他亲属。个人及其所扶养家属维持生活必需的住房和用品不包括机动车辆、金银饰品、古玩字画、豪华住宅或者一处以外的住房。

税收机关对单价5 000元以下的其他生活用品，不采取税收保全措施。

（五）采取强制执行措施

1. 采取强制执行的情形及措施

从事生产、经营的纳税人、扣缴义务人未按照规定的期限缴纳或者解缴税款，纳税担保人未按照规定的期限缴纳所担保的税款，由税务机关责令限期缴纳，逾期仍未缴纳的，经县以上税务局（分局）局长批准，税务机关可以采取下列强制执行措施：

（1）书面通知其开户银行或其他金融机构从其存款中扣缴税款。

（2）扣押、查封、依法拍卖或者变卖其价值相当于应纳税款的商品、货物或者其他财产，以拍卖或者变卖所得抵缴税款。

税务机关采取强制执行措施时，对上述纳税人、扣缴义务人、纳税担保人未缴纳的滞纳金同时强制执行。个人及其所扶养家属维持生活必需的住房和用品，不在强制执行措施的范围之内。税务机关对单价5 000元以下的其他生活用品，不采取强制执行措施。

2. 抵税财物的拍卖与变卖

抵税财物，是指被税务机关依法实施税收强制执行而扣押、查封，或者按照规定应强制执行的已设置纳税担保物权的商品、货物、其他财产或者财产权利。拍卖，是指税务机关将抵税财物依法委托拍卖机构，以公开竞价的形式，将特定财物转让给最高应价者的买卖方式。变卖，是指税务机关将抵税财物委托商业企业代为销售、责令纳税人限期处理或由税务机关变价处理的买卖方式。

（1）适用拍卖、变卖的情形包括：

①采取税收保全措施后，限期届满仍未缴纳税款的。

②设置纳税担保后，限期届满仍未缴纳税款的。

③逾期不按规定履行税务处理决定的。

④逾期不按规定履行复议决定的。

⑤逾期不按规定履行税务行政处罚决定的。

⑥其他经责令限期缴纳，逾期仍未缴纳税款的。

对上述第三项至第六项情形进行强制执行时，在拍卖、变卖之前（或同时）进行扣押、查封，办理扣押、查封手续。

（2）拍卖、变卖的执行原则与顺序。税务机关按照拍卖优先的原则确定抵税财物的拍卖、变卖。其顺序为：

①委托依法成立的拍卖机构拍卖。

②无法委托拍卖或者不适于拍卖的，可以委托当地商业企业代为销售，或者责令被执行人限期处理。

③无法委托商业企业销售，被执行人也无法处理的，由税务机关变价处理。

国家禁止自由买卖的商品、货物、其他财产，应当交由有关单位按照国家规定的价格收购。

拍卖或者变卖所得抵缴税款、滞纳金、罚款以及拍卖、变卖等费用后，剩余部分应当在3日内退还被执行人。

（六）阻止出境

欠缴税款的纳税人或者其法定代表人在出境前未按规定结清应纳税款、滞纳金或者提供纳税担保的，税务机关可以通知出境管理机关阻止其出境。

三、税务检查

税务检查又称纳税检查，是指税务机关根据税收法律、行政法规的规定，对纳税人、扣缴义务人履行纳税义务、扣缴义务及其他有关税务事项进行审查、核实、监督活动的总称。它是税收征收管理工作的一项重要内容，是确保国家财政收入足额入库和税收法律、法规贯彻落实的重要手段。

（一）税务机关检查的职责

（1）税务机关有权进行下列税务检查：

①检查纳税人的账簿、记账凭证、报表和有关资料，检查扣缴义务人代扣代缴、代收代缴税款的账簿、记账凭证和有关资料。

②到纳税人的生产、经营场所和货物存放地检查纳税人应纳税商品、货物或者其他财产，检查扣缴义务人与代扣代缴、代收代缴税款有关的经营情况。

③责成纳税人、扣缴义务人提供与纳税或者代扣代缴、代收代缴税款有关的文件、证明材料和有关资料。

④询问纳税人、扣缴义务人与纳税或者代扣代缴、代收代缴税款有关的问题和情况。

⑤到车站、码头、机场、邮政企业及其分支机构检查纳税人托运、邮寄应纳税商品、货物或者其他财产的有关单据、凭证和有关资料。

⑥经县以上税务局（分局）局长批准，持全国统一格式的检查存款账户许可证明，查询从事生产、经营的纳税人、扣缴义务人在银行或其他金融机构的存款账户。税务机关在调查税收违法案件时，经设区的市、自治州以上税务局（分局）局长批准，可以查询案件涉嫌人员的储蓄存款。税务机关查询所获得的资料，不得用于税收以外的用途。

税务机关行使上述职权时，应当指定专人负责，持全国统一格式的检查存款账户许可证明进行，并有责任为被检查人保守秘密。

（2）税务机关对从事生产、经营的纳税人以前的纳税情况进行税务检查时，发现纳税人有逃避纳税义务行为，并有明显转移、隐匿其应纳税的商品、货物以及其他财产或者应纳税的收入的迹象的，可以按照《税收征管法》规定的批准权限采取税收保全措施或者强制执行措施。

税务机关采取税收保全措施的期限一般不超过6个月；重大案件需要延长的，应当报国家税务总局批准。

（3）税务机关调查违法案件时，对与案件有关的情况和资料，可以记录、录音、录像、照相和复制。

（4）税务机关的派出人员进行税务检查时，应当出示税务检查证和税务检查通知书，并有责任为被检查人保守秘密，未出示税务检查证和税务检查通知书的，被检查人有权拒绝检查。

(二) 被检查人的义务

(1) 纳税人、扣缴义务人必须接受税务机关依法进行的税务检查，如实反映情况，提供有关资料，不得拒绝、隐瞒。

(2) 税务机关依法进行税务检查时，有权向有关单位和个人调查纳税人、扣缴义务人和其他当事人与纳税或者代扣代缴、代收代缴税款有关的情况，有关单位和个人向税务机关需如实提供有关资料及证明材料。

四、法律责任

税收法律责任，是指税收法律关系主体违反税收法律制度的行为所引起的不利法律后果，分为行政责任和刑事责任两种。

(一) 纳税人、扣缴义务人及其他行政相对人违反税收法律制度的法律责任

1. 违反税务管理基本规定行为的处罚

(1) 纳税人有下列情形之一的，由税务机关责令限期改正，并处以 2 000 元以下的罚款；情节严重的，处以 2 000 元以上 1 万元以下的罚款。

①未按照规定的期限申报办理税务登记、变更或者注销登记的。

②未按照规定设置、保管账簿或者保管记账凭证和有关资料的。

③未按照规定将财务、会计制度或者财务、会计处理办法和会计核算软件报送税务机关备查的。

④未按照规定将其全部银行账号向税务机关报告的。

⑤未按照规定安装、使用税控装置，损毁或者擅自改动税控装置的。

⑥纳税人未按照规定办理税务登记验证或者换证手续的。

(2) 纳税人不办理税务登记的，由税务机关责令限期改正；逾期不改正的，经税务机关提请，由工商行政管理机关吊销其营业执照。

(3) 纳税人未按照规定使用税务登记证件，或者转借、涂改、损毁、买卖、伪造税务登记证件的，处以 2 000 元以上 1 万元以下的罚款；情节严重的，处以 1 万元以上 5 万元以下的罚款。

(4) 扣缴义务人未按照规定设置、保管代扣代缴、代收代缴税款账簿，或者未按照规定保管代扣代缴、代收代缴税款记账凭证及有关资料的，由税务机关责令限期改正，可以处 2 000 元以下的罚款；情节严重的，处 2 000 元以上 5 000 元以下的罚款。

(5) 纳税人未按照规定的期限办理纳税申报和报送纳税资料的，或者扣缴义务人未按照规定的期限向税务机关报送代扣代缴、代收代缴税款报告表和有关资料的，由税务机关责令限期改正，可以处 2 000 元以下的罚款；情节严重的，可以处 2 000 元以上 1 万元以下的罚款。

2. 逃避税务机关追缴欠税行为的法律责任

纳税人欠缴应纳税款，采取转移或者隐匿财产的手段，妨碍税务机关追缴欠缴的税款

的，由税务机关追缴欠缴的税款、税款滞纳金，并处欠缴税款50%以上5倍以下的罚款；构成犯罪的，依法追究刑事责任。

扣缴义务人应扣未扣、应收而不收税款的，由税务机关向纳税人追缴税款，对扣缴义务人处以应扣未扣、应收未收税款50%以上3倍以下的罚款。

3. 偷税行为的法律责任

偷税，是指纳税人采取伪造、变造、隐匿、擅自销毁账簿、记账凭证，或者在账簿上多列支出或者不列、少列收入，或者经税务机关通知申报而拒不申报，或者进行虚假的纳税申报的手段，以及不缴或者少缴应纳税款的行为。

扣缴义务人采取上述所列手段，不缴或者少缴已扣、已收税款，由税务机关追缴其不缴或者少缴的税款、税款滞纳金，并处不缴或者少缴的税款50%以上5倍以下的罚款；构成犯罪的，依法追究刑事责任。

纳税人、扣缴义务人因过失未缴或者少缴税款造成漏税的，税务机关除追缴其未缴或者少缴的税款、税款滞纳金外，可以处未缴或者少缴税款20%以下的罚款。

纳税人、扣缴义务人编造虚假计税依据的，由税务机关责令限期改正，并处以5万元以下的罚款。

4. 骗税行为的法律责任

骗税行为，是指纳税人以假报出口或者其他欺骗手段，骗取国家出口退税款的行为。

纳税人有骗税行为，由税务机关追缴其骗取的退税款，并处骗取税款1倍以上5倍以下的罚款；构成犯罪的，依法追究刑事责任。

对骗取国家出口退税款的，税务机关可以在规定期间内停止为其办理出口退税。

5. 抗税行为的法律责任

抗税行为是指纳税人、扣缴义务人以暴力、威胁方法拒不缴纳税款的行为。

对抗税行为，除由税务机关追缴其拒缴的税款、税款滞纳金外，需依法追究其刑事责任。情节轻微，未构成犯罪的，由税务机关追缴其拒缴的税款、税款滞纳金，并处拒缴税款1倍以上5倍以下的罚款。

6. 非法印制发票行为的法律责任

非法印制发票的，由税务机关销毁非法印制的发票，没收违法所得和作案工具，并处1万元以上5万元以下的罚款；构成犯罪的，依法追究刑事责任。

7. 纳税人、扣缴义务人不配合税务机关进行税务检查的法律责任

（1）纳税人、扣缴义务人逃避、拒绝或者以其他方式阻挠税务机关检查的，由税务机关责令改正，可以处以1万元以下的罚款；情节严重的，处1万元以上5万元以下的罚款。

（2）纳税人、扣缴义务人有下列情形之一的，依照前款规定处罚：

①提供虚假资料或者拒绝提供有关资料的。

②拒绝或阻止税务机关记录、录音、录像、照相和复制与案件有关的情况和资料的。

③在检查期间，纳税人、扣缴义务人转移、隐匿、销毁有关资料的。

④有不依法接受税务检查的其他情形的。

（3）税务机关依照《税收征管法》的规定，到车站、码头、机场、邮政企业及其分支机构检查纳税人有关情况，有关单位拒绝的，由税务机关责令改正，可以处 1 万元以下的罚款；情节严重的，处 1 万元以上 5 万元以下的罚款。

（4）纳税人、扣缴义务人的开户银行或者其他金融机构拒绝接受税务机关依法检查纳税人、扣缴义务人存款账户，或者拒绝执行税务机关做出的冻结存款或者扣缴税款的决定，或者在接到税务机关的书面通知后帮助纳税人、扣缴义务人转移存款，造成税款流失的，由税务机关处 10 万元以上 50 万元以下的罚款，对直接负责的主管人员和其他直接责任人员处 1 000 元以上 1 万元以下的罚款。

练一练

1. 单项选择题

纳税人不办理税务登记的，由税务机关责令限期改正；逾期不改正的，税务机关对其采取的措施是（   ）。

A. 处 2 000 元以上 1 万元以下罚款　　　　B. 没收其经营所得

C. 提请工商行政管理机关吊销其营业执照　　　D. 提请公安机关查封其财产

2. 多项选择题

纳税人发生偷税行为时，税务机关可以行使的权利有（   ）。

A. 追缴税款　　　　B. 加收滞纳金　　　　C. 处以罚金　　　　D. 处以罚款

（二）税务机关和税务人员违反税收法律制度的法律责任

（1）税务机关违反规定擅自改变税收征收管理范围和税款入库预算级次的，责令限期改正，对直接负责的主管人员和其他直接责任人员依法给予降级或者撤职的行政处分。

税务机关和司法机关的涉税罚没收入，应当按照税款入库预算级次上缴国库。

（2）税务人员徇私舞弊，对依法应当移交司法机关追究刑事责任的不移交，情节严重的，依法追究刑事责任。

（3）税务机关、税务人员查封、扣押纳税人个人及其所扶养家属维持生活必需的住房和用品的，责令退还，依法给予行政处分；构成犯罪的，依法追究刑事责任。

（4）税务人员与纳税人、扣缴义务人勾结，唆使或者协助纳税人、扣缴义务人实施税收违法行为，构成犯罪的，依法追究刑事责任；尚不构成犯罪的，依法给予行政处分。

（5）税务人员利用职务上的便利，收受或者索取纳税人、扣缴义务人财物或者谋取其他不正当利益，构成犯罪的，依法追究刑事责任；尚不构成犯罪的，依法给予行政处分。

（6）税务人员徇私舞弊或者玩忽职守，不征或者少征应征税款，致使国家税收遭受重大损失，构成犯罪的，依法追究刑事责任；尚不构成犯罪的，依法给予行政处分。

（7）税务人员滥用职权，故意刁难纳税人、扣缴义务人的，调离税收工作岗位，并依法给予行政处分。

（8）税务人员对控告、检举税收违法违纪行为的纳税人、扣缴义务人以及其他检举人进行打击报复的，依法给予行政处分；构成犯罪的，依法追究刑事责任。

（9）违反法律、行政法规的规定提前征收、延缓征收或者摊派税款的，由其上级机关或者行政监察机关责令改正，对直接负责的主管人员和其他直接责任人员依法给予行政处分。

（10）违反法律、行政法规的规定，擅自做出税收的开征、停征或者减税、免税、退税、补税以及其他同税收法律、行政法规相抵触的决定的，除依照《税收征管法》规定撤销其擅自做出的决定外，补征应征未征税款，退还不应征收而征收的税款，并由上级机关追究直接负责的主管人员和其他直接责任人员的行政责任；构成犯罪的，依法追究刑事责任。

（11）税务人员在征收税款或者查处税收违法案件时，未按照《税收征管法》规定进行回避的，对直接负责的主管人员和其他直接责任人员，依法给予行政处分。未按照《税收征管法》规定为纳税人、扣缴义务人、检举人保密的，对直接负责的主管人员和其他直接责任人员，由所在单位或者有关单位依法给予行政处分。

违反税收法律、行政法规应当给予行政处罚的行为，在五年内未被发现的，不再给予行政处罚。

（12）税务人员私分扣押、查封的商品、货物或者其他财产，情节严重，构成犯罪的，依法追究刑事责任；未构成犯罪的，依法给予行政处分。

任务四 熟悉税务行政复议

一、税务行政复议的概念

税务行政复议，是指纳税人和其他税务当事人对税务机关的税务行政行为不服，依法向上级税务机关提出申诉，请求上一级税务机关对原具体行政行为的合理性、合法性做出审议，复议机关依法对原行政行为的合理性、合法性做出裁决的行政司法活动。

实行税务行政复议制度的目的是维护和监督税务机关依法行使税收执法权，防止和纠正违法或者不当的税务具体行政行为，保护纳税人和其他当事人的合法权益。

二、税务行政复议的范围

纳税人及其他当事人（简称"申请人"）认为税务机关（简称"被申请人"）的具体行政行为侵犯其合法权益，可依法向税务行政复议机关申请行政复议。税务行政复议机关（简称"复议机关"），是指依法受理税务行政复议申请，对具体行政行为进行审查并做出行政复议决定的税务机关。

复议机关受理申请人对下列具体行政行为不服的，可以提出行政复议申请。

（1）税务机关做出的征税行为，包括确认纳税主体、征税对象、征税范围、减税、免税、退税、抵扣税款、适应税率、计税依据、纳税环节、纳税期限、纳税地点和税款征收方式等具体行政行为，征收税款、加收滞纳金，扣缴义务人、受税务机关委托的单位和个人做出的代扣代缴、代收代缴、代征行为等。

（2）行政许可、行政审批行为。

（3）发票管理行为，包括发售、收缴、代开发票等。

（4）税收保全措施、强制执行措施。

（5）税务机关做出的行政处罚行为：①罚款；②没收违法财物和违法所得；停止出口退税权。

（6）税务机关不依法履行下列职责的行为：①颁发税务登记证；②开具、出具完税凭证、外出经营活动税收管理证明；③行政赔偿；④行政奖励；⑤其他不依法履行职责的行为。

（7）资格认定行为。

（8）不依法确认纳税担保行为。

（9）政府公开信息工作中的具体行政行为。

（10）纳税信用等级评定行为。

（11）税务机关通知出入境管理机关阻止出境的行为。

（12）税务机关做出的其他行政行为。

申请人认为税务机关的具体行政行为所依据的下列规定不合法，对具体行政行为申请行政复议时，可以一并向复议机关提出对该规定（不含规章）的审查申请：①国家税务总局和国务院其他部门的规定；②其他各级税务机关的规定；③地方各级人民政府的规定；④地方人民政府工作部门的规定。

练一练

1. 单项选择题

根据税收征收管理法律制度的规定，税务机关做出的下列行政行为中，不属于税务行政复议范围的是（　　　）。

A. 调整税收优惠政策　　　　　　B. 不予颁发税务登记证

C. 不予出具完税凭证　　　　　　D. 确认纳税环节

2. 多项选择题

纳税人对税务机关做出的（　　　）征税行为不服的，必须先行政复议。

A. 加收滞纳金　　　　　　　　　B. 适用税率

C. 不予抵扣税额　　　　　　　　D. 停止出口退税权

E. 代征行为

三、税务行政复议的管辖

（一）税务行政复议管辖的一般规定

（1）对各级国家税务局的具体行政行为不服的，向其上一级国家税务局申请行政复议。

（2）对各级地方税务局的具体行政行为不服的，可以选择向其上一级地方税务局或者该税务局的本级人民政府申请行政复议。

（3）省、自治区、直辖市人民代表大会及其常务委员会、人民政府对地方税务局的行政复议管辖另有规定的，从其规定。

（4）对国家税务总局的具体行政行为不服的，向国家税务总局申请行政复议。对行政复议决定不服，申请人可以向人民法院提起行政诉讼，也可以向国务院申请裁决。国务院的裁决为最终裁决。

（二）税务行政复议管辖的特殊规定

（1）对计划单列市税务局的具体行政不服的，向省税务局申请行政复议。

（2）对税务所（分局）、各级税务局的稽查局的具体行政行为不服的，向其所属税务局申请行政复议。

（3）对两个以上税务机关共同做出的具体行政行为不服的，向共同上一级税务机关申请行政复议；对税务机关与其他行政机关共同做出的具体行政行为不服的，向其共同上一级行政机关申请行政复议。

（4）对被撤销的税务机关在撤销以前所做出的具体行政行为不服的，向继续行使其职权的税务机关的上一级税务机关做出申请行政复议。

（5）对税务机关做出逾期不缴纳罚款加处罚款的决定不服的，向做出行政处罚决定的税务机关申请行政复议。但是对已处罚款和加处罚款都不服的，一并向做出行政处罚决定的税务机关的上一级税务机关申请行政复议。

有第二项至第五项所列情形之一的，申请人也可以向具体行政行为发生地的县级地方人民政府提交行政复议申请，由接受申请的县级人民政府依法转送。

四、税务行政复议的申请与受理

（一）税务行政复议的申请

申请人可以在知道税务机关做出具体行政行为之日起 60 日内提出行政复议申请。因不可抗力或者被申请人设置障碍等原因耽误法定申请期限的，申请期限的计算应当扣除被耽误时间。

申请人对复议范围中第一项规定的行为不服的，应当先向复议机关申请行政复议，对行政复议决定不服的，可以再向人民法院提起行政诉讼。

申请人按前述规定申请行政复议的，必须先依照税务机关根据法律、行政法规确定的税额、期限，缴纳或者解缴税款及滞纳金，或者提供相应的担保，方可在实际缴清税款和滞纳金后，或者所提供的担保得到做出具体行政行为的税务机关确认之日起 60 日内，提出行政复议申请。

申请人对税务机关做出逾期不缴纳罚款加处罚款的决定不服的，应当先缴纳罚款和加处罚款，再行申请行政复议。

申请人申请行政复议，可以书面申请，也可以口头申请。书面申请的，可以采取当面递交、邮寄、传真或者电子邮件等方式提出行政复议申请。口头申请的，复议机关应当当场制作行政复议申请笔录，交申请人核对或者向申请人宣读，并由申请人确认。

（二）税务行政复议的受理

复议机关收到行政复议申请后，应当在 5 日内进行审查，决定是否受理。

对不符合规定的行政复议申请，决定不予受理的，应书面告知申请人；对不属于本机关受理的行政复议申请，应当告知申请人向有关行政复议机关提出。行政复议机关收到行政复议申请以后未按照规定期限审查并做出不予受理决定的，视为受理。

对符合规定的行政复议申请，自复议机关收到之日起即受理。受理行政复议申请，应当书面告知申请人。

对应当先向行政复议机关申请行政复议，对行政复议决定不服再向人民法院提起行政诉讼的具体行政行为，行政复议机关决定不予受理或者受理以后超过行政复议期限不作答复的，申请人可以自收到不予受理决定书之日起或者行政复议期满之日起 15 日内，依法向人民法院提起行政诉讼。

行政复议期间具体行政行为不停止执行。但有下列情形之一的，可以停止执行：被申请人认为需要停止执行的；行政复议机关认为需要停止执行的；申请人申请停止执行，复议机关认为其要求合理，决定停止执行的；法律规定停止执行的。

五、税务行政复议的审查和决定

（一）税务行政复议的审查

税务行政复议机关应当对被申请人做出的税务具体行政行为所依据的事实证据、法律程序、法律依据及设定的权利义务内容的合法性、适当性进行全面审查。

税务行政复议机关判断税务具体行政行为合法性和适当性的标准是复议审查的依据，包括税收法律、税收法规、税收规章和合法有效的其他税收规范性文件。

税务行政复议机构审理行政复议案件，应当有 2 名以上工作人员参加。

行政复议原则上采用书面审查的办法，但是申请人提出要求或者行政复议机构认为有必要时，应当听取申请人、被申请人和第三人的意见，并可以向有关组织和人员调查了解情况。

对重大、复杂的案件，申请人提出要求或者行政复议机构认为必要时，可以采取听证的方式审理。税务行政复议机构决定举行听证的，应当将举行听证的时间、地点和具体要求等事项通知申请人、被申请人和第三人。第三人不参加听证的，不影响听证的举行。听证应当公开进行，但是涉及国家机密、商业秘密或者个人隐私的除外。

行政复议决定做出前，申请人要求撤回税务行政复议申请的，经行政复议机构同意，可以撤回，但不得以同一基本事实或者理由重新申请复议。

税务行政复议机关应当自受理之日起 60 日内做出税务行政复议决定。情况复杂，不能在规定期限内做出税务行政复议决定的，经税务行政复议机关负责人批准，可以适当延长，并告知申请人和被申请人，但延长期限最多不超过 30 日。

（二）税务行政复议的决定

税务行政复议机关应当对被申请人具体行政行为提出审查意见，经行政复议机关负责人批准，按照下列规定做出行政复议决定：

（1）具体行政行为认定事实清楚，证据确凿，适用依据正确，程序合法，内容是适当的，决定维持。

（2）被申请人不履行法定职责的，决定其在一定期限内履行。

（3）具体行政行为有下列情形之一的，决定撤销，变更或者确认该具体行政行为违法：①主要事实不清，证据不足的；②适用依据错误的；③违反法定程序的；④超越或者滥用职权的；⑤具体行政行为明显不当的。

决定撤销或者确认该具体行政行为违法的，可以责令被申请人在一定期限内重新做出具体行政行为。复议机关责令被申请人重新做出具体行政行为的，被申请人不得以同一事实和理由做出与原具体行政行为相同或者基本相同的具体行政行为；但复议机关以原具体行政行为违法法定程序而决定撤销的，被申请人重新做出具体行政行为的，不受前述限制。

被申请人不按照规定提出书面答复，提交当初做出具体行政行为的证据、依据和其他有关材料的，视为该具体行政行为没有证据、依据，决定撤销该具体行政行为。

申请人在申请行政复议时可以一并提出行政赔偿请求，复议机关对符合国家赔偿法的有关规定予以赔偿的，在决定撤销、变更具体行政行为或者确认具体行政行为违法时，应当同时决定被申请人依法给予赔偿。申请人没有提出行政赔偿请求的，复议机关在依法决定撤销或者变更原具体行政行为确定的税款、滞纳金、罚款以及对财产的扣押、查封等强制措施时，应当同时责令被申请人退还税款、滞纳金和罚款，解除对财产的扣押、查封等强制措施，或者赔偿相应的价款。

复议机关做出行政复议决定，应当制作行政复议决定书，并加盖印章。行政复议书一经送达，即发生法律效力。

 练一练

多项选择题

税务行政复议参加人包括（　　）。

A. 复议申请人　　　　B. 复议被申请人　　　　C. 复议受理机关　　　　D. 第三人

·── 任务五　了解税务行政诉讼 ──·

行政诉讼是人民法院处理行政纠纷、解决行政争议的法律制度，与刑事诉讼、民事诉讼一起，共同构筑起现代国家的诉讼制度。具体来讲，行政诉讼是指公民、法人和其他组织认为行政机关及其工作人员的具体行政行为侵犯了其合法权益，依照行政诉讼法向人民法院提起诉讼，由人民法院进行审理并做出裁决的诉讼制度和诉讼活动。税务行政诉讼作为行政诉讼的一个重要组成部分，必须遵循《中华人民共和国行政诉讼法》（简称《行政诉讼法》）所确立的基本原则和普遍程序。同时，税务行政诉讼又不可避免地具有本部门的特点。

一、税务行政诉讼的概念和特点

税务行政诉讼，是指公民、法人和其他经济组织认为税务机关及其工作人员的具体税务行政行为违法或者不当，侵犯了其合法权益，依法向人民法院提起行政诉讼，由人民法院对具体税务行政行为的合法性和适当性进行审理并做出裁决的司法活动。其目的是保护纳税人、扣缴义务人等当事人的合法权益，维护和监督税务机关依法行使行政职权。

与税务行政复议及其他行政诉讼活动相比较，税务行政诉讼具有以下特点：

（1）税务行政诉讼是由人民法院进行审理并做出裁决的一种诉讼活动。这是税务行政诉讼与税务行政复议的根本区别。税务行政复议和税务行政诉讼是解决税务行政争议的两条重要途径。由于税务行政争议范围广、数量多、专业性强，大量税务行政争议由税务机关以税务复议方式解决，只有由人民法院对税务案件进行审理并做出裁决的活动，才是税务行政诉讼。

（2）税务行政诉讼以解决税务行政争议为前提，这是税务行政诉讼与其他行政诉讼活动的根本区别，具体体现在：

①被告必须是税务机关，或经法律、法规授权的行使税务行政管理权的组织，而不是其他行政机关或组织。

②税务行政诉讼解决的争议发生在税务行政管理过程中。

③因税款征纳问题发生的争议，当事人在向人民法院提起行政诉讼前，必须先经税务行政复议程序，即复议前置。

📙 练一练

多项选择题

纳税人对税务机关的下列具体行政行为不服时，可以申请行政复议，也可以直接向人民法院提起行政诉讼的有（　　）。

A. 确认纳税环节　B. 加收滞纳金　C. 不予颁发税务登记证　D. 停止出口退税权

二、税务行政诉讼的管辖

税务行政诉讼管辖，是指人民法院受理第一审税务案件的职权分工。具体来讲，税务行政诉讼的管辖分为级别管辖、地域管辖和裁定管辖。

（一）级别管辖

级别管辖是上下级人民法院之间受理第一审税务案件的分工和权限。根据《行政诉讼法》的规定，基层人民法院管辖一般的税务行政诉讼案件；中高级人民法院管辖本辖区内重大、复杂的税务行政诉讼案件；最高人民法院管辖全国范围内重大、复杂的税务行政诉讼案件。

（二）地域管辖

地域管辖是同级人民法院之间受理第一审行政案件的分工和权限，分一般地域管辖和特殊地域管辖两种。

（1）一般地域管辖，是指按照最初做出具体行政行为的机关所在地确定管辖法院。凡是未经复议直接向人民法院提起诉讼的，或者经过复议，复议裁决维持原具体行政行为，当事人不服向人民法院提起诉讼的，根据《行政诉讼法》第 17 条的规定，均由最初做出具体行政行为的税务机关所在地人民法院管辖。

（2）特殊地域管辖，是指根据特殊行政法律关系或特殊行政法律关系所指的对象来确定管辖法院。税务行政案件的特殊地域管辖主要是指：经过复议的案件，复议机关改变原具体行政行为的，由原告选择最初做出具体行政行为的税务机关所在地的人民法院或者复议机关所在地人民法院管辖。原告可以向任何一个有管辖权的人民法院起诉，最先收到起诉状的人民法院为第一审法院。

（三）裁定管辖

裁定管辖是指人民法院依法自行裁定的管辖，包括移送管辖和指定管辖。

（1）移送管辖，是指人民法院将已经受理的案件移送给有管辖权的人民法院审理。根据《行政诉讼法》第 22 条的规定：人民法院发现受理的案件不属于本院管辖的，应当移送有管辖权的人民法院，受移送的人民法院应当受理。受移送的人民法院认为受移送的案件按照规定不属于本院管辖的，应当报请上级人民法院指定管辖，不得再自行移送。

（2）指定管辖，是指上级人民法院以裁定的方式，指定某下一级人民法院管辖某一案件。根据《行政诉讼法》第 23 条的规定，有管辖权的人民法院因特殊原因不能行使对行政诉讼的管辖权的，由其上级人民法院指定管辖；人民法院对管辖权发生争议的，由争议双方协商决定。协商不成的，由它们共同的上级人民法院指定管辖。

三、税务行政诉讼的受案范围

税务行政诉讼的受案范围，是指人民法院对税务机关的哪些行为拥有司法审查权。换言之，公民、法人或者其他组织对税务机关的哪些行为不服可以向人民法院提起税务行政诉讼。在实际生活中，税务行政争议种类多、涉及面广，不可能也没有必要都诉诸人民法院通过诉讼程序解决。界定税务行政诉讼的受案范围，便于明确人民法院、税务机关及其他国家机关在解决税务行政争议方面的分工和权限。

税务行政诉讼案件的受案范围除受《行政诉讼法》有关规定的限制外，也受《税收征管法》及其他相关法律、法规的调整和制约。具体来说，税务行政诉讼的受案范围与税务行政复议的受案范围基本一致，包括：

（1）税务机关做出的征税行为：一是征收税款、加收滞纳金；二是扣缴义务人、受税务机关委托的单位做出代扣代缴、代收代缴行为及代征行为。

（2）税务机关做出的责令纳税人提交纳税保证金或者纳税担保的行为。

（3）税务机关做出的行政处罚行为：罚款；没收违法所得；停止出口退税权；收缴发票和暂停供应发票。

（4）税务机关做出的通知出境管理机关阻止出境行为。

（5）税务机关做出的税收保全措施：一是书面通知银行或者其他金融机构冻结存款；二是扣押、查封商品、货物或者其他财产。

（6）税务机关做出的税收强制执行措施：一是书面通知银行或者其他金融机构扣缴税款；二是拍卖所扣押、查封的商品、货物或者其他财产抵缴税款。

（7）认为符合法定条件，向税务机关申请颁发税务登记证和发售发票，税务机关拒绝颁发、发售或者不予答复的行为。

（8）税务机关的复议行为：一是复议机关改变了原具体行政行为；二是期限届满，税务机关不予答复。

四、税务行政诉讼的起诉和受理

（一）税务行政诉讼的起诉

税务行政诉讼起诉，是指公民、法人或者其他组织认为自己的合法权益受到税务机关具体行政行为的侵害，向人民法院提出诉讼请求，要求人民法院行使审判权，依法予以保护的诉讼行为。起诉，是法律赋予税务行政管理相对人的用以保护其合法权益的权利和手段。在税务行政诉讼等行政诉讼中，起诉权是单向性的权利，税务机关不享有起诉权，只有应诉权，即税务机关只能作为被告；与民事诉讼不同，作为被告的税务机关不能反诉。

纳税人、扣缴义务人等税务管理相对人在提起税务行政诉讼时，必须符合下列条件：

（1）原告是认为具体税务行为侵犯其合法权益的公民、法人或者其他组织。

（2）有明确的被告。

（3）有具体的诉讼请求和事实、法律根据。

（4）属于人民法院的受案范围和受诉人民法院管辖。

此外，提起税务行政诉讼，还必须符合法定的期限和必经的程序。根据《税收征管法》第88条及其他相关规定，对税务机关的征税行为提起诉讼，必须先经过复议；对复议决定不服的，可以在接到复议决定书之日起 15 日内向人民法院起诉。对其他具体行政行为不服的，当事人可以在接到通知或者知道之日起 15 日内直接向人民法院起诉。

税务机关做出具体行政行为时，未告知当事人诉权和起诉期限，致使当事人逾期向人民法院起诉的，其起诉期限从当事人实际知道诉权或者起诉期限时计算。但最长不得超过 2 年。

（二）税务行政诉讼的受理

原告起诉后，经人民法院审查，认为符合起诉条件并立案审理的行为，称为受理。对当事人的起诉，人民法院一般从以下几方面进行审查并作出是否受理的决定：一是审查是否属于法定的诉讼受案范围；二是审查是否具备法定的起诉条件；三是审查是否已经受理或者正在受理；四是审查是否有管辖权；五是审查是否符合法定的期限；六是审查是否经过必经的复议程序。

根据法律规定，人民法院接到诉状，经过审查，应当在 7 日内立案或者做出裁定不予受理。原告对不予受理的裁定不服的，可以提起上诉。

五、税务行政诉讼的审理和判决

（一）税务行政诉讼的审理

人民法院审理行政案件实行合议、回避、公开审判和两审终审的审判制度。审理的核心是审查被诉具体行政行为是否合法，即做出该行为的税务机关是否依法享有该税务行政管理权；该行为是否依据一定的事实和法律做出；税务机关做出该行为是否遵照必备的程序等。

根据《行政诉讼法》第 52 条的规定：人民法院既不立案，又不作出不予立案裁定的，当事人可以向上一级人民法院起诉。上一级人民法院认为符合起诉条件的，应当立案、审理，也可以指定其他下级人民法院立案、审理。

（二）税务行政诉讼的判决

人民法院对受理的税务行政案件，经过调查、收集证据、开庭审理之后，分别做出如下判决：

（1）维持判决。适用于具体行政行为证据确凿，适用法律、法规正确，符合法定程序的案件。

（2）撤销判决。被诉的具体行政行为主要证据不足，适用法律、法规错误，违反法定程序，或者超越职权、滥用职权，人民法院应判决撤销或部分撤销，同时可判决税务机关重新做出具体行政行为。

（3）履行判决。税务机关不履行或拖延履行法定职责的，判决其在一定期限内履行。

（4）变更判决。税务行政处罚显失公正的，可以判决变更。

对一审人民法院的判决不服，当事人可以上诉。对发生法律效力的判决，当事人必须执行，否则人民法院有权依对方当事人的申请予以强制执行。

练一练

多项选择题

纳税人、扣缴义务人等税务管理相对人在提起税务行政诉讼时，必须符合（　　）条件。

A. 征税行为先经过复议　　　　B. 有具体的诉讼请求和事实、法律根据

C. 有明确的被告　　　　　　　D. 属于人民法院受案范围和受诉人民法院管辖

E. 原告是认为具体行政行为侵犯其合法权益的公民、法人或者其他组织

本项目小结

税收征收管理法是调整、规范税收征收管理的法律规范的总称，包括《中华人民共和国税收征收管理法》及其实施细则。本项目除了学习税务管理、税款征收、税务检查和税收法律责任外，还介绍了税务行政复议和税务行政诉讼的基本内容。

税务管理包括税务登记管理，账簿、凭证管理，以及纳税申报管理。税务登记是整个税收征收管理的首要环节，是税收征收管理的基础，包括设立登记，变更、注销登记，停业、复业登记，外出经营报验登记，非正常户处理和证照管理等。

税款征收是税收征收管理的中心环节，是全部税收征收管理工作的目的和归宿。税款征收的方式有查账征收、查定征收、查验征收、定期定额征收、代扣代缴征收、代收代缴征收、委托代征、自行申报等征收方式。为了保证税款征收的顺利进行，保证税款的及时足额上缴，税款征收的措施有：①核定、调整应纳税额；②责令缴纳，加收滞纳金；③责令提供纳税担保；④采取税收保全措施；⑤采取强制执行措施；⑥阻止出境。

税务检查是税务机关依照法律、行政法规的规定对纳税人、扣缴义务人等缴纳或代扣、代收税款及其他有关税务事项进行的审查、稽核、管理监督活动。

税收法律责任中对征纳双方在税务事务活动中的违法行为应承担的处罚形式分别予以了明确，内容较多，在学习中要注意区分。

税务行政复议和税务行政诉讼的目的是防止和纠正税务机关违法或者不当的具体行政行为，保护纳税人及其他当事人的合法权益，保证和监督税务机关依法行使职权。税务行政复议制度对复议的范围、管辖，对复议的程序（申请、受理、审查、决定等）都做了明确的规定；税务行政诉讼制度对诉讼的管辖、受案范围、起诉、受理、审理和判决也都做了明确的规定。在学习和使用中要注意把握。

本项目主要参考资料

〔1〕中华人民共和国全国人民代表大会常务委员会．中华人民共和国税收征收管理法．中华人民共和国主席令第49号．

〔2〕中华人民共和国国务院．中华人民共和国税收征收管理法实施细则．中华人民共和国国务院令第362号．

〔3〕国家税务总局．税务登记管理办法．国家税务总局令〔2003〕7号．

〔4〕国家税务总局．纳税担保试行办法．国家税务总局令〔2005〕11号．

〔5〕国家税务总局．国家税务总局关于印发《纳税评估管理办法（试行）》的通知．国税发〔2005〕43号．

〔6〕国家税务总局．国家税务总局关于印发《税务稽查工作规程》的通知．国税发〔2009〕157号．

〔7〕国家税务总局．税务行政复议规则．国家税务总局令第21号．

自测练习题

一、单项选择题

1. 下列属于税收行政法规的是（　　）。

    A.《税收征管法》　　　　　　　　B.《行政诉讼法》

    C.《税收征管法实施细则》　　　　D.《个人所得税法》

2. 下列项目中属于纳税人权利的是（　　）。

    A. 依法办理税务登记　　　　　　B. 自觉接受税务检查

    C. 申请减免税　　　　　　　　　D. 追回纳税人欠缴的税款

3. 根据《发票管理办法》及其实施细则的详细规定，纳税人已开具的发票存根联和发票登记簿的保存期限是（　　）。

    A. 3年　　　　　B. 5年　　　　　C. 10年　　　　　D. 15年

4. 根据税收征管法及细则的规定，如果由于不可抗力或者财务会计处理上的特殊情况等原因，纳税人不能按期进行纳税申报的，经税务机关核准，可以延期申报，但最长不得超过（　　）。

    A. 1个月　　　　B. 3个月　　　　C. 半年　　　　D. 一年

5. 根据《中华人民共和国刑法》的有关规定，非法购买增值税专用发票或者购买伪造的增值税专用发票的，处5年以下有期徒刑、拘役，并处或单处（　　）罚金。

    A. 2万元以上　　　　　　　　　B. 2万元以上20万元以下

    C. 50万元以下　　　　　　　　　D. 5万元以上50万元以下

6. 依据《中华人民共和国刑法》规定，犯抗税罪，情节严重的，处3年以上7年以下有期徒刑，并处拒缴税款（　　）罚金。

  A. 1 倍以上 5 倍以下　　　　　　　　B. 1 倍以上 3 倍以下

  C. 3 倍以上 5 倍以下　　　　　　　　D. 5 倍以上 10 倍以下

7. 因税务机关的责任，致使纳税人、扣缴义务人未缴或少缴税款的，税务机关在（　　）内可以要求纳税人、扣缴义务人补缴税款，但是不得加收滞纳金。

  A. 1 年　　　　　　B. 2 年　　　　　　C. 3 年　　　　　　D. 5 年

8. 纳税人不进行纳税申报，不缴或者少缴应纳税款的，由税务机关追缴其不缴或者少缴的税款、滞纳金，并处不缴或者少缴的税款（　　）的罚款。

  A. 50% 以上 5 倍以下　　　　　　　B. 50% 以上 2 倍以下

  C. 2 倍以上 5 倍以下　　　　　　　　D. 1 倍以上 3 倍以下

9. 根据税收征收管理法律制度的规定，税务机关做出的下列行政行为中，不属于税务行政复议范围的是（　　）。

  A. 调整税收优惠政策　　　　　　　　B. 不予颁发税务登记证

  C. 不予出具完税凭证　　　　　　　　D. 确认纳税环节

10. 因（　　）发生的争议，当事人在向人民法院提起行政诉讼前，必须先经税务行政复议程序，即复议前置。

  A. 调整税收优惠政策　　　　　　　　B. 税款征纳问题

  C. 不予出具完税凭证　　　　　　　　D. 提供纳税担保

二、多项选择题

1. 根据《税收征管法》的规定，税务机关有权（　　）。

  A. 检查纳税人的账簿、记账凭证、报表和有关资料

  B. 到纳税人的生活场所检查纳税人应纳税的商品、货物或者其他财产

  C. 到车站、码头、机场、邮政企业及其分支机构检查纳税人托运、邮寄应纳税商
   品、货物或者其他财产的有关单据、凭证和有关资料

  D. 询问纳税人、扣缴义务人与纳税或者代扣代缴、代收代缴税款有关的问题和情况

  E. 阻止纳税人离境

2. 下列情形中，纳税人应当办理税务登记的业务有（　　）。

  A. 纳税人被吊销营业执照

  B. 纳税人变更经营范围

  C. 纳税人到外市县进行为期 7 天的工程作业

  D. 公司停业装修

  E. 纳税人变更法定代表人

3. 下列各项中，单位和个人申请领购发票时应当向税务机关提供的证件有（　　）。

  A. 税务登记证件　　　　　　　　　　B. 工商营业执照

  C. 经办人身份证明　　　　　　　　　　D. 财务印章或发票专用章印模

  E. 法定代表人身份证明

4. 根据延期纳税制度，下列处理正确的是（　　）。

  A. 延期可以口头申请   B. 同一笔税款不得滚动延期

  C. 延期纳税必须由县以上税务局批准 D. 批准延期内免于加收滞纳金

  E. 延期期限最长不得超过三个月

5. 下列各项中，税务机关可以采取核定征收方式征税的有（　　）。

  A. 擅自销毁账簿或者拒不提供纳税资料的

  B. 企业开业初期生产经营尚不正规的

  C. 纳税人申报的计税依据明显偏低，又无正当理由的

  D. 企业财务会计管理人员严重不足的

  E. 未按时申报的

6. 在纳税期限内纳税人必须向主管税务机关办理纳税申报的有（　　）。

  A. 有应税收入   B. 有应税所得

  C. 无应税收入所得   D. 减免税期间

  E. 停业期间

7. 纳税人发生偷税行为时，税务机关可以行使的权利有（　　）。

  A. 追缴税款   B. 加收滞纳金

  C. 处以罚金   D. 处以罚款

  E. 警告

8. 纳税人对税务机关做出的（　　）征税行为不服的，必须先行政复议。

  A. 加收滞纳金   B. 适用税率

  C. 不予抵扣税额   D. 停止出口退税权

  E. 代征行为

9. 纳税人对税务机关的下列具体行政行为不服时，可以申请行政复议，也可以直接向人民法院提起行政诉讼的有（　　）。

  A. 确认纳税环节   B. 加收滞纳金

  C. 不予颁发税务登记证   D. 停止出口退税权

  E. 不依法确认纳税担保行为

10. 纳税人、扣缴义务人等税务管理相对人在提起税务行政诉讼时，必须符合（　　）条件。

  A. 征税行为先经过复议

  B. 有具体的诉讼请求和事实、法律根据

  C. 有明确的被告

  D. 属于人民法院受案范围和受诉人民法院管辖

  E. 原告是认为具体行政行为侵犯其合法权益的公民、法人或者其他组织

参考答案

一、单项选择题

1	2	3	4	5	6	7	8	9	10
C	C	B	B	B	A	C	A	A	B

二、多项选择题

1	2	3	4	5	6	7	8	9	10
ACD	ABDE	ACD	BDE	AC	ABCD	ABD	ABCE	CDE	ABCDE

请扫描二维码，获取模块一相关附表。

模块二　流转税制

模块综述

　　我国的现行税制体系是以流转税和所得税为支柱，以资源、财产、行为等小税种为补充。流转税以流转额为征税对象，以增值税为核心，对部分消费品在生产环节缴纳消费税，对进出口商品则遵循国际惯例征收关税的一类税种。值得一提的是，我国的流转税体系在1952年建立时，营业税是主体税种。我国从1994年起，开始对从事"生产、销售货物，提供加工修理修配劳务、进口货物"的单位和个人开征增值税；2009年起，将生产型增值税改为消费型增值税；2011年开始逐步实行营业税改增值税，将曾经缴纳营业税的征税项目逐步改为缴纳增值税；截至2015年年底，仅对建筑业、金融保险业、生活性服务业和不动产销售征收营业税；2016年5月1日起，我国全面进行营改增试点，改制完成后，营业税将正式退出我国的税收舞台。本模块将重点学习增值税、消费税和关税。

项目一

增值税

引入

目前，增值税已经成为我国税制体系中的核心税种。企业在招聘财务人员时，一般要求财务人员或税务岗位专员具备增值税的计算、申报、缴纳等税收实务工作技能。因此，学习税法时熟练掌握增值税是非常重要的。

内容提要

➢ 增值税概述
➢ 增值税税法基本要素
➢ 增值税纳税实务

学习目标

1. 认知增值税的基本要素
2. 掌握增值税的计算
3. 掌握增值税的纳税申报程序

学习方法

1. 记忆增值税税法的基本要素
2. 练习填列增值税纳税申报表
3. 计算增值税的进项税额、销项税额和应缴税额
4. 阅读《中华人民共和国增值税暂行条例》及国务院、财政部发布的补充规定
5. 经常登录国家税务总局官网（http：//www.chinatax.gov.cn/）查阅最新政策

关键词

增值税 增值额 一般纳税人 小规模纳税人 货物 应税劳务 应税服务 视同销售 混业经营 销项税额 进项税额 留抵税额 视同销售

·—— 任务一 认知增值税 ——·

一、增值税的概念

增值税是以商品（含应税劳务和应税服务）在流转过程中产生的增值额为征税对象征

收的一种流转税。根据我国增值税法的规定，增值税是对在我国境内销售货物、服务、无形资产或者不动产以及进口货物的单位和个人，就其货物销售或提供应税劳务、应税服务的增值额，以及货物进口金额为计税依据而课征的一种流转税。

相对于所得税、营业税等税种，增值税出现较晚。1917年美国耶鲁大学经济学教授亚当斯首次提出，对营业毛利（销售额－进货额）课税比对利润课税更好。亚当斯的文章一经发表就在业界掀起了讨论热潮，德国、法国、美国的一些经济学家也积极参与讨论，并积极推行增值税的实践。但是受战争、政策等因素的影响，直至1954年，法国才真正开始推行增值税，成为全世界第一个开征增值税的国家。当时积极推行增值税实践的是法国税务总局局长助理的莫里斯·洛雷，他也被后人称为"增值税之父"。今天，全球已有170多个国家开征增值税。

我国于1979年在上海、柳州等城市对机器、机械等5类货物试点征收增值税，1983年1月1日，在全国试行增值税。1984年，全国人民代表大会授权国务院发布《中华人民共和国增值税暂行条例（草案）》之后，增值税渐行渐完善。1994年税制改革，将增值税征收范围扩大到所有货物和加工修理修配劳务。2009年1月1日起，将生产型增值税转为消费型增值税。2012年在上海率先开展营业税改征增值税的试点。2014年1月1日起，在全国全面推行"营改增"，2016年5月1日起增值税征税范围扩大至全部的商品和服务，增值税完全取代营业税，营业税寿终正寝，退出税收的历史舞台。我国也成为在流转环节全面开征增值税的国家之一，符合国际惯例。

二、增值额的含义

作为计税依据的增值额在理论上和实践上有不同的含义。从理论上讲，增值额是指一定时期内企业或个人在生产或提供劳务的过程中新创造的价值额。如某类商品的销售总值为100元，这100元的销售总值是经多个环节逐步增值而成的。其各环节增值与售价的关系如表2-1所示。

表2-1 商品流转各环节增值与售价的关系 单位：元

生产经营环节	销售额	增值额
原材料生产环节	30	30
产成品生产环节	70	40
批发环节	90	20
零售环节	100	10
合计	290	100

从表2-1中可以看出：①从一个生产经营者的角度看，增值额是指该单位商品销售额扣除为生产这种商品所耗费的外购原辅材料等的价款后的余额，主要包括工资、利润、利息、租金和股息等项目；②从进入最终消费领域的商品的角度看，增值额是指该商品在生

产、流通等环节中人们新创造的价值之和，也就是该项商品的最终销售价格，即这项商品的销售总额为 100 元，与四个环节的增值额 30 元、40 元、20 元、10 元之和相等。

💬 小组讨论

　　对纳税人来说，以销售额纳税合理还是以增值额纳税合理？

三、增值税的特点

　　增值税之所以能够在世界上众多国家推广，是因为其可以有效地防止商品在流转过程中的重复征税问题，其具备如下特点。

（一）保持税收中性

　　根据增值税的计税原理，流转额中的非增值因素已经在计税时被扣除，因此，对同一商品而言，无论流转环节数量多少，只要增值额相同，税负就相同，不会影响商品的生产结构、组织结构和产品结构。

（二）实行税款抵扣制度

　　在计算纳税人应纳税款的过程中，要扣除商品、劳务、服务在以前环节已负担的增值税税款，世界各国普遍实行凭增值税发票抵扣制度。

（三）实行价外税制度

　　在计算应纳增值税时，作为计税依据的销售额中是不含增值税款的。这样有利于形成均衡的生产价格，并有利于税收负担的转嫁。

（四）税收负担由商品、劳务和服务的最终消费者负担

　　增值税虽然是向纳税人征收的，但是纳税人在销售商品或提供应税劳务和应税服务的过程中，可以通过价格杠杆转嫁税收负担，只要商品、劳务、服务实现销售，该税收负担最后会由最终消费者承担。

（五）实行比例税率

　　世界上实行增值税制度的国家，普遍实行比例税率，以贯彻征收简便易行的原则。按照税收中性原则，对增值税的征收应该采用单一的比例税率。但是各国会根据本身经济和社会情况的不同而对不同的商品采取不同的税率。增值税税率一般分为基本税率和优惠税率（低税率）。

（六）普遍征收

　　从增值税的征税范围看，对从事商品生产经营、提供劳务和服务的所有单位和个人，增值税是在商品和劳务及服务的各个流通环节向纳税人普遍征收。

💬 小组讨论

　　以表 2-1 中的 100 元销售额为例，讨论增值税的"中性"如何理解？

四、增值税的类型

按照对购入固定资产已纳税款的处理方式不同，增值税可分为生产型增值税、消费型增值税和收入型增值税。

（一）生产型增值税

生产型增值税是以纳税人的销售收入（或劳务收入、服务收入）减去用于生产、经营的外购原材料、燃料、动力、劳务、服务等物质和非物质资料的价值后的余额作为法定的增值额，其购入的固定资产及其折旧均不予扣除。我国在 1994 年 1 月 1 日初实行增值税时采用的就是生产型增值税。我国在 2009 年 1 月 1 日起将生产型增值税改为消费型增值税。

（二）消费型增值税

消费型增值税在计算税额时，除了可以将用于生产、经营的外购原材料、燃料、动力、劳务、服务等物质和非物质资料价值扣除外，还可以在购置固定资产的当期将用于生产经营的固定资产价值中所含有的增值税税款全部一次性扣除。

（三）收入型增值税

收入型增值税是以纳税人的销售收入（或劳务收入、服务收入）减去用于生产、经营的外购原材料、燃料、动力、劳务、服务等物质和非物质资料价值以及固定资产已提折旧的价值后的余额作为法定的增值额。

不同类型增值税的对比如表 2-2 所示。

表 2-2　不同类型增值税对比表

类型	对外购固定资产所含增值税的处理	优点	缺点
生产型增值税	不允许纳税人在计算增值税时扣除外购固定资产所含的增值税	税基相当于国民生产总值，税基最大	重复征税，抑制投资
消费型增值税	允许纳税人在计算增值税时扣除外购固定资产所含的增值税	税基相当于最终消费，彻底消除重复征税，有利于技术进步和发票抵扣制度	税基最小，影响税收收入
收入型增值税	允许扣除外购固定资产当期折旧所含的增值税	税基相当于国民收入，是理论上最标准的增值税	凭票扣税制度，实施困难

练一练

单项选择题

按照对外购固定资产价值的处理方式，可以将增值税划分为不同的类型。目前我国实行的增值税属于（　　）。

A. 消费型增值税　　　　　　B. 收入型增值税

C. 生产型增值税　　　　　　D. 实耗型增值税

任务二　掌握增值税的纳税人认定

一、增值税纳税人的概念

在中华人民共和国境内销售货物或提供应税劳务和应税服务以及进口货物的单位和个人，为增值税的纳税人。在境内销售货物或者提供应税劳务和应税服务，是指销售货物的起运地或者所在地在境内，提供的应税劳务和应税服务在境内。

单位，是指企业、行政单位、事业单位、军事单位、社会团体及其他单位。

个人，是指个体工商户和其他个人。

单位以承包、承租、挂靠方式经营的，承租人、承包人、挂靠人（简称"承包人"）发生应税行为，承包人以发包人、出租人、被挂靠人（简称"发包人"）名义对外经营并由发包人承担相关法律责任的，以该发包人为纳税人。否则，以承包人为纳税人。

中华人民共和国境外的单位或个人在中国境内销售应税劳务和应税服务，而在中国境内未设经营机构的，以其境内代理人为扣缴义务人；在境内没有代理人的，以购买人为扣缴义务人。

二、增值税纳税人的分类及认定

增值税实行凭专用发票抵扣税款的制度，客观上要求纳税人具备健全的会计核算制度和完整、准确的会计核算能力。在实际经济生活中，我国增值税的纳税人会计核算水平差异较大，大量的小企业和个人还不具备用发票抵扣税款的条件和能力。为了简化增值税的计算和征收，减少税收征管漏洞，将增值税的纳税人按会计核算水平和经营规模分为一般纳税人和小规模纳税人，分别采取不同的增值税计税办法。

（一）一般纳税人的认定

以纳税人会计核算是否健全和年应税销售额的大小为依据，可划分为一般纳税人和小规模纳税人。其中"会计核算健全"，是指能够按照国家统一的会计制度规定设置账簿，根据合法、有效凭证核算，正确计算增值税的销项税额、进项税额和应纳税额。

1. 一般纳税人的认定标准

一般纳税人是指年应征增值税销售额（简称"年应税销售额"），超过财政部、国家税务总局规定的小规模纳税人标准的企业和企业性单位（简称"企业"）。

年应税销售额，是指纳税人在连续不超过 12 个月的经营期内累计应征增值税销售额，包括纳税申报销售额、稽查查补销售额、纳税评估调整销售额、税务机关代开发票销售额和免税销售额。

应税服务的年应征增值税销售额（简称"应税服务年销售额"）超过财政部和国家税务总局规定标准的纳税人为一般纳税人，未超过标准的纳税人为小规模纳税人。

兼有销售货物、提供应税劳务以及应税服务的纳税人，其应税货物及劳务销售额应与应税服务销售额应分别计算，分别适用增值税一般纳税人资格认定标准。

年应税销售额超过规定标准但不经常发生应税行为的单位和个体工商户可以选择按照小规模纳税人纳税。

小规模纳税人会计核算健全，能够提供准确税务资料的，可以向主管税务机关申请一般纳税人资格认定，依照有关规定计算应纳税额。

经营期，是指在纳税人存续期内的连续经营期间，含未取得销售收入的月份。

练一练

多项选择题

一般纳税人认定的必要条件有（　　　）。

A. 会计人员有从业资格证书

B. 会计核算健全

C. 年应税销售额超过小规模纳税人标准的单位

D. 年应税销售额超过小规模纳税人的标准的企业或企业性单位

2. 申请一般纳税人资格的条件

年应税销售额未超过财政部、国家税务总局规定的小规模纳税人标准以及新开业的纳税人，可以向主管税务机关申请一般纳税人资格认定。对提出申请并且符合下列条件的纳税人，主管税务机关应当为其办理一般纳税人资格认定。

（1）有固定的生产经营场所。

（2）能够按照国家统一的会计制度规定设置账簿，根据合法、有效凭证核算，能够提供准确的税务资料。

3. 一般纳税人资格认定的所在地和权限

纳税人应当向其机构所在地主管税务机关申请一般纳税人资格认定。

一般纳税人资格认定的权限，在县（市、区）国家税务总局或者同级别的税务分局。

4. 无须办理一般纳税人资格认定的纳税人

（1）个体工商户以外的其他个人，即自然人。

（2）选择按照小规模纳税人纳税的非企业性单位，非企业性单位即行政单位、事业单位、军事单位、社会团体和其他单位。

（3）选择按照小规模纳税人纳税的不经常发生应税行为的企业。

（4）应税服务年销售额超过规定标准的其他个人（自然人）不属于一般纳税人；不经常提供应税服务的单位和个体工商户可选择按照小规模纳税人纳税。

连线题

一般纳税人　　　　　　　　　　　学校
　　　　　　　　　　　　　　　　企业
小规模纳税人　　　　　　　　　　政府
　　　　　　　　　　　　　　　　个人
　　　　　　　　　　　　　　　　修车行

（二）办理一般纳税人资格的认定程序

（1）新开业的纳税人以及年应税销售额未超过财政部、国家税务总局规定的小规模纳税人标准的小规模纳税人，可以向主管税务机关申请一般纳税人资格认定，并按照下列程序办理一般纳税人资格认定。

①纳税人应当向主管税务机关填报申请表，并提供下列资料：

A. 财务负责人和办税人员的身份证明及其复印件。

B. 会计人员的从业资格证明或者与中介机构签订的代理记账协议及其复印件。

C. 经营场所产权证明或者租赁协议，或者其他可使用场地证明及其复印件。

D. 国家税务总局规定的其他有关资料。

②主管税务机关应当当场核对纳税人的申请资料，经核对申请资料应一致且齐全。

符合填列要求的，当场受理，制作"文书受理回执单"，并将有关资料的原件退还纳税人。对申请资料不齐全或者不符合填列要求的，应当当场告知纳税人需要补正的全部内容。

③主管税务机关受理纳税人申请以后，根据需要进行实地查验，并制作查验报告。

查验报告由纳税人法定代表人（负责人或者业主）、税务查验人员共同签字（签章）确认。实地查验时，应当有两名或者两名以上税务机关工作人员同时到场。实地查验的范围和方法由各省税务机关确定并报国家税务总局备案。

④认定机关应当自主管税务机关受理申请之日起20日内完成一般纳税人资格认定，并由主管税务机关制作、送达"税务事项通知书"，告知纳税人。

（2）纳税人年应税销售额超过小规模纳税人标准的，应当在申报期结束后40日（工作日，下同）内向主管税务机关报送"增值税一般纳税人申请认定表"，申请一般纳税人资格认定。申报期，是指纳税人年应税销售额超过小规模纳税人标准的月份（或季度）的所属申报期。

认定机关应当在主管税务机关受理申请之日起 20 日内完成一般纳税人资格认定，并由主管税务机关制作、送达"税务事项通知书"，告知纳税人。

纳税人未在规定的期限内申请一般纳税人资格认定的，主管税务机关应当在规定期限结束后 20 日内制作并送达"税务事项通知书"，告知纳税人。"税务事项通知书"中需明确告知：其年应税销售额已超过小规模纳税人标准，应在收到"税务事项通知书"后 10 日内向主管税务机关报送"增值税一般纳税人申请认定表"或"不认定增值税一般纳税人申请表"；逾期未报送的，税务机关仍按销售额依照增值税税率计算应纳税额，不得抵扣进项税额，也不得使用增值税专用发票。

个体工商户以外的其他个人、选择按照小规模纳税人纳税的非企业性单位和不经常发生应税行为的企业，应当在收到"税务事项通知书"后 10 日内向主管税务机关报送"不认定增值税一般纳税人申请表"，经认定机关批准后不办理一般纳税人资格认定。认定机关应当在主管税务机关受理申请之日起 20 日内批准完毕，并由主管税务机关制作、送达"税务事项通知书"，告知纳税人。

（3）纳税人自认定机关认定为一般纳税人的次月起（新开业纳税人自主管税务机关受理申请的当月起），按照《中华人民共和国增值税暂行条例》（简称《增值税暂行条例》）第四条的规定计算应纳税额，并按照规定领购、使用增值税专用发票。

（4）除国家税务总局另有规定外，纳税人一经认定为一般纳税人后，不得转为小规模纳税人。

 练一练

判断题
（1）纳税人可以自由选择是否成为一般纳税人。（　　　）
（2）实地查验程序是税务机关认定一般纳税人的必经程序。（　　　）

（三）一般纳税人辅导期管理

为了规范纳税行为，对于某些一般纳税人在一定期限内采取辅导期管理的办法。

（1）主管税务机关可以在一定期限内对下列一般纳税人实行辅导期纳税管理。

①新认定为一般纳税人的小型商贸批发企业。小型商贸批发企业是指注册资金在 80 万元（含 80 万元）以下，职工人数在 10 人（含 10 人）以下的批发企业。

②具有下列情形之一的一般纳税人：增值税偷税数额占应纳税额的 10% 以上并且偷税数额在 10 万元以上的；骗取出口退税的；虚开增值税扣税凭证的；国家税务总局规定的其他情形的。

（2）新认定为一般纳税人的小型商贸批发企业实行纳税期辅导管理的期限为 3 个月；其他纳税人实行纳税辅导期管理的期限为 6 个月。

对新办小型商贸批发企业，纳税辅导期自主管税务机关制作"税务事项通知书"的当月起执行；对其他一般纳税人，主管税务机关应自稽查部门做出"税务稽查处理决定书"后40个工作日内，制作、送达税务事项通知书，告知纳税人，对其实行纳税辅导期管理，纳税辅导期自主管税务机关制作税务事项通知书的次月起执行。

（3）辅导期纳税人取得的增值税专用发票（简称"专用发票"）抵扣联、海关进口增值税专用缴款书以及运输费用结算单据，应当在交叉稽核比对无误后，方可抵扣进项税额。

（4）主管税务机关对辅导期纳税人实行限量限额发售专用发票。

①实行纳税辅导期管理的小型商贸批发企业，领购专用发票的最高开票限额不得超过10万元；其他一般纳税人专用发票最高开票限额应根据企业实际经营情况重新核定。

②辅导期纳税人专用发票的领购实行按次限量控制，主管税务机关可根据纳税人的经营情况核定每次专用发票的供应数量，但每次发售专用发票数量不得超过25份。

辅导期纳税人领购的专用发票未使用完而再次领购的，主管税务机关发售专用发票的份数不得超过核定的每次领购专用发票份数与未使用完的专用发票份数的差额。

（5）辅导期纳税人一个月内多次领购专用发票的，应从当月第二次领购专用发票起，按照上一次已领购并开具的专用发票销售额的3%预缴增值税。未预缴增值税的，主管税务机关不得向其发售专用发票。

预缴增值税时，纳税人应提供已领购并开具的专用发票记账联，主管税务机关根据其提供的专用发票记账联计算应预缴的增值税。

（6）辅导期纳税人按上述规定预缴的增值税可在本期增值税应纳税额中抵减，抵减后预缴增值税仍有余额的，可抵减下期再次领购专用发票时应当预缴的增值税。

纳税辅导期结束后，纳税人因增购专用发票发生的预缴增值税有余额的，主管税务机关应在纳税辅导期结束后的第一个月内，一次性退还纳税人。

（7）辅导期纳税人应当在"应交税金"科目下增设"待抵扣进项税额"明细科目，核算尚未交叉稽核比对的专用发票抵扣联、海关进口增值税专用缴款书以及运输费用结算单据（简称"增值税抵扣凭证"）注明或者计算的进项税额。

（8）主管税务机关定期接收交叉稽核比对结果，通过稽核结果导出工具导出发票明细数据及"稽核结果通知书"，并告知辅导期纳税人。

辅导期纳税人根据交叉稽核比对结果相符的增值税抵扣凭证的本期数据，申报抵扣进项税额，未收到交叉稽核比对结果的增值税抵扣凭证留待下期抵扣。

（9）纳税辅导期内，主管税务机关未发现纳税人存在偷税、逃避追缴欠税、骗取出口退税、抗税或其他需要立案查处的税收违法行为的，从期满的次月起不再实行纳税辅导期管理，主管税务机关应制作、送达"税务事项通知书"，告知纳税人；主管税务机关发现辅导期纳税人存在偷税、逃避追缴欠税、骗取出口退税、抗税或其他需要立案查处的税收违法行为的，从期满的次月起按照《增值税一般纳税人纳税辅导期管理办法》重新实行纳税辅导期管理，主管税务机关应制作、送达"税务事项通知书"，告知纳税人。

💬 **小组讨论**

所有的增值税一般纳税人都要经过辅导期管理吗？

（四）小规模纳税人的认定

小规模纳税人是指年销售额在规定标准以下，会计核算不健全，不能按规定报送有关税务资料的增值税纳税人。

根据《增值税暂行条例》和《中华人民共和国增值税暂行条例实施细则》（简称《增值税暂行条例实施细则》）的规定，小规模纳税人的认定标准为：

（1）从事货物生产或提供应税劳务的纳税人，以及以从事货物生产和提供应税劳务为主，并兼营货物批发或零售的纳税人，年应征增值税销售额（简称"应税销售额"）在 50 万元以下的（含本数，下同）。"以从事货物生产或提供应税劳务为主"，是指纳税人的年货物生产或者提供应税劳务的销售额占年应税销售额的比重在 50% 以上。

（2）对上述规定以外的纳税人，年应税销售额在 80 万元以下的。

（3）从事应税服务的年销售额在 500 万元以下的。

（4）年应税销售额超过小规模纳税人标准的其他个人按小规模纳税人纳税。

（5）非企业性单位，不经常发生应税行为的企业，可选择按小规模纳税人纳税。

（6）旅店业和饮食业纳税人销售非现场消费的食品，属于不经常发生增值税应税行为的，可以选择按照小规模纳税人缴纳增值税。

（7）兼有销售货物、提供加工修理修配劳务以及应税服务，且不经常发生应税行为的单位和个体工商户可选择按照小规模纳税人纳税。

📙 **练一练**

1. 连线题

个体印刷厂生产印刷制品年销售额 50 万元

一般纳税人　　　　酒店销售香烟

　　　　　　　　小型商贸企业会计核算健全且年销售额 50 万元

小规模纳税人　　　电视台播放影视剧和广告年收入额 500 万元以上

　　　　　　　　汽车修理厂年营业额 300 万元

　　　　　　　　王某出租房屋年收入 500 万元

2. 单项选择题

下列纳税人中，不属于增值税一般纳税人的有（　　　）。

A. 年销售额为 60 万元的从事货物生产的个体经营者

B. 年销售额为 120 万元的从事货物批发的个人

C. 年销售额为 60 万元的从事货物生产的企业

D. 年销售额为 100 万元的从事货物批发零售的企业

•—— 任务三 熟悉增值税的征税范围、税率和征收率 ——•

一、增值税征税范围的一般规定

（一）销售货物

货物是指除土地、房屋和其他建筑物等有形不动产以外的有形动产，包括电力、热力和气体在内。销售货物是指有偿转让货物的所有权。有偿是指从购买方取得货币、货物或者其他经济利益。

（二）销售劳务

销售劳务是指纳税人提供的加工、修理修配劳务。

（1）加工是指受托加工货物，即委托方提供原料及主要材料，受托方按照委托方的要求制造货物并收取加工费的业务。

（2）修理修配是指受托对损伤和丧失功能的货物进行修复，使其恢复原状和功能的业务。

单位或个体经营者聘用的员工为本单位或雇主提供加工、修理修配劳务不包括在内。

（三）销售服务

销售服务，是指提供交通运输服务、邮政服务、电信服务、建筑服务、金融服务、现代服务、生活服务。

1. 交通运输服务

交通运输服务，是指利用运输工具将货物或者旅客送达目的地，使其空间位置得到转移的业务活动。包括陆路运输服务、水路运输服务、航空运输服务和管道运输服务。

（1）陆路运输服务，是指通过陆路（地上或者地下）运送货物或者旅客的运输业务活动，包括铁路运输服务和其他陆路运输服务。

铁路运输服务，是指通过铁路运送货物或者旅客的运输业务活动。

其他陆路运输服务，是指铁路运输以外的陆路运输业务活动。包括公路运输、缆车运输、索道运输、地铁运输、城市轻轨运输等。

出租车公司向使用本公司自有出租车的出租车司机收取的管理费用，按照陆路运输服务缴纳增值税。

（2）水路运输服务，是指通过江、河、湖、川等天然、人工水道或者海洋航道运送货物或者旅客的运输业务活动。

（3）航空运输服务，是指通过空中航线运送货物或者旅客的运输业务活动。

航天运输服务，是指利用火箭等载体将卫星、空间探测器等空间飞行器发射到空间轨道的业务活动。

航天运输服务按照航空运输服务缴纳增值税。

（4）管道运输服务，是指通过管道设施输送气体、液体、固体物质的运输业务活动。

无运输工具承运业务，是指经营者以承运人身份与托运人签订运输服务合同，收取运费并承担承运人责任，然后委托实际承运人完成运输服务的经营活动。

无运输工具承运业务按照交通运输服务缴纳增值税。

2. 邮政服务

邮政服务，是指中国邮政集团公司及其所属邮政企业提供邮件寄递、邮政汇兑和机要通信等邮政基本服务的业务活动。包括邮政普遍服务、邮政特殊服务和其他邮政服务。

（1）邮政普遍服务，是指函件、包裹等邮件寄递，以及邮票发行、报刊发行和邮政汇兑等业务活动。

函件，是指信函、印刷品、邮资封片卡、无名址函件和邮政小包等。

包裹，是指按照封装上的名址递送给特定个人或者单位的独立封装的物品，其重量不超过 50 千克，任何一边的尺寸不超过 150 厘米，长、宽、高合计不超过 300 厘米。

（2）邮政特殊服务，是指义务兵平常信函、机要通信、盲人读物和革命烈士遗物的寄递等业务活动。

（3）其他邮政服务，是指邮册等邮品销售、邮政代理等业务活动。

3. 电信服务

电信服务，是指利用有线、无线的电磁系统或者光电系统等各种通信网络资源，提供语音通话服务，传送、发射、接收或者应用图像、短信等电子数据和信息的业务活动。包括基础电信服务和增值电信服务。

（1）基础电信服务，是指利用固网、移动网、卫星、互联网，提供语音通话服务的业务活动，以及出租或者出售带宽、波长等网络元素的业务活动。

（2）增值电信服务，是指利用固网、移动网、卫星、互联网、有线电视网络，提供短信和彩信服务、电子数据和信息的传输及应用服务、互联网接入服务等业务活动。

卫星电视信号落地转接服务，按照增值电信服务缴纳增值税。

4. 建筑服务

建筑服务，是指各类建筑物、构筑物及其附属设施的建造、修缮、装饰，线路、管道、设备、设施等的安装以及其他工程作业的业务活动。包括工程服务、安装服务、修缮服务、装饰服务和其他建筑服务。

（1）工程服务，是指新建、改建各种建筑物、构筑物的工程作业，包括与建筑物相连的各种设备或者支柱、操作平台的安装或者装设工程作业，以及各种窑炉和金属结构工程作业。

（2）安装服务，是指生产设备、动力设备、起重设备、运输设备、传动设备、医疗实验设备以及其他各种设备、设施的装配、安置工程作业，包括与被安装设备相连的工作台、梯子、栏杆的装设工程作业，以及被安装设备的绝缘、防腐、保温、油漆等工程作业。

固定电话、有线电视、宽带、水、电、燃气、暖气等经营者向用户收取的安装费、初装费、开户费、扩容费以及类似收费，按照安装服务缴纳增值税。

（3）修缮服务，是指对建筑物、构筑物进行修补、加固、养护、改善，使之恢复原来的使用价值或者延长其使用期限的工程作业。

（4）装饰服务，是指对建筑物、构筑物进行修饰装修，使之美观或者具有特定用途的工程作业。

（5）其他建筑服务，是指上列工程作业之外的各种工程作业服务，如钻井（打井）、拆除建筑物或者构筑物、平整土地、园林绿化、疏浚（不包括航道疏浚）、建筑物平移、搭脚手架、爆破、矿山穿孔、表面附着物（包括岩层、土层、沙层等）剥离和清理等工程作业。

5. 金融服务

金融服务，是指经营金融保险的业务活动。包括贷款服务、直接收费金融服务、保险服务和金融商品转让。

（1）贷款服务。贷款，是指将资金贷与他人使用而取得利息收入的业务活动。

各种占用、拆借资金取得的收入，包括金融商品持有期间（含到期）利息（保本收益、报酬、资金占用费、补偿金等）收入、信用卡透支利息收入、买入返售金融商品利息收入、融资融券收取的利息收入，以及融资性售后回租、押汇、罚息、票据贴现、转贷等业务取得的利息及利息性质的收入，按照贷款服务缴纳增值税。

融资性售后回租，是指承租方以融资为目的，将资产出售给从事融资性售后回租业务的企业后，从事融资性售后回租业务的企业将该资产出租给承租方的业务活动。

以货币资金投资收取的固定利润或者保底利润，按照贷款服务缴纳增值税。

（2）直接收费金融服务。直接收费金融服务，是指为货币资金融通及其他金融业务提供相关服务并且收取费用的业务活动。包括提供货币兑换、账户管理、电子银行、信用卡、信用证、财务担保、资产管理、信托管理、基金管理、金融交易场所（平台）管理、资金结算、资金清算、金融支付等服务。

（3）保险服务。保险服务，是指投保人根据合同约定，向保险人支付保险费，保险人对于合同约定的可能发生的事故因其发生所造成的财产损失承担赔偿保险金责任，或者当被保险人死亡、伤残、疾病或者达到合同约定的年龄、期限等条件时承担给付保险金责任的商业保险行为。包括人身保险服务和财产保险服务。

人身保险服务，是指以人的寿命和身体为保险标的的保险业务活动。

财产保险服务，是指以财产及其有关利益为保险标的的保险业务活动。

（4）金融商品转让。金融商品转让，是指转让外汇、有价证券、非货物期货和其他金融商品所有权的业务活动。

其他金融商品转让包括基金、信托、理财产品等各类资产管理产品和各种金融衍生品的转让。

6. 现代服务

现代服务，是指围绕制造业、文化产业、现代物流产业等提供技术性、知识性服务的业务活动。包括研发和技术服务、信息技术服务、文化创意服务、物流辅助服务、租赁服务、鉴证咨询服务、广播影视服务、商务辅助服务和其他现代服务。

（1）研发和技术服务。研发和技术服务，包括研发服务、合同能源管理服务、工程勘察勘探服务、专业技术服务。

研发服务，也称技术开发服务，是指就新技术、新产品、新工艺或者新材料及其系统进行研究与试验开发的业务活动。

合同能源管理服务，是指节能服务公司与用能单位以契约形式约定节能目标，节能服务公司提供必要的服务，用能单位以节能效果支付节能服务公司投入及其合理报酬的业务活动。

工程勘察勘探服务，是指在采矿、工程施工前后，对地形、地质构造、地下资源蕴藏情况进行实地调查的业务活动。

专业技术服务，是指气象服务、地震服务、海洋服务、测绘服务、城市规划、环境与生态监测服务等专项技术服务。

（2）信息技术服务。信息技术服务，是指利用计算机、通信网络等技术对信息进行生产、收集、处理、加工、存储、运输、检索和利用，并提供信息服务的业务活动。包括软件服务、电路设计及测试服务、信息系统服务、业务流程管理服务和信息系统增值服务。

软件服务，是指提供软件开发服务、软件维护服务、软件测试服务的业务活动。

电路设计及测试服务，是指提供集成电路和电子电路产品设计、测试及相关技术支持服务的业务活动。

信息系统服务，是指提供信息系统集成、网络管理、网站内容维护、桌面管理与维护、信息系统应用、基础信息技术管理平台整合、信息技术基础设施管理、数据中心、托管中心、信息安全服务、在线杀毒、虚拟主机等业务活动。包括网站对非自有的网络游戏提供的网络运营服务。

业务流程管理服务，是指依托信息技术提供的人力资源管理、财务经济管理、审计管理、税务管理、物流信息管理、经营信息管理和呼叫中心等服务的活动。

信息系统增值服务，是指利用信息系统资源为用户附加提供的信息技术服务。包括数据处理、分析和整合、数据库管理、数据备份、数据存储、容灾服务、电子商务平台等。

（3）文化创意服务。文化创意服务，包括设计服务、知识产权服务、广告服务和会议展览服务。

设计服务，是指把计划、规划、设想通过文字、语言、图画、声音、视觉等形式传递出来的业务活动。包括工业设计、内部管理设计、业务运作设计、供应链设计、造型设计、服装设计、环境设计、平面设计、包装设计、动漫设计、网游设计、展示设计、网站设计、机械设计、工程设计、广告设计、创意策划、文印晒图等。

知识产权服务，是指处理知识产权事务的业务活动。包括对专利、商标、著作权、软件、集成电路布图设计的登记、鉴定、评估、认证、检索服务。

广告服务，是指利用图书、报纸、杂志、广播、电视、电影、幻灯、路牌、招贴、橱窗、霓虹灯、灯箱、互联网等各种形式为客户的商品、经营服务项目、文体节目或者通告、声明等委托事项进行宣传和提供相关服务的业务活动。包括广告代理和广告的发布、播映、宣传、展示等。

会议展览服务，是指为商品流通、促销、展示、经贸洽谈、民间交流、企业沟通、国际往来等举办或者组织安排的各类展览和会议的业务活动。

（4）物流辅助服务。物流辅助服务，包括航空服务、港口码头服务、货运客运场站服务、打捞救助服务、装卸搬运服务、仓储服务和收派服务。

航空服务，包括航空地面服务和通用航空服务。①航空地面服务，是指航空公司、飞机场、民航管理局、航站等向在境内航行或者在境内机场停留的境内外飞机或者其他飞行器提供的导航等劳务性地面服务的业务活动。包括旅客安全检查服务、停机坪管理服务、机场候机厅管理服务、飞机清洗消毒服务、空中飞行管理服务、飞机起降服务、飞行通信服务、地面信号服务、飞机安全服务、飞机跑道管理服务、空中交通管理服务等。②通用航空服务，是指为专业工作提供飞行服务的业务活动，包括航空摄影、航空培训、航空测量、航空勘探、航空护林、航空吊挂播洒、航空降雨、航空气象探测、航空海洋监测、航空科学实验等。

港口码头服务，是指港务船舶调度服务、船舶通信服务、航道管理服务、航道疏浚服务、灯塔管理服务、航标管理服务、船舶引航服务、理货服务、系解缆服务、停泊和移泊服务、海上船舶溢油清除服务、水上交通管理服务、船只专业清洗消毒检测服务和防止船只漏油服务等为船只提供服务的业务活动。港口设施经营人收取的港口设施保安费按照港口码头服务缴纳增值税。

货运客运场站服务，是指货运客运场站提供的货物配载服务、运输组织服务、中转换乘服务、车辆调度服务、票务服务、货物打包整理、铁路线路使用服务、加挂铁路客车服务、铁路行包专列发送服务、铁路到达和中转服务、铁路车辆编解服务、车辆挂运服务、铁路接触网服务、铁路机车牵引服务等业务活动。

打捞救助服务，是指提供船舶人员救助、船舶财产救助、水上救助和沉船沉物打捞服务的业务活动。

装卸搬运服务，是指使用装卸搬运工具或者人力、畜力在运输工具之间、装卸现场之间或者运输工具与装卸现场之间进行装卸和搬运货物的业务活动。

仓储服务，是指利用仓库、货场或者其他场所代客贮放、保管货物的业务活动。

收派服务，是指接受寄件人委托，在承诺的时限内完成函件和包裹的收件、分拣、派送服务的业务活动。①收件服务，是指从寄件人处收取函件和包裹，并运送到服务提供方同城的集散中心的业务活动。②分拣服务，是指服务提供方在其集散中心对函件和包裹进行归类、分发的业务活动。③派送服务，是指服务提供方从其集散中心将函件和包裹送达同城收件人处的业务活动。

（5）租赁服务。租赁服务，包括融资租赁服务和经营租赁服务。

①融资租赁服务，是指具有融资性质和所有权转移特点的租赁活动。即出租人根据承租人要求的规格、型号、性能等条件购入有形动产或者不动产，租赁给承租人，合同期内租赁物所有权属于出租人，承租人只拥有使用权，合同期满付清租金后，承租人有权按照残值购入租赁物，以拥有其所有权。不论最后出租人是否将租赁物销售给承租人，其均属于融资租赁。

按照标的物的不同，融资租赁服务可分为有形动产融资租赁服务和不动产融资租赁服务。

融资性售后回租不按照本税目缴纳增值税。

②经营租赁服务，是指在约定时间内将有形动产或者不动产转让他人使用且租赁物所有权不变更的业务活动。

按照标的物的不同，经营租赁服务可分为有形动产经营租赁服务和不动产经营租赁服务。

将建筑物、构筑物等不动产或者飞机、车辆等有形动产的广告位出租给其他单位或者个人用于发布广告，按照经营租赁服务缴纳增值税。

车辆停放服务、道路通行服务（包括过路费、过桥费、过闸费等）等按照不动产经营租赁服务缴纳增值税。

水路运输的光租业务、航空运输的干租业务，属于经营租赁服务。

光租业务，是指运输企业将船舶在约定的时间内出租给他人使用，不配备操作人员，不承担运输过程中发生的各项费用，只收取固定租赁费的业务活动。

干租业务，是指航空运输企业将飞机在约定的时间内出租给他人使用，不配备机组人员，不承担运输过程中发生的各项费用，只收取固定租赁费的业务活动。

（6）鉴证咨询服务。鉴证咨询服务，包括认证服务、鉴证服务和咨询服务。

认证服务，是指具有专业资质的单位利用检测、检验、计量等技术，证明产品、服务、管理体系符合相关技术规范、相关技术规范的强制性要求或者标准的业务活动。

鉴证服务，是指具有专业资质的单位受托对相关事项进行鉴证，发表具有证明力的意见的业务活动。包括会计鉴证、税务鉴证、法律鉴证、职业技能鉴定、工程造价鉴证、工程监理、资产评估、环境评估、房地产土地评估、建筑图纸审核、医疗事故鉴定等。

咨询服务，是指提供信息、建议、策划、顾问等服务的活动。包括金融、软件、技术、财务、税收、法律、内部管理、业务运作、流程管理、健康等方面的咨询。

翻译服务和市场调查服务按照咨询服务缴纳增值税。

（7）广播影视服务。广播影视服务，包括广播影视节目（作品）的制作服务、发行服务和播映（含放映，下同）服务。

广播影视节目（作品）制作服务，是指进行专题（特别节目）、专栏、综艺、体育、动画片、广播剧、电视剧、电影等广播影视节目和作品制作的服务。具体包括与广播影视节目和作品相关的策划、采编、拍摄、录音、音视频文字图片素材制作、场景布置、后期的剪辑、翻译（编译）、字幕制作、片头、片尾、片花制作、特效制作、影片修复、编目和确权等业务活动。

广播影视节目（作品）发行服务，是指以分账、买断、委托等方式，向影院、电台、电视台、网站等单位和个人发行广播影视节目（作品）以及转让体育赛事等活动的报道及播映权的业务活动。

广播影视节目（作品）播映服务，是指在影院、剧院、录像厅及其他场所播映广播影视节目（作品），以及通过电台、电视台、卫星通信、互联网、有线电视等无线或者有线装置播映广播影视节目（作品）的业务活动。

（8）商务辅助服务。商务辅助服务，包括企业管理服务、经纪代理服务、人力资源服务、安全保护服务。

企业管理服务，是指提供总部管理、投资与资产管理、市场管理、物业管理、日常综合管理等服务的业务活动。

经纪代理服务，是指各类经纪、中介、代理服务。包括金融代理、知识产权代理、货物运输代理、代理报关、法律代理、房地产中介、职业中介、婚姻中介、代理记账、拍卖等。其中，货物运输代理服务，是指接受货物收货人、发货人、船舶所有人、船舶承租人或者船舶经营人的委托，以委托人的名义，为委托人办理货物运输、装卸、仓储和船舶进出港口、引航、靠泊等相关手续的业务活动。代理报关服务，是指接受进出口货物的收、发货人委托，代为办理报关手续的业务活动。

人力资源服务，是指提供公共就业、劳务派遣、人才委托招聘、劳动力外包等服务的业务活动。

安全保护服务，是指提供保护人身安全和财产安全，维护社会治安等服务的业务活动。包括场所住宅保安、特种保安、安全系统监控以及其他安保服务。

（9）其他现代服务。其他现代服务，是指除研发和技术服务、信息技术服务、文化创意服务、物流辅助服务、租赁服务、鉴证咨询服务、广播影视服务和商务辅助服务以外的现代服务。

7. 生活服务

生活服务，是指为满足城乡居民日常生活需求提供的各类服务活动。包括文化体育服务、教育医疗服务、旅游娱乐服务、餐饮住宿服务、居民日常服务和其他生活服务。

（1）文化体育服务，包括文化服务和体育服务。

文化服务，是指为满足社会公众文化生活需求提供的各种服务。包括：文艺创作、文艺表演、文化比赛，图书馆的图书和资料借阅，档案馆的档案管理，文物及非物质遗产保护，组织举办宗教活动、科技活动、文化活动，提供游览场所。

体育服务，是指组织举办体育比赛、体育表演、体育活动，以及提供体育训练、体育指导、体育管理的业务活动。

（2）教育医疗服务，包括教育服务和医疗服务。

教育服务，是指提供学历教育服务、非学历教育服务、教育辅助服务的业务活动。包括：①学历教育服务，是指根据教育行政管理部门确定或者认可的招生和教学计划组织教学，并颁发相应学历证书的业务活动，包括初等教育、初级中等教育、高级中等教育、高等教育等。②非学历教育服务，包括学前教育、各类培训、演讲、讲座、报告会等。③教育辅助服务，包括教育测评、考试、招生等服务。

医疗服务，是指提供医学检查、诊断、治疗、康复、预防、保健、接生、计划生育、防疫服务等方面的服务，以及与这些服务有关的提供药品、医用材料器具、救护车、病房住宿和伙食的业务。

（3）旅游娱乐服务，包括旅游服务和娱乐服务。

旅游服务，是指根据旅游者的要求，组织安排交通、游览、住宿、餐饮、购物、文娱、商务等服务的业务活动。

娱乐服务，是指为娱乐活动同时提供场所和服务的业务。具体包括：歌厅、舞厅、夜总会、酒吧、台球、高尔夫球、保龄球、游艺（包括射击、狩猎、跑马、游戏机、蹦极、卡丁车、热气球、动力伞、射箭、飞镖）。

（4）餐饮住宿服务，包括餐饮服务和住宿服务。

餐饮服务，是指通过同时提供饮食和饮食场所的方式为消费者提供饮食消费服务的业务活动。

住宿服务，是指提供住宿场所及配套服务等的活动。包括宾馆、旅馆、旅社、度假村和其他经营性住宿场所提供的住宿服务。

（5）居民日常服务，是指主要为满足居民个人及其家庭日常生活需求提供的服务，包括市容市政管理、家政、婚庆、养老、殡葬、照料和护理、救助救济、美容美发、按摩、桑拿、氧吧、足疗、沐浴、洗染、摄影扩印等服务。

（6）其他生活服务，是指除文化体育服务、教育医疗服务、旅游娱乐服务、餐饮住宿服务和居民日常服务之外的生活服务。

提供应税服务，是指有偿提供应税服务，但不包括非营业活动中提供的应税服务。

非营业活动，是指：①非企业性单位按照法律和行政法规的规定，为履行国家行政管理和公共服务职能收取政府性基金或者行政事业单位事业性收费的活动；②单位或者个体工商户聘用的员工为本单位或者雇主提供应税服务；③单位或者个体工商户为员工提供应税服务；④财政部和国家税务总局规定的其他情形。

在境内提供应税服务，是指应税服务提供方或接收方在境内。下列情形不属于在境内提供应税服务：①境外单位或者个人向境内单位或个人提供完全在境外消费的应税服务；②境外单位或者个人向境内单位或个人出租完全在境外使用的有形动产；③财政部和国家税务总局规定的其他情形。

（四）进口货物

进口货物是指申报进入我国海关境内的货物。确定一箱货物是否属于进口货物，必须看其是否办理了相关进口手续。

判断题
纳税人向本单位的员工无偿提供上下班班车服务不缴纳增值税。（　　　　）

（五）销售无形资产

销售无形资产，是指转让无形资产所有权或者使用权的业务活动。无形资产，是指不具备实物形态，但能带来经济利益的资产，包括技术、商标、著作权、商誉、自然资源使用权和其他权益性无形资产。具体包括以下几类：

（1）技术，包括专利技术和非专利技术。

（2）自然资源使用权，包括土地使用权、海域使用权、探矿权、采矿权、取水权和其他自然资源使用权。

（3）其他权益性无形资产，包括基础设施资产经营权、公共事业特许权、配额、经营权（包括特许经营权、连锁经营权、其他经营权）、经销权、分销权、代理权、会员权、席位权、网络游戏虚拟道具、域名、名称权、肖像权、冠名权、转会费等。

（六）销售不动产

销售不动产，是指转让不动产所有权的业务活动。不动产，是指不能移动或者移动后会引起性质、形状改变的财产，包括建筑物、构筑物等。

（1）建筑物，包括住宅、商业营业用房、办公楼等可供居住、工作或者进行其他活动的建造物。

（2）构筑物，包括道路、桥梁、隧道、水坝等建造物。

转让建筑物有限产权或者永久使用权的，转让在建的建筑物或者构筑物所有权的，以及在转让建筑物或者构筑物时一并转让其所占土地的使用权的，按照销售不动产缴纳增值税。

二、增值税征税范围的特殊行为

（一）属于征税范围的特殊行为

单位或个体工商户的下列行为，视同销售货物行为，均要征收增值税：

（1）将货物交付其他单位或个人代销。

（2）销售代销货物。

（3）设有两个以上机构并实行统一核算的纳税人，将货物从一个机构移送其他机构用于销售，但相关机构设在同一县（市）的除外。

（4）将自产或委托加工的货物用于非增值税应税项目。

（5）将自产或委托加工的货物用于集体福利或个人消费。

（6）将自产或委托加工的货物或购进的货物作为投资，提供给其他单位或者个体工商户。

（7）将自产或委托加工的货物或购进的货物分配给股东或者投资者。

（8）将自产或委托加工的货物或购进的货物无偿赠送其他单位或者个人。

（9）单位和个体工商户向其他单位或者个人无偿提供交通运输业和部分现代服务业服务，但以公益活动为目的或者以社会公众为对象的除外。

以上 9 种确定为视同销售货物行为，均要征收增值税。其确定的目的有三个：一是保证增值税税款抵扣制度的实施，不致因为发生上述行为而造成相关税款抵扣环节的中断，如上述第 1 种、第 2 种行为。二是避免因上述行为的发生造成货物、应税劳务、应税服务销售税收负担不平衡的矛盾，防止通过上述行为逃避税款。三是体现增值税计算的配比原则，如上述第 4 种～第 9 种行为。

多项选择题

下列各项中视同销售计算增值税的有（　　　）。

A. 销售代销货物

B. 将外购的货物用于集体福利

C. 将自产的货物用于集体福利

D. 向外单位无偿提供送货服务

（二）混业经营

混业经营是指纳税人生产或销售不同税率的货物，或者既销售货物又提供应税劳务和应税服务。纳税人兼有不同税率或者征收率的销售货物、提供应税劳务或者应税服务的，应当分别核算适用不同税率或者征收率的销售额，未分别核算销售额的，按照以下方法适用税率或者征收率：

（1）兼有不同税率的销售货物、提供应税劳务或者应税服务的，从高适用税率。

（2）兼有不同征收率的销售货物、提供应税劳务或者应税服务的，从高适用征收率。

（3）兼有不同税率或者征收率的销售货物、提供应税劳务或者应税服务的，从高适用税率。

小组讨论

混业经营中为什么要从高适用税率或征收率？

三、增值税的税率和征收率

我国增值税采用比例税率形式，按照一定的比例征收。为了发挥增值税中性的作用，原则上增值税的税率应该对不同行业不同企业实行单一税率，称为基本税率。实践中为照顾一些特殊行业或者产品也增设了低税率档次，对出口产品实行零税率。由于增值税纳税人分为两类，对这两类不同的纳税人又采用了不同的税率和征收率。

（一）增值税的基本税率

增值税一般纳税人销售或者进口货物、提供应税劳务、应税服务，除低税率适用范围外，税率一律为17%，这就是通常所说的基本税率。

提供有形动产租赁服务，税率也为17%。

（二）增值税的低税率

（1）增值税一般纳税人销售或者进口下列货物，按低税率13%计征增值税。

①粮食、食用植物油。

②自来水、暖气、冷气、煤气、石油液化气、天然气、沼气、居民用煤炭制品。

③图书、报纸、杂志。

④饲料、化肥、农药、农机、农膜。

⑤国务院规定的其他货物。

A. 农产品。农产品，是指种植业、养殖业、林业、牧业、水产业生产的各种植物、动物的初级产品。例如，干姜、姜黄；橄榄油；按照《食品安全国家标准——巴氏杀菌乳》（GB 19645—2010）生产的巴氏杀菌乳和按照《食品安全国家标准——灭菌乳》（GB 25190—2010）生产的灭菌乳，均属于初级农产品。

B. 影像制品。是指正式出版的录有内容的录音带、录像带、唱片、激光唱盘和激光视盘。

C. 电子出版物。电子出版物，是指以数字代码方式，使用计算机应用程序，将图文声像等内容信息编辑加工后存储在具有确定的物理形态的磁、光、电等介质上，通过内嵌在计算机、手机、电子阅读设备、电子显示设备、数字音/视频播放设备、电子游戏机、导航仪以及其他具有类似功能的设备上读取使用，具有交互功能，用以表达思想、普及知识和积累文化的大众传播媒体。

D. 二甲醚。二甲醚，是指化学分子式为 CH_3OCH_3，常温常压下具有轻微醚香味，易燃、无毒、无腐蚀性的气体。

E. 密集型烤房设备、频振式杀虫灯、自动虫情测报灯、粘虫板。

（2）提供交通运输、邮政、基础电信、建筑、不动产租赁服务，销售不动产，转让土地使用权，税率为11%。

（3）提供现代服务业服务，包括电信增值服务，税率为6%。

（三）零税率

纳税人出口货物和财政部、国家税务总局规定的应税服务，税率为零；但是，国务院另有规定的除外。

应税服务的零税率政策如下：

（1）中华人民共和国境内的单位和个人取得相应资质，提供的国际运输服务（含航天运输服务）、向境外单位提供的研发服务和设计服务。

国际运输服务是指：在境内载运旅客或者货物出境；在境外载运旅客或者货物入境；在境外载运旅客或者货物。

（2）境内的单位和个人提供的往返香港、澳门、台湾地区的交通运输服务以及在香港、澳门、台湾地区提供的交通运输服务（简称"港澳台运输服务"）适用增值税零税率。

（3）境内的单位或个人提供承租服务，如果租赁的交通工具用于国际运输服务和港澳台运输服务，由出租方按规定申请适用增值税零税率。

境内的单位和个人向境内单位和个人提供期租、湿租服务，如果承租方利用租赁的交通工具向其他单位或个人提供国际运输服务和港澳台运输服务，由承租方按规定申请适用增值税税率。境内的单位或个人向境外单位或个人提供期租、湿租服务，由出租方按规定申请适用增值税零税率。

（4）境内的单位和个人提供适用增值税零税率的应税服务，如果属于适用简易计税方法的，实行免征增值税办法。如果属于适用增值税一般计税方法的，生产企业实行"免、抵、退"税（简称"免抵退"）办法；外贸企业外购研发服务和设计服务出口实行免抵退税办法；外贸企业自己开发的研发服务和设计服务出口，视同生产企业连同其出口货物统一实行免抵退税办法。

（5）境内的单位和个人提供适用增值税零税率应税服务的，可以放弃适用增值税零税率，选择免税或按规定缴纳增值税。放弃适用增值税零税率后，36个月内不得再申请适用增值税零税率。

（6）境内的单位和个人提供适用增值税零税率的应税服务，按月向主管退税的税务机关申报办理增值税免抵退或免税手续。

💬 小组讨论

零税率等同于免税吗？

✒ 练一练

连线题

汽车

橄榄油	17%
电子出版物	3%
运送旅客出境旅游	11%
邮政服务业	0
煤炭制品	6%
房屋出租	13%

境内物流

税率为零不是简单地等同于免税。出口货物和应税服务免税仅指在出口环节不征收增值税，而零税率是指对出口货物和应税服务除了在出口环节不征增值税外，还要对该产品和应税服务在出口前已经缴纳的增值税进行退税，使该出口产品和应税服务在出口时完全不含增值税税款，从而以无税产品和服务进入国际市场。

四、增值税的征收率

增值税对小规模纳税人及一些特殊情况采用简易征收办法，对小规模纳税人及特殊情况适用的税率称为征收率。

（一）一般规定

小规模纳税人的增值税的征收率为3%。

（二）国务院及其有关部门的规定

下列按简易办法征收增值税的优惠政策继续执行，不得抵扣进项税额。

（1）纳税人销售自己使用过的物品，按下列政策执行。

①一般纳税人销售自己使用过的不得抵扣且未抵扣进项税额的固定资产（不含纳税人自用的应征消费税的摩托车、汽车、游艇），按简易办法依4%的征收率减半（按2%）征收增值税。

$$销售额 = 含税销售额 \div (1 + 4\%)$$

$$应纳税额 = 销售额 \times 4\% \div 2$$

一般纳税人销售自己使用过的除固定资产以外的物品，应当按照适用税率征收增值税。

②小规模纳税人（除其他个人外，下同）销售自己使用过的固定资产，减按2%的征收率征收增值税。

$$销售额 = 含税销售额 \div (1 + 3\%)$$

$$应纳税额 = 销售额 \times 2\%$$

小规模纳税人销售自己使用过的除固定资产以外的物品，应按3%的征收率征收增值税。

（2）纳税人销售旧货，按照简易办法依照4%的征收率减半征收增值税。

旧货，是指进入二次流通的具有部分使用价值的货物（含旧汽车、旧摩托车和旧游艇），但不包括自己使用过的物品。

（3）一般纳税人销售自产的下列货物，可选择按照简易办法依照6%的征收率计算缴纳增值税。

①县级及县级以下小型水力发电单位生产的电力。小型水力发电单位，是指各类投资主体建设的装机容量为5万千瓦以下（含5万千瓦）的小型水力发电单位。

②建筑用和生产建筑材料所用的砂、土、石料。

③以自己采掘的砂、土、石料或者其他矿物连续生产的砖、瓦、石灰（不含黏土实心砖、瓦）。

④用微生物、微生物代谢产物、动物毒素、人或动物的血液或组织制成的生物制品。

⑤自来水。

⑥商品混凝土（仅限于以水泥为原料生产的水泥混凝土）。

⑦属于一般纳税人的单采血浆站销售非临床用人体血液，可以按照简易办法依照6%的征收率计税应纳税额，但不得对外开具增值税专用发票；也可以按照销项税额抵扣进项税额的办法依照增值税适用税率计税应纳税额。

一般纳税人选择简易办法计算缴纳增值税后，36个月内不得变更。

（4）一般纳税人销售货物属于下列情形之一的，暂按简易办法依照4%的征收率计算缴纳增值税。

①寄售店代销寄售物品（包括居民个人寄售的物品在内）。

②典当业销售死当物品。

练一练

连线题

	6%
基本税率	2%
	11%
	4%
低税率	17%
	13%
征收率	0
	3%

·—— 任务四　掌握增值税的计税方法 ——·

增值税的计税方法，包括一般计税方法、简易计税方法和扣缴计税方法。

一、一般计税方法

国际上通行的一般计税方法是购进扣税法。即先按当期销售额和适用税率计算出销项税额（对销售额全额征税），然后对当期购进项目向对方支付的税款进行抵扣，从而间接计算出当期增值额部分的应纳税额。其计算公式是

当期应纳增值税税额 = 当期销项税额 − 当期进项税额

我国目前对一般纳税人销售货物或者提供应税劳务和应税服务适用一般计税方法。但是

一般纳税人提供财政部和国家税务总局规定的特定的销售货物、应税劳务、应税服务，可以选择适用简易计税方法计税，一经选择，36个月内不得变更。

增值税一般纳税人当期应纳税额的多少，取决于当期销项税额和当期进项税额这两个因素。当期销项税额的确定关键在于当期销售额，对当期进项税额的确定在税法中也做了具体规定。纳税人在分别确定了销项税额和进项税额的情况下，就不难计算出应纳税额。

当期应纳增值税税额的计算公式中，如果当期的销项税额小于当期的进项税额时，应纳税额就会出现负数，此负数通常称为留抵税额，留待下期抵扣，则公式演变为

当期应纳增值税税额 = 当期销项税额 − 当期进项税额 − 上期留抵税额

 练一练

计算题

会计小王计算出的公司本月的增值税销项税额为42.82万元，进项税额为35.06万元，上期留抵税额为22.15万元，则公司本月应交的增值税是多少？

（一）销项税额的计算

销项税额是指纳税人在销售货物或者提供应税劳务和应税服务时，按照销售额或提供应税劳务和应税服务的收入额与规定的税率计算并向购买方收取的增值税额。

销项税额的计算公式为

销项税额 = 销售额 × 适用税率

由于增值税是价外税，计算销项税额时的销售额必须是不含收取的销项税额的销售额。

1. 一般销售方式下的销售额

增值税销售额，是指纳税人销售货物或者提供应税劳务和应税服务，向购买方（承受应税劳务或应税服务也视为购买方，下同）收取的全部价款和价外费用。但是不包括向购买方收取的销项税额。

尽管销项税额也是销售方向购买方收取的，但是增值税实行价外计税，用不含税价作为计税依据，价款和增值税税款在增值税专用发票上是分别注明的。因而纳税人向购买方销售货物或提供应税劳务或应税服务所收取的价款中不包含增值税税款。

💬 **小组讨论**

请在增值税专用发票上找出"价款""税款""价税合计"，理解不含税销售额的意义。

价外费用是指向购买方收取的手续费、补贴、基金、集资费、返还利润、奖励费、违约金、滞纳金、延期付款利息、赔偿金、代收款项、代垫款项、包装费、包装物租金、储备

费、优质费、运输装卸费以及其他各种性质的价外收费。但下列项目不包括在内：

（1）受托加工应征消费税的消费品所代收代缴的消费税。

（2）同时符合以下条件的代垫运输费用：①承运部门的运输费用发票开具给购买方的；②纳税人将该发票转交给购买方的。

（3）同时符合以下条件代为收取的政府性基金或者行政事业性收费：①由国务院或者财政部批准设立的政府性基金，由国务院或者省级人民政府及其财政、价格主管部门批准设立的行政事业性收费；②收取时开具省级以上财政部门印制的财政票据；③所收款项全额上缴财政。

（4）销售货物同时代办保险等而向购买方收取的保险费，以及向购买方收取的代购买方缴纳的车辆购置税、车辆牌照费。

上述 4 项允许不计入价外费用是因为在满足了上述相关条件后可以确认，销售方在其中仅仅是代为收取了有关费用，这些费用确实没有形成销售方的收入。

注意：对增值税一般纳税人（包括纳税人自己或者代其他部门）向购买方收取的价外费用和逾期包装物押金，应视为含税收入，在计税时换算为不含税收入再并入销售额。

销售额以人民币计算。纳税人以人民币以外的货币结算销售额的，应当折合成人民币计算。折合率可以选择销售额发生的当天或者当月 1 日的人民币汇率中间价。纳税人应当事先确定采用何种折合汇率，确定后 12 个月内不得变更。

 练一练

计算题

某车行销售轿车一辆，发票上注明的价款为 128 000 元，税款为 2 176 元，价税合计 130 178 元。同时，为客户代办牌照和交纳机动车交通事故责任强制保险和机动车辆损失责任险，共收取牌照费 230 元，车辆购置税 12 800 元，车船使用税 350 元，车辆保险费 4 475.35 元。办理完毕，取得相应凭证，移交客户，同时另向客户收取代办费 500 元。

请回答：

（1）该项业务是否应该交纳增值税？

（2）销售额为多少？销项税额为多少？

（3）牌照费、车辆购置税、车船使用税是否属于价外费用？

（4）向客户收取的代办费是否计入销售额？

2. 特殊销售方式下的销售额

纳税人在营销活动中，为了达到促销的目的，采取多种销售方式。不同的销售方式下，销售者取得的销售额会有所不同。对不同的销售方式如何确定增值税的销售额，税法做了明确的规定。

（1）采取折扣方式销售。折扣分为商业折扣、现金折扣（信用折扣）和销售折让。

商业折扣又称为价格折扣，是指销货方为了鼓励购货方增大采购量而给予购货方的价格优惠（如购买 10 件给予 10% 价格折扣；购买 20 件给予 20% 的价格折扣），即折扣是在销售时同时发生的。

现金折扣，是指销货方在销售货物或者提供应税劳务或应税服务后，为了鼓励购货方及早偿还货款而协议许诺给予购货方的一种折扣优待（如 10 天之内付款，给予 2% 的折扣；20 天之内折扣 1%，30 天内全价付款），现金折扣发生在销货之后，是一种融资性质的理财费用。因此，折扣不得从销售额中扣除。

销售折让，是指货物销售后，由于其品种、规格、质量等原因与合同不符，购货方不予退货，但销货方需给予购货方的一种价格折让。

税法明确规定，如果销售额和折扣额在同一张发票上的"金额"栏内分别注明的，可按折扣后的销售额征收增值税。未在同一张发票"金额"栏注明折扣额，而仅在发票的"备注"栏注明折扣额的，折扣额不得从销项税额中扣除。

因此，上述折扣中只有商业折扣才有可能是从销项税额中给予扣除的折扣。

【例 2 - 1】海宏电子器材公司为增值税一般纳税人。2016 年 3 月销售电脑一批 30 台，单价 4 288 元，由于是成批销售，给予购货方 5% 的商业折扣。试计算海宏公司销售该批电脑的销项税额为多少？

【解析】该笔业务属于折扣销售，由于商业折扣是指销售额与折扣额在同一张发票金额栏内注明的，因此，可以按照折扣后的销售额计算增值税销项税额。

应缴纳增值税销项税额 $= 4\ 288 \times 30 \times (1 - 5\%) \times 17\% = 20\ 775.36$（元）

（2）采取以旧换新方式销售。以旧换新是指纳税人在销售货物时，有偿收回旧货物的行为。采取以旧换新方式销售货物的，应按新货物的同期销售价格确定销售额，不得扣减旧货物的收购价格。但是金银首饰以旧换新业务的情况除外，即金银首饰以旧换新业务，可以按销售方实际收取的不含增值税的全部价款计算增值税。

（3）采取还本销售方式销售。还本销售是指纳税人在销售货物后，到一定期限由销售方一次或分次退还给购货方全部或部分价款。这种方式实质上是一种筹资，是以货物换取资金的使用价值，到期还本不付息的方法。采取还本销售方式销售货物，其销售额就是货物的价格，不得从销售额中减除还本支出。

（4）采取以物易物方式销售。以物易物是一种特殊的购销活动，是指购销双方不是以货币结算，而是以同等价款的货物相互结算，实现货物购销活动的一种方式。以物易物方式销售货物，双方都应当作购销处理，以各自发出的货物核算销售额并计算销项税额，以各自收到的货物按规定核算购货额并计算进项税额。应注意，在以物易物活动中，应分别开具合法的票据，如收到的货物不能取得相应的增值税专用发票或其他合法票据的，不得抵扣进项税额。

【例 2 - 2】海马汽车制造厂用 5 台轿车与轮胎供应商换取等值轮胎，双方均开具专用发票，销售额为 42 万元，轮胎已入库。试计算海马汽车制造厂该项业务应缴纳的增值税税额。

【解析】以物易物销售，双方均作购销处理，以各自发出的货物核算销售额并计算销项税额，以各自收到的货物核算购货额并计算进项税额。

$$增值税销项税额 = 42 \times 17\% = 7.14（万元）$$
$$增值税进项税额 = 42 \times 17\% = 7.14（万元）$$
$$应纳增值税税额 = 7.14 - 7.14 = 0（万元）$$

小组讨论

上述例题中应纳税额是零，在申报表上是否不需要列示呢？

（5）包装物押金是否计入销售额。包装物是指纳税人包装本单位货物的各种物品。纳税人销售货物时另收取包装物押金，目的是促使购货方及早退回包装物以便周转使用。纳税人为销售货物而出租出借包装物收取的押金，单独记账核算的，时间在 1 年以内，又未过期的，不并入销售额征税，但对因逾期未收回包装物不再退还的押金，应按所包装货物的适用税率计算销项税额。

逾期，是指按合同约定实际逾期，或以 1 年为限，对收取 1 年以上的押金，无论是否退还均并入销售额计税。当然，在将包装物押金并入销售额征税时，需要先将该押金换算为不含税价，再并入销售额计税。

纳税人为销售货物出租出借包装物而收取的押金，无论包装物周转使用期限长短，超过 1 年（含 1 年）仍不退还的均并入销售额征税。对于个别包装物周转使用期限较长的，报经税务机关确定后，可适当放宽逾期期限。

对销售啤酒、黄酒外的其他酒类产品收取的包装物押金，无论是否返还以及会计上如何核算，均应并入当期销售额计税。对啤酒、黄酒所收取的包装物押金，按上述一般押金的规定处理。

包装物租金在销货时作为价外费用并入销售额计税。

（6）销售已使用过的固定资产的税务处理。一般纳税人销售自己使用过的未抵扣进项税额的固定资产时，按简易办法依 3% 的征收率减半按 2% 计税。其计算公式为

$$销售额 = 含税销售额 \div (1 + 3\%)$$
$$应纳税额 = 销售额 \times 2\%$$

销售已抵扣过进项税额的旧固定资产时，按照适用税率计税。

（7）直销企业先将货物销售给直销员，直销员再将货物销售给消费者的，直销企业的销售额为其向直销员收取的全部价款和价外费用。直销员将货物销售给消费者时，应按照现行规定缴纳增值税。

直销企业通过直销员向消费者销售货物，直接向消费者收取货款，直销企业的销售额为其向消费者收取的全部价款和价外费用。

（8）航空运输企业的销售额，不包括代收的机场建设费和代售其他航空运输企业客票而代收转付的价款。

（9）一般纳税人提供的客运场站服务，以其取得的全部价款和价外费用，扣除支付给承运方运费后的余额为销售额，其从承运方取得的增值税专用发票上注明的增值税，不得抵扣。

（10）纳税人提供的知识产权代理服务、货物运输代理服务和代理报关服务，以其取得的全部价款和价外费用，扣除向委托方收取并代为支付的政府性基金或者行政事业性收费后的余额为销售额。

向委托方收取的政府性基金或者行政事业性收费，不得开具增值税专用发票。

（11）一般纳税人提供国际货物代理运输服务，以其取得的全部价款和价外费用，扣除支付给国际运输企业的国际运输费用后的余额为销售额。

国际货物运输代理服务，是指接受货物收货人或其代理人、发货人或其代理人、运输工具所有人、运输工具承租人或运输工具经营人的委托，以委托人的名义或者以自己的名义，在不直接提供货物运输服务的情况下，直接为委托人办理货物的国际运输、从事国际运输的运输工具进出港口、联系安排引航、靠泊、装卸等货物和船舶代理相关业务手续的业务活动。

（12）上述8～11项业务中，纳税人从全部价款和价外费用中扣除价款，应当取得符合法律、行政法规和国家税务总局规定的有效凭证。否则，不得扣除。上述有效凭证是指：

①支付给境内单位或者个人的款项，以发票为合法有效凭证。

②支付给境外单位或个人的款项，以该单位或者个人的签收单据为合法有效凭证，税务机关对签收单据有疑义的，可以要求其提供境外公证机构的确认证明。

③缴纳的税款，以完税凭证为合法有效凭证。

④融资性售后回租服务中向承租方收取的有形动产价款本金，以承租方开具的发票为合法有效凭证。

⑤扣除政府性基金或者行政事业性收费，以省级以上财政部门印制的财政票据为合法有效凭证。

⑥国家税务总局规定的其他凭证。

（13）对视同销售货物行为的销售额的确定。

在"征税范围"项目中已列明了单位和个体工商户的9种视同销售行为，如将货物交付他人代销等。这9种视同销售行为中某些行为由于不是以资金的形式反映出来的，会出现无销售额的现象。因此，税法规定，对视同销售征税而无销售额的按下列顺序确定其销售额：

①按纳税人最近时期同类货物或同类应税服务的平均销售价格确定。

②按其他纳税人最近时期同类货物的平均销售价格或同类应税服务的平均价格确定。

③按组成计税价格确定。组成计税价格的公式为

组成计税价格 = 成本 × (1 + 成本利润率)

征收增值税的货物，同时又征收消费税的，其组成计税价格中应加上消费税税额。其组成计税价格的公式为

组成计税价格 = 成本 × (1 + 成本利润率) + 消费税税额

或

组成计税价格 = 成本 × (1 + 成本利润率) ÷ (1 - 消费税税率)

公式中的成本是指销售自产货物的为实际生产成本，销售外购货物的为实际采购成本。公式中的成本利润率由国家税务总局确定，但属于应从价定率征收消费税的货物，其组成计税价格公式中的成本利润率，为国家税务总局确定的成本利润率。

(14) 含税销售额的换算。为了符合增值税价外计税的要求，纳税人在填写进销货及纳税凭证、进行账务处理时，应分项记录不含税销售额、销项税额和进项税额，以正确计算应纳税额。对于一般纳税人销售货物或者提供应税劳务、应税服务，采用销售额和销项税额合并定价方法的，按下列公式计算销售额：

销售额 = 含税销售额 ÷ (1 + 税率)

公式中的税率为销售货物或提供应税劳务或提供应税服务所适用的税率。

(15) 混业经营。混业经营是指纳税人生产或销售不同税率的货物，或者既销售货物又提供应税服务和应税劳务。纳税人兼有不同税率或者征收率的销售货物、提供加工修理修配劳务或者应税服务的，应当分别核算适用不同税率或征收率的销售额，未分别核算销售额的，按照以下方法适用税率或者征收率。

①兼有不同税率的销售货物、提供加工修理修配劳务或者应税服务的，从高适用税率。

②兼有不同征收率的销售货物、提供加工修理修配劳务或者应税服务的，从高适用征收率。

③兼有不同税率和征收率的销售货物、提供加工修理修配劳务或者应税服务的，从高适用税率。

(二) 进项税额的计算

进项税额是指纳税人购进货物或接受应税劳务、应税服务支付或负担的增值税额。

进项税额是与销项税额相对应的概念。根据增值税的基本计税方法，销售方收取的销项税就是购买方支付的进项税额。对于任何一个一般纳税人而言，由于其在经营活动中，既会发生销售货物或提供应税劳务、应税服务，又会发生购进货物或接受应税劳务、应税服务，因此，每一个纳税人都会有收取的销项税额和支付的进项税额。

增值税设计的核心就是用纳税人的销项税额抵扣进项税额，其余额为纳税人实际应缴纳的增值税税额。可见，进项税额的多少直接关系纳税人的纳税金额。为体现增值税的配比原则，即购进项目与销售项目之间应该有配比性，当纳税人购进的货物或者接受的应税劳务或者应税服务不是用于增值税应税项目，而是用于非应税项目、免税项目，或用于集体福利、个人消费等情况时，其支付的进项税额不能从销项税额中抵扣。也就是说，并不是纳税人支

付的所有进项税额都可以从销项税额中抵扣。

税法对于抵扣的形式和内容以及不能抵扣的项目做了严格的规定，如果违反税法规定，随意抵扣进项税额的将以偷税论处。

1. 准予从销项税额中抵扣的进项税额

增值税实行发票抵扣法，即准予从销项税额中抵扣的进项税额，限于下列增值税扣税凭证上注明的增值税税额和按规定的扣除率计算的进项税额。

（1）从销售方或提供方取得增值税专用发票（含货物运输业增值税专用发票、税控机动车销售统一发票，下同）上注明的增值税税额。

（2）从海关取得的海关进口增值税专用缴款书上注明的增值税额。

（3）购进农产品，除取得增值税专用发票或者海关进口增值税专用缴款书外，按照农产品收购发票或者销售发票上注明的农产品买价和13%的扣除率直接计算进项税额。进项税额计算公式为

进项税额 = 买价 × 13%

对这项规定的解释是：

①所谓"农产品"是指直接从事植物的种植、收割和动物的饲养、捕捞的单位和个人销售的自产农产品而且免征增值税的农业产品。农业产品所包括的具体品目按照财政部、国家税务总局印发的《农业产品征税范围注释》（财税字〔1995〕52号）执行。

②购买农产品的买价，包括纳税人购进农产品在农产品收购发票或者销售发票上注明的价款和按规定缴纳的烟叶税。

（4）接受境外单位或者个人提供的应税服务，从税务机关或者境内代理人取得的解缴税款的中华人民共和国税收缴款凭证（简称"税收缴款书"）上注明的增值税额。

纳税人凭税收缴款凭证抵扣进项税额的，应当具备书面合同、付款证明和境外单位的对账单或者发票。资料不全的，其进项税额不得从销项税额中抵扣。

（5）增值税一般纳税人（简称"原纳税人"）在资产重组过程中，将全部资产、负债和劳动力一并转让给其他增值税一般纳税人（简称"新纳税人"），并按程序办理注销税务登记的，其在办理注销税务登记前尚未抵扣的进项税额可结转至新纳税人继续抵扣。

 练一练

多项选择题

一般来说，准予从销项税额中抵扣的进项税额只能是（　　　　）。

A. 从销售方或提供方取得的专用发票上注明的增值税额

B. 从海关取得的海关进口增值税专用缴款书上注明的增值税额

C. 农产品收购发票或者销售发票上注明的农产品买进依13%的扣除率计算的进项税额

D. 接受境外单位或者个人提供的应税服务，从税务机关或者境内代理人取得的解缴税款的中华人民共和国税收缴款凭证上注明的增值税额

2. 不得从销项税额中抵扣的进项税额

纳税人购进货物或者接受应税劳务、应税服务，取得的增值税扣税凭证未经认证或者认证不符的，其进项税额不得从销项税额中抵扣。

下列项目的进项税额也不得从销项税额中抵扣。

（1）用于简易计征方法计税项目、非增值税应税项目、免征增值税项目、集体福利或者个人消费的购进货物、加工修理修配劳务、服务、无形资产和不动产。其中涉及的固定资产、无形资产、不动产，仅指专用于上述项目的固定资产、无形资产（不包括其他权益性资产）、不动产。

纳税人的交际应酬费消费属于个人消费。

（2）非正常损失的购进货物及相关的应税劳务或者应税服务。

（3）非正常损失的在产品、产成品所耗用的购进货物（不包括固定资产）或者应税劳务或者应税服务。

（4）非正常损失的不动产，以及该不动产所耗用的购进货物、设计服务和建筑服务。

（5）非正常损失的不动产在建工程所耗用的购进货物、设计服务和建筑服务。

纳税人新建、改建、扩建、修缮、装饰不动产，均属于不动产在建工程。

（6）购进的旅客运输服务、贷款服务、餐饮服务、居民日常服务和娱乐服务。

（7）一般纳税人兼营免税项目或者非增值税应税劳务、应税服务而无法划分不得抵扣的进项税额的，按下列公式计算不得抵扣的进项税额：

$$\text{不得抵扣的进项税额} = \text{当月无法划分的全部进项税额} \times \frac{\text{当期简易计税方法计税项目销售额} + \text{当月免税项目销售额} + \text{非增值税应税劳务或服务营业额}}{\text{当月全部销售额、营业额合计}}$$

（8）纳税人从海关取得的完税凭证上注明的增值税额准予从销项税额中抵扣，但是，其进口货物向境外实际支付的货款低于进口报关价格的差额部分以及从境外供应商取得的退还或返还的资金，不作进项税额转出处理。

（9）有下列情形之一者，应当按照销售额和增值税税率计算应按税额，不得抵扣进项税额，也不得使用专用发票：①一般纳税人会计核算不健全，或者不能提供准确税务资料的；②应当申请办理一般纳税人资格而未申请的。

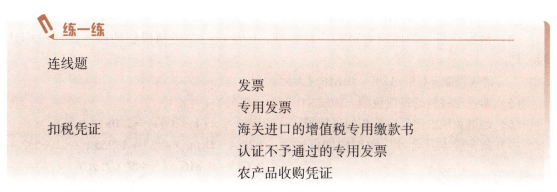

练一练

连线题

扣税凭证

发票
专用发票
海关进口的增值税专用缴款书
认证不予通过的专用发票
农产品收购凭证

(三) 一般纳税人应纳税额计算实例

【例 2 - 3】某生产企业为增值税一般纳税人，适用增值税税率 17%，2016 年 2 月的有关生产经营业务如下：

(1) 销售甲产品给某大型超市，开具增值税专用发票，发票上注明的价款 120 万元；另外，取得销售甲产品的送货运输费含税收入 6.66 万元。

(2) 销售乙产品给个体工商户，开具普通发票，取得含税收入 29.25 万元。

(3) 将试制的一批应税新产品用于本企业基建工程，成本价格为 10 万元，国家税务总局规定成本利润率为 15%，该新产品无同类市场销售价格。

(4) 销售 2012 年购进作为固定资产使用的专用设备一台，开具增值税专用发票，注明价款 4.8 万元。

(5) 购进原材料取得增值税专用发票，注明价款 60 万元、税款 10.2 万元；另外支付购货的运输费用取得运输公司开具的货物运输业增值税专用发票，注明价款 3.2 万元、税款 0.352 万元，合计 3.552 万元。

(6) 向农业生产者购进免税农产品一批，支付购进价 20 万元，支付给个体运输单位的运输费用 5 万元，取得普通运输发票。月底，将购进的农产品的 20% 用于本企业职工福利。

请按下列顺序计算该企业当月应缴纳的增值税税额。

(1) 计算销售甲产品及其运输服务的销项税额；

(2) 计算销售乙产品的销项税额；

(3) 计算自用新产品的销项税额；

(4) 计算销售使用过的固定资产的应纳税额；

(5) 计算购进原材料应抵扣的进项税额；

(6) 计算外购免税农产品应抵扣的进项税额；

(7) 计算该企业当月合计应缴纳的增值税额。

【解析】(1) 甲产品的销项税额 $= 120 \times 17\% = 20.4$ (万元)

运输服务的销项税额 $= 6.66 \div (1 + 11\%) \times 11\% = 0.66$ (万元)

(2) 乙产品的销项税额 $= 29.25 \div (1 + 17\%) \times 17\% = 4.25$ (万元)

(3) 自用应税产品若无同类产品市场价格的，用组成计税价格计税，即

组成计税价格 $= 10 \times (1 + 15\%) = 11.5$ (万元)

自用应税产品的销项税额 $= 11.5 \times 17\% = 1.955$ (万元)

(4) 销售使用过的固定资产的应纳税额，已经抵扣过进项税额的按照适用税率计税，即

销项税额 $= 4.8 \times 17\% = 0.816$ (万元)

(5) 购进原材料的进项税额 $= 10.2 + 0.352 = 10.552$ (万元)

(6) 购进免税农产品应抵扣的进项税额 $= 20 \times 13\% \times (1 - 20\%) = 2.08$ (万元)

(7) 该企业本月合计应缴纳的增值税额 $= (20.4 + 0.66 + 4.25 + 1.955) - (10.552 + 2.08) + 0.816 = 15.449$ (万元)

二、简易计税方法应纳税额的计算

小规模纳税人销售货物或者应税劳务或者应税服务，实行简易计税办法，即按照规定的销售额和相应的征收率计算应纳税额，不得抵扣进项税额。

（一）应纳税额的计算

按简易计税方法销售货物或者提供应税劳务和应税服务，其应纳税额的计算公式是

应纳税额 = 销售额 × 征收率

销售额是指销售货物或者提供应税劳务、应税服务向购买方收取的全部价款和价外费用。同样不包括按 3% 的征收率收取的增值税税额，即仍然是不含税的销售额。

（二）含税销售额的换算

简易计税方法的销售额不包括其应纳税额，在实际工作中，纳税人采用销售额和应纳税额合并定价方法的，按照下列公式换算：

销售额 = 含税销售额 ÷ (1 + 征收率)

纳税人提供的适用简易计税方法计税的应税服务，因服务中止或者折让而退还给接收方的销售额，应当从当期销售额中扣减。扣减当期销售额后仍有余额，多交的税款可以从以后的应纳税额中扣减。

【例 2 - 4】某货物运输企业为小规模纳税人，2016 年 8 月取得运输服务收入总额为 15.45 万元。该企业 8 月应缴纳的增值税税额是多少？

【解析】（1）先计算不含税销售额：

$15.45 ÷ (1 + 3\%) = 15$（万元）

（2）计算应缴纳的增值税税额：

$15 × 3\% = 0.45$（万元）

三、扣缴计税方法

境外单位或个人在境内提供应税服务但在境内未设有经营机构的，扣缴义务人按照下列公式计算应扣缴税额：

应扣缴税额 = 接收方支付的价款 ÷ (1 + 税率) × 税率

任务五　了解进口货物征税和出口货物、服务的退（免）税

一、进口货物的征税

（一）进口货物的征税范围

根据《增值税暂行条例》的规定：申报进入中华人民共和国海关境内的货物，均应缴纳增值税。

确定一项货物是否属于进口货物，必须首先看其是否有报关进口手续。一般来说，境外产品要输入境内，必须向我国海关申报进口，并办理报关手续。只要是报关进口的应税货物，不论其是国外产制还是我国已出口而转销国内的货物，是进口者自行采购还是国外捐赠的货物，是进口自用的货物还是用于贸易或其他用途等，均应按照规定缴纳进口环节的增值税。

当然，国家在规定对进口货物征税的同时，对某些进口货物制定了减免税的特殊规定。如属于"来料加工、进料加工"贸易方式进口的原材料、零部件等在国内加工后复出口的，对进口的料、件按规定给予免税或减税。但这些进口免、减税的料件若不能加工后复出口，而是销往国内的，就要予以补税。对进口货物是否减免税由国务院统一规定，任何地方、部门等无权规定减免税项目。

（二）进口货物的纳税人

进口货物的收货人或办理报关手续的单位和个人，为进口货物增值税的纳税义务人。也就是说，进口货物增值税纳税人的范围较宽，包括了国内一切从事进口业务的企事业单位、机关团体和个人。

对于企业、单位和个人委托代理进口应征增值税的货物，鉴于代理进口货物的海关完税凭证，有的开具给委托方，有的开具给受托方的特殊性，对代理进口货物以海关开具的完税凭证上的纳税人为增值税的纳税人。

在实际工作中一般由进口代理者代缴纳进口环节增值税。纳税后，由代理者将已纳税款和进口货物价款费用等与委托方结算，由委托者承担已纳税款。

（三）进口货物的税率

进口货物增值税税率与本模块中的项目一任务三中的规定一致。

（四）进口货物应纳税额的计算

纳税人进口货物，按照组成计税价格和规定的税率计算进口环节的应纳税额。其有关计算公式为

组成计税价格 = 关税完税价格 + 关税 + 消费税

或

$$组成计税价格 = \frac{关税完税价格 + 关税}{1 - 消费税税率}$$

应纳税额 = 组成计税价格 × 税率

关税完税价格是以海关审定的成交价格为基础的到岸价格作为完税价格。到岸价格是指一般贸易项下进口货物的货价加上货物运抵我国关境前的包装费、运费、保险费和其他劳务费等费用构成的一种价格。

（五）进口货物的征收管理

进口货物的增值税由海关代征。个人携带或者邮寄进境自用物品的增值税，连同关税一并计征。

进口货物增值税纳税义务发生时间为报关进口的当天，其纳税地点应当由进口人或者代理人向报关地海关申报纳税，其纳税期限应当自海关填发海关进口增值税专用缴款书之日起15日内缴纳税款。

【例 2－5】某公司 10 月进口一批货物。该批货物的结算价为 50 万元，运抵我国海关前发生的保险费、运输费、包装费等共计 22 万元。货物报关后，公司按照规定缴纳了进口环节的增值税，并取得了海关开具的海关进口增值税专用缴款书。假定该批进口货物在国内全部销售，取得不含税销售额 88 万元。货物进口关税税率 15%，增值税税率 17%。请回答下列问题：

（1）计算关税的组成计税价格；
（2）计算进口环节应纳的进口关税；
（3）计算进口环节应纳增值税的组成计税价格；
（4）计算进口环节应纳增值税的税额；
（5）计算国内销售环节的销项税额；
（6）计税国内销售环节应缴纳的增值税税额。

【解析】（1）关税的组成计税价格 = 50 + 22 = 72（万元）
（2）进口环节应纳的进口关税 = 72 × 15% = 10.8（万元）
（3）进口环节应纳增值税的组成计税价格 = 72 + 10.8 = 82.8（万元）
（4）进口环节应纳增值税的税额 = 82.8 × 17% = 14.076（万元）
（5）国内销售环节的销项税额 = 88 × 17% = 14.96（万元）
（6）应缴纳的增值税税额 = 14.96 − 14.076 = 0.884（万元）

二、出口货物、服务的退（免）税

出口货物退（免）税是国际贸易中通常采用的为世界各国普遍接受的，目的在于鼓励各国货物公平竞争的一种退还或免征间接税（目前我国主要是增值税和消费税）的税收措施。即对出口货物已承担或应承担的增值税和消费税等间接税实行退还或免征。

我国的出口货物退（免）税是指在国际贸易中，对我国报关出口的货物退还或免征其在国内各生产和流转环节按税法规定缴纳的增值税和消费税，即对增值税出口货物实行零税率，对消费税实行出口货物免税。

出口货物的增值税零税率，从税法上理解有两层含义：一是对本道环节生产或销售货物以及服务的增值部分免征增值税；二是对出口货物与服务在购进时的进项税额进行退付。零税率是基本原则，针对不同的出口组织者和不同的货物与服务，法律制定了不同的退（免）税方法。

 小组讨论

所有的出口货物与服务都是零税率吗？

（一）政策演变

1994年，国家税务总局依据《增值税暂行条例》和《中华人民共和国消费税暂行条例》（简称《消费税暂行条例》）的规定，制定实施了《出口货物退（免）税管理办法》，具体规定了出口货物退（免）税的范围、出口货物退税率、出口退税的税额计算方法、出口退（免）税的审核和管理。

2002年1月23日，财政部、国家税务总局发出《财政部 国家税务总局关于进一步推进出口货物实行免抵退税办法的通知》。2002年2月6日，国家税务总局又印发了《生产企业出口货物免抵退管理操作规程（试行）》。2005年3月，国家税务总局颁发了《出口货物退（免）税管理办法（试行）》。至此，我国出口退（免）税政策得到了进一步完善。2009年1月1日起实行新修订的《增值税暂行条例》及其《增值税暂行条例实施细则》，仍然贯彻"纳税人出口货物，税率为零；但是，国务院另有规定的除外"的政策。

2012年5月财政部和国家税务总局发布了《关于出口货物劳务增值税和消费税政策的通知》，对之前陆续制定的一系列出口货物、对外提供加工修理修配劳务（简称"出口货物劳务"，包括视同出口货物）增值税和消费税政策进行了梳理归类，并对在实际操作中反映的个别问题做了明确。

为减少出口退（免）税申报的差错率和疑点，进一步提高申报和审批效率，加快出口退税进度，结合"营改增"的推进，2013年10月15日国家税务总局发布了第61号公告，即《国家税务总局关于调整出口退（免）税申报办法的公告》。2013年11月13日国家税务总局又发布了第65号公告，即《国家税务总局关于出口货物劳务增值税和消费税有关问题的公告》。2013年12月发布的"营改增"办法中，制定了"应税服务适用增值税零税率和免税政策的规定"。

（二）出口货物退（免）税基本政策

世界各国为了鼓励本国货物出口，在遵循世界贸易组织基本规则的前提下，一般采取优惠的税收政策。有的国家采取对该货物与服务出口前所包含的税金在出口后予以退还的政策（出口退税）；有的国家采取对出口的货物与服务在出口前予以免税的政策。我国则采取出口退税与免税相结合的政策。

1. 出口免税并退税

出口免税是指对货物与服务在出口销售环节不征收增值税、消费税。出口退税是指对货物与服务在出口前实际承担的税收负担，按规定的退税率计算后予以退还。

对下列企业出口的货物，除免税货物或限制、禁止出口的货物外，给予免税并退税：

（1）有出口经营权的内资生产企业自营出口或委托外贸企业代理出口的自产货物。

（2）有出口经营权的外贸企业收购后直接出口或委托其他外贸企业代理出口的货物。

（3）下列特定企业（不限于有出口经营权）出口的货物：

①对外承包工程公司运出境外用于对外承包项目的货物。

②对外承接修理修配业务的企业用于对外修理修配的货物。

③外轮供应公司、远洋运输供应公司销售给外轮、远洋国轮而收取外汇的货物。

④企业在国内采购并运往境外作为国外投资的货物。

⑤出口企业经海关报关进入国家批准的出口加工区、保税物流园区、保税港区、综合保税区、珠澳跨境工业区（珠海园区）、中哈霍尔果斯国际边境合作中心（中方配套区域）、保税物流中心（B 型）（简称"特殊区域"）并销售给特殊区域内单位或境外单位、个人的货物。

⑥免税品经营企业销售的货物。

⑦出口企业或其他单位销售给特殊区域内生产企业生产耗用且不向海关报关而输入特殊区域的水（包括蒸汽）、电力、燃气。

⑧生产企业向海上石油天然气开采企业销售的自产的海洋工程结构物。

2. 出口免税不退税

出口免税同上。出口不退税是指适用这个政策的出口货物因在前一道生产环节、销售环节或进口环节是免税的，因此，出口时该货物的价格中本身就不含税，也无须退税。

对下列企业出口的货物，除限制或禁止出口的货物外，给予免税但不退税：

（1）属于生产企业的小规模纳税人自营出口或委托外贸企业代理出口的自产货物。

（2）外贸企业从小规模纳税人处购进并持普通发票的货物出口的，但对下列出口货物考虑其占出口比重较大及其生产、采购的特殊因素，特准退税：抽纱、工艺品、香料油、山货、草柳竹藤制品、渔网渔具、松香、五倍子、生漆、鬃尾、山羊板皮、纸制品。

（3）外贸企业直接购进国家规定的免税货物（包括免税农产品）出口的，免税但不退税。

除此之外，对下列出口货物，也是给予免税但不予退税：

（1）来料加工复出口的货物。原材料进口免税的，加工出口时不予退税。

（2）出口卷烟。有出口卷烟权的企业出口国家计划内的卷烟，在生产环节免征增值税、消费税，出口环节不办理退税。

（3）军品以及军队系统企业出口军需工厂生产或军需部门调拨的货物免税。

3. 出口不免税也不退税

出口不免税是指对国家限制或禁止出口的某些货物的出口环节视同内销环节，照常征税；出口不退税是指对这些货物出口不退还出口前其所负担的税款。

除经批准属于进口加工复出口贸易外，对下列出口货物不免税也不退税：

（1）国家计划外出口的原油。

（2）援外出口货物。

（3）国家禁止出口的货物，包括天然牛黄、麝香、铜及铜基合金、白银等。

练一练

连线题

	天然牛黄和麝香
出口免税并退税	小规模企业自营出口的货物
	外贸企业出口的一般货物
出口免税不退税	援外出口货物
	承包国外高铁项目的货物
出口不免税也不退税	外贸企业直接出口免税农产品
	出口卷烟

（三）出口货物和劳务应退税额的计算

根据《出口货物退（免）税管理办法（试行)》的规定，我国现行的出口货物退（免）税计算方法有两种：一种是"免、抵、退"的办法，主要适用于自营出口和委托出口自产货物的生产企业；另一种是"先征后退"的办法，主要适用于收购货物出口的外（工）贸企业。

1. 出口退免税货物或劳务的条件

一般情况下，只有同时具备以下三个条件的出口货物或劳务才准予退税。

（1）必须是属于增值税、消费税征税范围内的货物或劳务。

（2）必须是报关离境并结汇的货物或劳务。

（3）在财务上必须是已做出口处理的货物或劳务。

2. 免抵退的计算方法

实行免抵退管理办法的"免"税，是指对生产企业出口的自产货物，免征本企业生产销售环节的增值税；"抵"税是指生产企业出口自产货物所耗用的原材料、零部件、燃料、动力等所含应予退还的进项税额，抵顶内销货物的应纳税额；"退"税，是指生产企业出口的自产货物在当月内应抵顶的进项税额大于应纳税额时，对未抵顶完的部分予以退税。

（1）当期应纳税额的计算。

$$当期应纳税额 = 当期内销货物的销项税额 - \left(当期进项税额 - 当期免抵退不得免征和抵扣税额 \right) - 上期留抵税额$$

其中：

$$当期免抵退不得免征和抵扣税额 = 出口货物离岸价 \times 外汇人民币牌价 \times \left(出口货物征税率 - 出口货物退税率 \right) - 免抵退税不得免征和抵扣额抵减额$$

出口货物离岸价以出口发票计算的离岸价为准。出口发票不能如实反映实际离岸价的，企业必须按照实际离岸价向主管税务机关申报，同时主管税务机关有权依照相关法规予以核

定。其计算公式为

$$免抵退税不得免征和抵扣额抵减额 = 免税购进原材料价格 \times (出口货物征税率 - 出口货物退税率)$$

免税购进原材料，包括从国外购进免税原材料和进料加工免税进口料件，其中进料加工免税进口料件的价格为组成计税价格。

$$进料加工免税进口料件的组成计税价格 = 货物到岸价 + 海关实征关税和消费税$$

（2）免抵退税额的计算。

$$免抵退税额 = 出口货物离岸价 \times 外汇人民币牌价 \times 出口货物退税率 - 免抵退税额抵减额$$

其中：

$$免抵退税额抵减额 = 免税购进原材料 \times 出口货物退税率$$

如果当期没有购进免税原材料，"免抵退税不得免征和抵扣额抵减额""免抵退税额抵减额"就不用计算。

（3）当期应退税额和免抵退税额的计算。

①如当期期末留抵税额小于或等于当期免抵退税额，则

$$当期应退税额 = 当期期末留抵税额$$

$$当期免抵税额 = 当期免抵退税额 - 当期应退税额$$

②如当期期末留抵税额大于当期免抵退税额，则

$$当期应退税额 = 当期免抵退税额$$

$$当期免抵税额 = 0$$

【例2-6】海南橡胶产业集团公司是自营出口的生产性企业（增值税一般纳税人）。公司2016年2月末留抵税款4万元，出口货物的征税率为17%，退税率为13%。2016年3月的有关经营业务资料如下：

（1）购进原材料一批，取得的增值税专用发票上注明的价款为200万元，税款为34万元，进项发票已通过抵扣认证。

（2）内销货物不含税销售额为100万元，收款117万元存入银行。

（3）出口货物的销售额折合成人民币为300万元。

试计算该公司3月份的免抵退税额。

【解析】（1）3月份免抵退税不得免征和抵扣的税额 = $300 \times (17\% - 13\%) = 12$（万元）

（2）3月份应纳税额 = $100 \times 17\% + 12 - 34 - 4 = -9$（万元）

（3）出口货物免抵退税额 = $300 \times 13\% = 39$（万元）

（4）按规定，如当期留抵税额小于或等于当期免抵退税额时，当期应退税额等于当期期末留抵税额，即

该公司3月份应退税额 = 9（万元）

（5）当期免抵税额 = 当期免抵退税额 - 当期应退税额 = $39 - 9 = 30$（万元）

【例2-7】椰岛公司是一家自营出口的生产企业（增值税一般纳税人）。该公司出口货

物的征税率为 17%，退税率为 13%。该公司 4 月末的留抵税额为 5 万元。该公司 2016 年 5 月份有关经营资料如下：

（1）购进原材料一批，取得的增值税专用发票上注明的价款为 400 万元，税款为 68 万元，进项发票已通过抵扣认证。

（2）内销货物不含税销售额 100 万元，收款 117 万元存入银行。

（3）出口货物的销售额折合成人民币为 200 万元。

试计算该公司 3 月份的免抵退税额。

【解析】（1）5 月份免抵退税不得免征和抵扣的税额 = $200 \times (17\% - 13\%) = 8$（万元）

（2）3 月份应纳税额 = $100 \times 17\% + 8 - 68 - 5 = -48$（万元）

（3）出口货物免抵退税额 = $200 \times 13\% = 26$（万元）

（4）按规定，如当期留抵税额大于当期免抵退税额时，当期应退税额等于当期免抵退税额，即

该公司 3 月份应退税额 = 26（万元）

（5）当期免抵税额 = 当期免抵退税额 - 当期应退税额 = $26 - 26 = 0$（万元）

（6）5 月末留抵结转下期继续抵扣税额 = $48 - 26 = 22$（万元）

（四）"先征后退"的计算方法

1. 外贸企业"先征后退"计算办法

外贸企业以及实行外贸企业财务制度的工贸企业收购货物出口，免征其出口销售环节的增值税；其收购货物的成本部分，因外贸企业在支付收购货款的同时也支付了增值税进项税款，因此，在货物出口后按收购成本与退税率计算退税，征、退税之差计入企业成本。

外贸企业出口货物的增值税的计算依据应依据购进出口货物增值税专用发票上注明的进项金额和退税率计算，公式为

应退税额 = 外贸收购金额（不含增值税）× 退税率

2. 外贸企业收购小规模纳税人出口货物的退税规定

凡从小规模纳税人处收购持普通发票特准退税的出口货物（抽纱、工艺品等）的，同样实行出口免税并退税的办法。由于小规模纳税人使用的是普通发票，其销售额和应纳税额没有分别计列，小规模纳税人应纳的增值税也是价外计征的，这样就必须将合并定价的销售额换算为不含税价格，再据以计算出口货物退税。其计算公式为

应退税额 = 普通发票所列销售金额 ÷（1 + 征收率）× 退税率(3%)

凡从小规模纳税人处购进税务机关代开的增值税专用发票的出口货物的，按以下公式计算退税：

应退税额 = 增值税专用发票注明的金额 × 退税率（3%）

3. 外贸企业委托生产企业加工出口货物的退税规定

外贸企业委托生产企业加工收回后报关出口的货物，按购进国内原辅材料的增值税专用发票上注明的进项金额，依原辅材料的退税率计算原辅材料应退税额。支付的加工费，凭受

托方开具货物的退税率，计算加工费的应退税额。

【例2-8】海南鑫海国际贸易有限公司2016年4月发生下列业务：

（1）出口无纺布5 000米，进货增值税专用发票上注明单价28元/米，计税金额为140 000元，假定退税率为13%。

（2）从小规模纳税人处购进椰雕工艺品30件全部出口，普通发票注明金额10 500元；同时购进椰韵牌休闲套装50套全部出口，取得税务机关代开的增值税专用发票，发票注明金额4 000元。

（3）购进原料委托加工产品出口，取得原料增值税专票一张，注明计税金额20 000元（假定退税率为13%），取得产品加工费计税金额4 000元（假定退税率为17%）。

试计算该企业4月份应退税额。

【解析】（1）140 000 × 13% = 18 200（元）

（2）10 500 ÷ （1 + 3%） × 3% + 4 000 × 3% = 425.83（元）

（3）20 000 × 13% + 4 000 × 17% = 3 280（元）

（4）8月份应退税额 = 18 200 + 425.83 + 3 280 = 21 905.83（元）

（五）熟悉出口货物和劳务退税的流程

出口退税主要流程如图2-1所示。

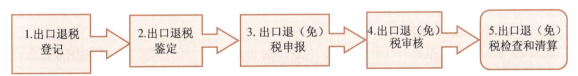

图2-1　出口退税主要流程

1. 出口退税登记

当从事货物或劳务出口的企业经有关部门批准获得出口经营权后，持相关批文及工商营业执照于批准之日起30日内向所在地主管出口退（免）税业务的税务主管机关申请办理退税登记。当税务主管机关对企业申请审核后无误，会要求企业填写"出口退税登记表"上报，税务主管机关在审核后发放"出口退税登记证"。

2. 出口退税鉴定

税务主管机关对企业的经营管理情况进行实地考察，了解企业的经营业务，根据企业的实际情况对企业所适用的相关税收法律法规进行鉴定，并且在税务主管机关归档，以便税务主管机关更好地管理企业的出口退税业务。

3. 出口退（免）税申报

企业在货物报关离境并在财务上进行出口销售确认处理后，填写"出口货物退（免）税申报表"，向税务机关提出申请，主管税务机关根据企业的申报来审核确定企业是否符合相关的出口退（免）税条件。企业出口货物的，需要在货物报关出口并在财务上进行销售确认处理后，按月申报"出口货物退（免）税申报表"。在申报的同时，还要提供办理出口退税的有效凭据；出口货物销售明细账；购进出口货物的增值税专用发票或普通发票；出口货物消费税专用发票；盖有海关验讫章的"出口货物报关单"和出口收汇凭证等。

4. 出口退（免）税审核

主管出口退税业务的主管税务机关接到出口企业的退税申请后，对出口企业的出口货物按规定程序逐项进行审核。审核无误的，应当逐级上报到负责出口退税审批的税务主管机关审查批准，并开具"收入退还书"，交当地银行（国库）办理退库手续。主管机关必须自接到申请之日起一个月内办完有关退（免）税手续。出口退税的审核、审批权限及工作程序，由省一级国税局和国税总局确定。出口退税的审批一般由省一级或直辖市一级国税局负责。

5. 出口退（免）税检查和清算

出口货物退税的检查和清算是为了防止企业在出口退税上骗取退税款，而由其税务机关进行全面审核的过程。税务机关应当深入企业调查核对有关退税凭证和账物，并根据实际情况决定对企业的出口退税和业务进行全面检查还是抽查。

—— 任务六 掌握增值税税收优惠和申报纳税 ——

一、增值税的税收优惠

（一）增值税的免税项目

（1）农业生产者销售的自产农产品，包含"公司＋农户"经营模式下，农户饲养畜禽，公司回收再销售的畜禽。

（2）避孕药品和用具。

（3）古旧图书，是指向社会收购的古书和旧书。

（4）直接用于科学研究、科学实验和教学的进口仪器、设备。

（5）外国政府、国际组织无偿援助的进口物资和设备。

（6）由残疾人组织直接进口供残疾人专用的物品。

（7）销售自己使用过的物品。

（二）营业税改征增值税试点过渡期间的免税规定

（1）托儿所、幼儿园提供的保育和教育服务。

托儿所、幼儿园，是指经县级以上教育部门审批成立、取得办园许可证的实施0~6岁学前教育的机构，包括公办和民办的托儿所、幼儿园、学前班、幼儿班、保育院、幼儿院。

公办托儿所、幼儿园免征增值税的收入，是指在省级财政部门和价格主管部门审核报省级人民政府批准的收费标准以内收取的教育费、保育费。

民办托儿所、幼儿园免征增值税的收入，是指在报经当地有关部门备案并公示的收费标准范围内收取的教育费、保育费。

超过规定收费标准的收费，以开办实验班、特色班和兴趣班等为由另外收取的费用以及与幼儿入园挂钩的赞助费、支教费等超过规定范围的收入，不属于免征增值税的收入。

（2）养老机构提供的养老服务。

养老机构，是指依照民政部的相关规定，为收住的老年人提供的生活照料、康复护理、精神慰藉、文化娱乐等服务的机构。

（3）残疾人福利机构提供的育养服务。

（4）婚姻介绍服务。

（5）殡葬服务。

殡葬服务，是指收费标准由各地价格主管部门会同有关部门核定，或者实行政府指导价管理的遗体接运（含抬尸、消毒）、遗体整容、遗体防腐、存放（含冷藏）、火化、骨灰寄存、吊唁设施设备租赁、墓穴租赁及管理等服务。

（6）残疾人员本人为社会提供的服务。

（7）医疗机构提供的医疗服务。

医疗机构，是指依据国务院及卫生部的规定，经登记取得"医疗机构执业许可证"的机构，以及军队、武警部队各级各类医疗机构。具体包括：各级各类医院、门诊部（所）、社区卫生服务中心（站）、急救中心（站）、城乡卫生院、护理院（所）、疗养院、临床检验中心，各级政府及有关部门举办的卫生防疫站（疾病控制中心）、各种专科疾病防治站（所），各级政府举办的妇幼保健所（站）、母婴保健机构、儿童保健机构，各级政府举办的血站（血液中心）等医疗机构。

本项所称的医疗服务，是指医疗机构按照不高于地（市）级以上价格主管部门会同同级卫生主管部门及其他相关部门制定的医疗服务指导价格（包括政府指导价和按照规定由供需双方协商确定的价格等）为就医者提供《全国医疗服务价格项目规范》所列的各项服务，以及医疗机构向社会提供卫生防疫、卫生检疫的服务。

（8）从事学历教育的学校提供的教育服务。

①学历教育，是指受教育者经过国家教育考试或者国家规定的其他入学方式，进入国家有关部门批准的学校或者其他教育机构学习，获得国家承认的学历证书的教育形式。具体包括：

A. 初等教育：普通小学、成人小学。

B. 初级中等教育：普通初中、职业初中、成人初中。

C. 高级中等教育：普通高中、成人高中和中等职业学校（包括普通中专、成人中专、职业高中、技工学校）。

D. 高等教育：普通本专科、成人本专科、网络本专科、研究生（博士、硕士）、高等教育自学考试、高等教育学历文凭考试。

②从事学历教育的学校，是指：

A. 普通学校。

B. 经地（市）级以上人民政府或者同级政府的教育行政部门批准成立，国家承认其学员学历的各类学校。

　　C. 经省级及以上人力资源和社会保障行政部门批准成立的技工学校、高级技工学校。

　　D. 经省级人民政府批准成立的技师学院。

　　上述学校均包括符合规定的从事学历教育的民办学校，但不包括职业培训机构等国家不承认学历的教育机构。

　　③提供教育服务免征增值税的收入，是指对列入规定招生计划的在籍学生提供学历教育服务取得的收入，具体包括：经有关部门审核批准并按规定标准收取的学费、住宿费、课本费、作业本费、考试报名费收入，以及学校食堂提供餐饮服务取得的伙食费收入。除此之外的收入，包括学校以各种名义收取的赞助费、择校费等，不属于免征增值税的范围。

　　学校食堂是指依照《学校食堂与学生集体用餐卫生管理规定》（中华人民共和国教育部、中华人民共和国卫生部令第14号）管理的学校食堂。

　　（9）学生勤工俭学提供的服务。

　　（10）农业机耕、排灌、病虫害防治、植物保护、农牧保险以及相关技术培训业务，家禽、牲畜、水生动物的配种和疾病防治。

　　农业机耕，是指在农业、林业、牧业中使用农业机械进行耕作（包括耕耘、种植、收割、脱粒、植物保护等）的业务；排灌，是指对农田进行灌溉或者排涝的业务；病虫害防治，是指从事农业、林业、牧业、渔业的病虫害测报和防治的业务；农牧保险，是指为种植业、养殖业、牧业种植和饲养的动植物提供保险的业务；相关技术培训，是指与农业机耕、排灌、病虫害防治、植物保护业务相关以及为使农民获得农牧保险知识的技术培训业务；家禽、牲畜、水生动物的配种和疾病防治业务的免税范围，包括与该项服务有关的提供药品和医疗用具的业务。

　　（11）纪念馆、博物馆、文化馆、文物保护单位管理机构、美术馆、展览馆、书画院、图书馆在自己的场所提供文化体育服务取得的第一道门票收入。

　　（12）寺院、宫观、清真寺和教堂举办文化、宗教活动的门票收入。

　　（13）行政单位之外的其他单位收取的符合《营业税改征增值税试点实施办法》第十条规定条件的政府性基金和行政事业性收费。

　　（14）个人转让著作权。

　　（15）个人销售自建自用住房。

　　（16）2018年12月31日前，公共租赁住房经营管理单位出租公共租赁住房。

　　公共租赁住房，是指纳入省、自治区、直辖市、计划单列市人民政府及新疆生产建设兵团批准的公共租赁住房发展规划和年度计划，并按照《关于加快发展公共租赁住房的指导意见》（建保〔2010〕87号）和市、县人民政府制定的具体管理办法进行管理的公共租赁住房。

　　（17）台湾航运公司、航空公司从事海峡两岸海上直航、空中直航业务在大陆取得的运输收入。

台湾航运公司，是指取得交通运输部颁发的"台湾海峡两岸间水路运输许可证"且该许可证上注明的公司登记地址在台湾的航运公司。

台湾航空公司，是指取得中国民用航空局颁发的"经营许可"或者依据《海峡两岸空运协议》和《海峡两岸空运补充协议》规定，批准经营两岸旅客、货物和邮件不定期（包机）运输业务，且公司登记地址在台湾的航空公司。

（18）纳税人提供的直接或者间接国际货物运输代理服务。

①纳税人提供直接或者间接国际货物运输代理服务，向委托方收取的全部国际货物运输代理服务收入，以及向国际运输承运人支付的国际运输费用，必须通过金融机构进行结算。

②纳税人为大陆与香港、澳门、台湾地区之间的货物运输提供的货物运输代理服务参照国际货物运输代理服务有关规定执行。

③委托方索取发票的，纳税人应当就国际货物运输代理服务收入向委托方全额开具增值税普通发票。

（19）以下利息收入。

①2016年12月31日前，金融机构农户小额贷款。

小额贷款，是指单笔且该农户贷款余额总额在10万元（含本数）以下的贷款。

所称农户，是指长期（一年以上）居住在乡镇（不包括城关镇）行政管理区域内的住户，还包括长期居住在城关镇所辖行政村范围内的住户和户口不在本地而在本地居住一年以上的住户，国有农场的职工和农村个体工商户。位于乡镇（不包括城关镇）行政管理区域内和在城关镇所辖行政村范围内的国有经济的机关、团体、学校、企事业单位的集体户；有本地户口，但举家外出谋生一年以上的住户，无论是否保留承包耕地均不属于农户。农户以户为统计单位，既可以从事农业生产经营，也可以从事非农业生产经营。农户贷款的判定应以贷款发放时的承贷主体是否属于农户为准。

②国家助学贷款。

③国债、地方政府债。

④中国人民银行对金融机构的贷款。

⑤住房公积金管理中心用住房公积金在指定的委托银行发放的个人住房贷款。

⑥外汇管理部门在从事国家外汇储备经营过程中，委托金融机构发放的外汇贷款。

⑦统借统还业务中，企业集团或企业集团中的核心企业以及集团所属财务公司按不高于支付给金融机构的借款利率水平或者支付的债券票面利率水平，向企业集团或者集团内下属单位收取的利息。

统借方向资金使用单位收取的利息，高于支付给金融机构借款利率水平或者支付的债券票面利率水平的，应全额缴纳增值税。

统借统还业务，是指企业集团或者企业集团中的核心企业向金融机构借款或对外发行债券取得资金后，将所借资金分拨给下属单位（包括独立核算单位和非独立核算单位，下同），并向下属单位收取用于归还金融机构或债券购买方本息的业务。

企业集团向金融机构借款或对外发行债券取得资金后，由集团所属财务公司与企业集团或者集团内下属单位签订统借统还贷款合同并分拨资金，并向企业集团或者集团内下属单位收取本息，再转付企业集团，由企业集团统一归还金融机构或债券购买方的业务。

（20）被撤销金融机构以货物、不动产、无形资产、有价证券、票据等财产清偿债务。

被撤销金融机构，是指经中国人民银行、中国银行业监督管理委员会（简称"银监会"）依法决定撤销的金融机构及其分设于各地的分支机构，包括被依法撤销的商业银行、信托投资公司、财务公司、金融租赁公司、城市信用社和农村信用社。除另有规定外，被撤销金融机构所属、附属企业，不享受被撤销金融机构增值税免税政策。

（21）保险公司开办的一年期以上人身保险产品取得的保费收入。

一年期以上人身保险，是指保险期间为一年期及以上返还本利的人寿保险、养老年金保险，以及保险期间为一年期及以上的健康保险。

人寿保险，是指以人的寿命为保险标的的人身保险。

养老年金保险，是指以养老保障为目的，以被保险人生存为给付保险金条件，并按约定的时间间隔分期给付生存保险金的人身保险。养老年金保险应当同时符合下列条件：保险合同约定给付被保险人生存保险金的年龄不得小于国家规定的退休年龄；相邻两次给付的时间间隔不得超过一年。

健康保险，是指以因健康原因导致损失为给付保险金条件的人身保险。

上述免税政策实行备案管理，具体备案管理办法按照《国家税务总局关于一年期以上返还性人身保险产品免征营业税审批事项取消后有关管理问题的公告》（国家税务总局公告2015年第65号）规定执行。

（22）下列金融商品转让收入。

①合格境外投资者（qualified foreign institutional investors，QFII）委托境内公司在我国从事证券买卖业务。

②香港市场投资者（包括单位和个人）通过沪港通买卖上海证券交易所上市 A 股。

③香港市场投资者（包括单位和个人）通过基金互认买卖内地基金份额。

④证券投资基金（封闭式证券投资基金，开放式证券投资基金）管理人运用基金买卖股票、债券。

⑤个人从事金融商品转让业务。

（23）金融同业往来利息收入。

①金融机构与中国人民银行所发生的资金往来业务。包括中国人民银行对一般金融机构贷款，以及中国人民银行对商业银行的再贴现等。

②银行联行往来业务。同一银行系统内部不同行、处之间所发生的资金账务往来业务。

③金融机构间的资金往来业务。是指经中国人民银行批准，进入全国银行间同业拆借市场的金融机构之间通过全国统一的同业拆借网络进行的短期（一年以下含一年）无担保资金融通行为。

④金融机构之间开展的转贴现业务。金融机构是指：

A. 银行，包括人民银行、商业银行、政策性银行。

B. 信用合作社。

C. 证券公司。

D. 金融租赁公司、证券基金管理公司、财务公司、信托投资公司、证券投资基金。

E. 保险公司。

F. 其他经中国人民银行、银监会、中国证券监督管理委员会、中国保险监督管理委员会批准成立且经营金融保险业务的机构等。

（24）同时符合下列条件的担保机构从事中小企业信用担保或者再担保业务取得的收入（不含信用评级、咨询、培训等收入），3 年内免征增值税。

①已取得监管部门颁发的融资性担保机构经营许可证，依法登记注册为企（事）业法人，实收资本超过 2 000 万元。

②平均年担保费率不超过银行同期贷款基准利率的 50%。平均年担保费率 = 本期担保费收入/（期初担保余额 + 本期增加担保金额）×100%。

③连续合规经营 2 年以上，资金主要用于担保业务，具备健全的内部管理制度和为中小企业提供担保的能力，经营业绩突出，对受保项目具有完善的事前评估、事中监控、事后追偿与处置机制。

④为中小企业提供的累计担保贷款额占其两年累计担保业务总额的 80% 以上，单笔 800 万元以下的累计担保贷款额占其累计担保业务总额的 50% 以上。

⑤对单个受保企业提供的担保余额不超过担保机构实收资本总额的 10%，且平均单笔担保责任金额最多不超过 3 000 万元人民币。

⑥担保责任余额不低于其净资产的 3 倍，且代偿率不超过 2%。

担保机构免征增值税政策采取备案管理方式。符合条件的担保机构应到所在地县（市）主管税务机关和同级中小企业管理部门履行规定的备案手续，自完成备案手续之日起，享受 3 年免征增值税政策。3 年免税期满后，符合条件的担保机构可按规定程序办理备案手续后继续享受该项政策。

具体备案管理办法按照《国家税务总局关于中小企业信用担保机构免征营业税审批事项取消后有关管理问题的公告》（国家税务总局公告 2015 年第 69 号）规定执行，其中税务机关的备案管理部门统一调整为县（市）级国家税务局。

（25）国家商品储备管理单位及其直属企业承担商品储备任务，从中央或者地方财政取得的利息补贴收入和价差补贴收入。

国家商品储备管理单位及其直属企业，是指接受中央、省（自治区）、市、县四级政府有关部门（或者政府指定管理单位）委托，承担粮（含大豆）、食用油、棉、糖、肉、盐（限于中央储备）6 种商品储备任务，并按有关政策收储、销售上述 6 种储备商品，取得财政储备经费或者补贴的商品储备企业。利息补贴收入，是指国家商品储备管理单位及其直属企业因承担上述商品储备任务从金融机构贷款，并从中央或者地方财政取得的用于偿还贷款利息的贴息收入。价差补贴收入包括销售价差补贴收入和轮换价差补贴收入。销售价差补贴收入，是指按照中央或者地方政府指令销售上述储备商品时，由于销售收入小于库存成本而从中央或者地方财政获得的全额价差补贴收入。轮换价差补贴收入，是指根据要求定期组织政策性储备商品轮换而从中央或者地方财政取得的商品新陈品质价差补贴收入。

（26）纳税人提供技术转让、技术开发和与之相关的技术咨询、技术服务。

①技术转让、技术开发，是指《销售服务、无形资产、不动产注释》中"转让技术""研发服务"范围内的业务活动。技术咨询，是指就特定技术项目提供可行性论证、技术预测、专题技术调查、分析评价报告等业务活动。

与技术转让、技术开发相关的技术咨询、技术服务，是指转让方（或者受托方）根据技术转让或者开发合同的规定，为帮助受让方（或者委托方）掌握所转让（或者委托开发）的技术，而提供的技术咨询、技术服务业务，且这部分技术咨询、技术服务的价款与技术转让或者技术开发的价款应当在同一张发票上开具。

②备案程序。试点纳税人申请免征增值税时，须持技术转让、开发的书面合同，到纳税人所在地省级科技主管部门进行认定，并持有关的书面合同和科技主管部门审核意见证明文件报主管税务机关备查。

（27）同时符合下列条件的合同能源管理服务。

节能服务公司实施合同能源管理项目相关技术，应当符合国家质量监督检验检疫总局和国家标准化管理委员会发布的《合同能源管理技术通则》（GB/T 24915—2010）规定的技术要求。

节能服务公司与用能企业签订节能效益分享型合同，其合同格式和内容，符合《中华人民共和国合同法》和《合同能源管理技术通则》等的规定。

（28）2017年12月31日前，科普单位的门票收入，以及县级及以上党政部门和科协开展科普活动的门票收入。

科普单位，是指科技馆、自然博物馆，对公众开放的天文馆（站、台）、气象台（站）、地震台（站），以及高等院校、科研机构对公众开放的科普基地。

科普活动，是指利用各种传媒以浅显的、让公众易于理解、接受和参与的方式，向普通大众介绍自然科学和社会科学知识，推广科学技术的应用，倡导科学方法，传播科学思想，弘扬科学精神的活动。

（29）政府举办的从事学历教育的高等、中等和初等学校（不含下属单位），举办进修班、培训班取得的全部归该学校所有的收入。

全部归该学校所有，是指举办进修班、培训班取得的全部收入进入该学校统一账户，并纳入预算全额上缴财政专户管理，同时由该学校对有关票据进行统一管理和开具。

举办进修班、培训班取得的收入进入该学校下属部门自行开设账户的，不予免征增值税。

（30）政府举办的职业学校设立的主要为在校学生提供实习场所、并由学校出资自办、由学校负责经营管理、经营收入归学校所有的企业，从事"销售服务、无形资产或者不动产注释"中"现代服务"（不含融资租赁服务、广告服务和其他现代服务）、"生活服务"（不含文化体育服务、其他生活服务和桑拿、氧吧）业务活动取得的收入。

（31）家政服务企业由员工制家政服务员提供家政服务取得的收入。

家政服务企业，是指在企业营业执照的规定经营范围中包括家政服务内容的企业。

员工制家政服务员，是指同时符合下列3个条件的家政服务员：

①依法与家政服务企业签订半年及半年以上的劳动合同或者服务协议，且在该企业实际上岗工作。

②家政服务企业为其按月足额缴纳了企业所在地人民政府根据国家政策规定的基本养老保险、基本医疗保险、工伤保险、失业保险等社会保险。对已享受新型农村养老保险和新型农村合作医疗等社会保险或者下岗职工原单位继续为其缴纳社会保险的家政服务员，如果本人书面提出不再缴纳企业所在地人民政府根据国家政策规定的相应的社会保险，并出具其所在乡镇或者原单位开具的已缴纳相关保险的证明，可视同家政服务企业已为其按月足额缴纳了相应的社会保险。

③家政服务企业通过金融机构向其实际支付不低于企业所在地适用的经省级人民政府批准的最低工资标准的工资。

（32）福利彩票、体育彩票的发行收入。

（33）军队空余房产租赁收入。

（34）为了配合国家住房制度改革，企业、行政事业单位按房改成本价、标准价出售住房取得的收入。

（35）将土地使用权转让给农业生产者用于农业生产。

（36）涉及家庭财产分割的个人无偿转让不动产、土地使用权。

家庭财产分割，包括下列情形：离婚财产分割；无偿赠与配偶、父母、子女、祖父母、外祖父母、孙子女、外孙子女、兄弟姐妹；无偿赠与对其承担直接抚养或者赡养义务的抚养人或者赡养人；房屋产权所有人死亡，法定继承人、遗嘱继承人或者受遗赠人依法取得房屋产权。

（37）土地所有者出让土地使用权和土地使用者将土地使用权归还给土地所有者。

（38）县级以上地方人民政府或自然资源行政主管部门出让、转让或收回自然资源使用权（不含土地使用权）。

（39）随军家属就业。

①为安置随军家属就业而新开办的企业，自领取税务登记证之日起，其提供的应税服务3年内免征增值税。

享受税收优惠政策的企业，随军家属必须占企业总人数的60%（含）以上，并有军（含）以上政治和后勤机关出具的证明。

②从事个体经营的随军家属，自办理税务登记事项之日起，其提供的应税服务3年内免征增值税。

随军家属必须有师以上政治机关出具的可以表明其身份的证明。

按照上述规定，每一名随军家属可以享受一次免税政策。

（40）军队转业干部就业。

①从事个体经营的军队转业干部，自领取税务登记证之日起，其提供的应税服务3年内免征增值税。

②为安置自主择业的军队转业干部就业而新开办的企业，凡安置自主择业的军队转业干部占企业总人数60%（含）以上的，自领取税务登记证之日起，其提供的应税服务3年内免征增值税。

享受上述优惠政策的自主择业的军队转业干部必须持有师以上部队颁发的转业证件。

（三）增值税即征即退

（1）一般纳税人提供管道运输服务，对其增值税实际税负超过3%的部分实行增值税即征即退政策。

（2）经中国人民银行、银监会或者商务部批准从事融资租赁业务的试点纳税人中的一般纳税人，提供有形动产融资租赁服务和有形动产融资性售后回租服务，对其增值税实际税负超过3%的部分实行增值税即征即退政策。

所称增值税实际税负，是指纳税人当期提供应税服务实际缴纳的增值税额占纳税人当期提供应税服务取得的全部价款和价外费用的比例。

（四）扣减增值税规定

（1）退役士兵创业就业。

①对自主就业退役士兵从事个体经营的，在3年内按每户每年8 000元为限额依次扣减其当年实际应缴纳的增值税、城市维护建设税、教育费附加、地方教育附加和个人所得税。限额标准最高可上浮20%，各省、自治区、直辖市人民政府可根据本地区实际情况在此幅度内确定具体限额标准，并报财政部和国家税务总局备案。

纳税人年度应缴纳税款小于上述扣减限额的，以其实际缴纳的税款为限；大于上述扣减限额的，应以上述扣减限额为限。纳税人的实际经营期不足一年的，应当以实际月份换算其减免税限额。换算公式为

减免税限额＝年度减免税限额÷12×实际经营月数

纳税人在享受税收优惠政策的当月，持"中国人民解放军义务兵退出现役证"或"中国人民解放军士官退出现役证"以及税务机关要求的相关材料向主管税务机关备案。

②对商贸企业、服务型企业、劳动就业服务企业中的加工型企业和街道社区具有加工性质的小型企业实体，在新增加的岗位中，当年新招用自主就业退役士兵，与其签订1年以上期限劳动合同并依法缴纳社会保险费的，在3年内按实际招用人数予以定额依次扣减增值税、城市维护建设税、教育费附加、地方教育附加和企业所得税优惠。定额标准为每人每年

4 000 元，最高可上浮 50%，各省、自治区、直辖市人民政府可根据本地区实际情况在此幅度内确定具体定额标准，并报财政部和国家税务总局备案。

所称服务型企业是指从事《销售服务、无形资产、不动产注释》中"不动产租赁服务""商务辅助服务"（不含货物运输代理和代理报关服务）、"生活服务"（不含文化体育服务）范围内业务活动的企业以及按照《民办非企业单位登记管理暂行条例》（中华人民共和国国务院令第 251 号）登记成立的民办非企业单位。

纳税年度终了，如果企业实际减免的增值税、城市维护建设税、教育费附加和地方教育附加小于核定的减免税总额，企业在企业所得税汇算清缴时扣减企业所得税。当年扣减不足的，不再结转以后年度扣减。

计算公式为

企业减免税总额 = Σ 每名自主就业退役士兵本年度在本企业工作月份 ÷ 12 × 定额标准

上述税收优惠政策的执行期限为 2016 年 5 月 1 日至 2016 年 12 月 31 日，纳税人在 2016 年 12 月 31 日未享受满 3 年的，可继续享受至 3 年期满为止。

（2）重点群体创业就业。

①对持"就业创业证"（注明"自主创业税收政策"或"毕业年度内自主创业税收政策"）或 2015 年 1 月 27 日前取得的"就业失业登记证"（注明"自主创业税收政策"或附着"高校毕业生自主创业证"）的人员从事个体经营的，在 3 年内按每户每年 8 000 元为限额依次扣减其当年实际应缴纳的增值税、城市维护建设税、教育费附加、地方教育附加和个人所得税。限额标准最高可上浮 20%，各省、自治区、直辖市人民政府可根据本地区实际情况在此幅度内确定具体限额标准，并报财政部和国家税务总局备案。

纳税人年度应缴纳税款小于上述扣减限额的，以其实际缴纳的税款为限；大于上述扣减限额的，应以上述扣减限额为限。

上述人员是指：

A. 在人力资源和社会保障部门公共就业服务机构登记失业半年以上的人员。

B. 零就业家庭、享受城市居民最低生活保障家庭劳动年龄内的登记失业人员。

C. 毕业年度内高校毕业生。高校毕业生是指实施高等学历教育的普通高等学校、成人高等学校毕业的学生；毕业年度是指毕业所在自然年，即 1 月 1 日至 12 月 31 日。

②对商贸企业、服务型企业、劳动就业服务企业中的加工型企业和街道社区具有加工性质的小型企业实体，在新增加的岗位中，当年新招用在人力资源社会保障部门公共就业服务机构登记失业半年以上且持"就业创业证"或 2015 年 1 月 27 日前取得的"就业失业登记证"（注明"企业吸纳税收政策"）人员，与其签订 1 年以上期限劳动合同并依法缴纳社会保险费的，在 3 年内按实际招用人数予以定额依次扣减增值税、城市维护建设税、教育费附加、地方教育附加和企业所得税优惠。定额标准为每人每年 4 000 元，最高可上浮 30%，各省、自治区、直辖市人民政府可根据本地区实际情况在此幅度内确定具体定额标准，并报财政部和国家税务总局备案。

按上述标准计算的税收扣减额应在企业当年实际应缴纳的增值税、城市维护建设税、教育费附加、地方教育附加和企业所得税税额中扣减，当年扣减不足的，不得结转下年使用。

所称服务型企业是指从事《销售服务、无形资产、不动产注释》中"不动产租赁服务""商务辅助服务"（不含货物运输代理和代理报关服务）、"生活服务"（不含文化体育服务）范围内业务活动的企业以及按照《民办非企业单位登记管理暂行条例》（中华人民共和国国务院令第 251 号）登记成立的民办非企业单位。

上述税收优惠政策的执行期限为 2016 年 5 月 1 日至 2016 年 12 月 31 日，纳税人在 2016 年 12 月 31 日未享受满 3 年的，可继续享受至 3 年期满为止。

（3）金融企业发放贷款后，自结息日起 90 天内发生的应收未收利息按现行规定缴纳增值税，自结息日起 90 天后发生的应收未收利息暂不缴纳增值税，待实际收到利息时按规定缴纳增值税。

上述所称金融企业，是指银行（包括国有、集体、股份制、合资、外资银行以及其他所有制形式的银行）、城市信用社、农村信用社、信托投资公司、财务公司。

（4）个人将购买不足 2 年的住房对外销售的，按照 5% 的征收率全额缴纳增值税；个人将购买 2 年以上（含 2 年）的住房对外销售的，免征增值税。上述政策适用于北京市、上海市、广州市和深圳市之外的地区。

个人将购买不足 2 年的住房对外销售的，按照 5% 的征收率全额缴纳增值税；个人将购买 2 年以上（含 2 年）的非普通住房对外销售的，以销售收入减去购买住房价款后的差额按照 5% 的征收率缴纳增值税；个人将购买 2 年以上（含 2 年）的普通住房对外销售的，免征增值税。上述政策仅适用于北京市、上海市、广州市和深圳市。

（五）增值税起征点的规定

纳税人销售额未达到国务院财政、税务主管部门规定的起征点的免征增值税。增值税起征点的适用范围仅限于个人（不包括认定为一般纳税人的个体工商户）。

增值税起征点的幅度规定如下：

（1）销售货物、应税劳务或应税服务的，为月销售额 5 000 ~ 20 000 元（含本数）。

（2）按次纳税的，为每次（日）销售额 300 ~ 500 元（含本数）。

（六）其他有关减免税规定

（1）纳税人兼营免税、减税项目的，应当分别核算免税、减税项目的销售额；未分别核算销售额的，不得免税、减税。

（2）纳税人销售货物或者提供应税劳务和应税服务适用免税规定的，可以放弃免税。放弃免税后，36 个月内不得再申请免税。纳税人提供应税服务同时适用免税和零税率规定的，优先适用零税率。

①生产和销售免征增值税货物和劳务的纳税人要求放弃免税权，应当以书面形式提交放弃免税权声明，报主管税务机关备案。纳税人自提交备案资料的次月起，按照现行有关规定计算缴纳增值税。

②放弃免税权的纳税人符合一般纳税人认定条件尚未认定为增值税一般纳税人的，应当按现行规定认定为增值税一般纳税人，其销售的货物或劳务以及应税服务可开具增值税专用发票。

③纳税人一经放弃免税权，其生产销售的全部增值税应税货物或劳务以及应税服务均应按照适用税率征税，不得选择某一免税项目放弃免税权，也不得根据不同的销售对象选择部分货物或者劳务以及应税服务放弃免税权。

④纳税人在免税期间内购进用于免税项目的货物或者应税劳务以及应税服务所取得的增值税扣税凭证，一律不得抵扣。

（3）安置残疾人单位既符合促进残疾人就业增值税优惠政策条件，又符合其他增值税优惠政策条件的，可同时享受多项增值税优惠政策，但年度申请退还增值税总额不得超过本年度内应纳增值税总额。

小组讨论

某农家乐，利用天然湖泊创办了垂钓中心，对游客开放。其经营方式为从养殖业户成批购进活鱼投入湖中，供游客垂钓，并按垂钓者所钓鱼的重量收取费用。开张以来，生意红火，收入颇丰。申报纳税时，经营者按销售免税农产品申报免税。税务主管部门审核时不予认可，请问不予认可的理由是什么？

二、增值税的申报纳税

（一）纳税义务发生时间

（1）采取直接收款方式销售货物，不论货物是否发出，均为收到销售额或取得索取销售款凭据的当天；采取直接收款方式销售货物，已将货物移送，对方暂估销售收入入账，但既未取得销售款或取得索取销售款凭据，也未开具销售发票的，其增值税纳税义务发生时间为取得销售款或取得索取销售款凭据的当天；先开具发票的，为开具发票的当天。

（2）采取托收承付和委托银行收款方式销售货物，为发出货物并办妥托收手续的当天。

（3）采取赊销和分期收款方式销售货物，为书面合同约定的收款日期的当天。无书面合同的或者书面合同没有约定收款日期的，为货物发出的当天。

（4）采取预收货款方式销售货物为货物发出的当天。但生产销售生产工期超过 12 个月的大型机械设备、船舶、飞机等货物，为收到预收款或者书面合同约定的收款日期的当天。

（5）委托其他纳税人代销货物，为收到代销单位的代销清单或者收到全部或者部分货款的当天。未收到代销清单或者货款的，为发出代销货物满 180 天的当天。

（6）销售应税劳务，为提供劳务同时收讫销售额或索取销售额的凭据的当天。

（7）纳税人发生视同销售货物行为，为货物移送的当天。

（8）进口货物，为报关进口的当天。

（9）纳税人提供有形动产租赁服务采取预收款方式的，其纳税义务发生时间为收到预收款的当天。

（10）纳税人发生视同提供应税服务的，其纳税义务发生时间为应税服务完成的当天。

上述销售货物或应税劳务、应税服务纳税义务发生时间的规定，明确了企业对"当期销项税额"的时间限定。企业必须按上述规定的时限及时、准确地记录销售额和计算当期销项税额。

（二）纳税期限

增值税纳税期限，有按期纳税和按次纳税两种。根据条例规定，按期纳税分别为 1 日、3 日、5 日、10 日、15 日、1 个月或者 1 个季度。纳税人的具体纳税期限，由主管税务机关根据纳税人应纳税额的大小分别核定。不能按照固定期限纳税的，可以按次纳税。以 1 个季度为纳税期限的规定仅限于小规模纳税人。小规模纳税人的具体纳税期限，由主管税务机关根据其应纳税额的大小分别核定。

纳税人以 1 个月或者 1 个季度为一纳税期的，自期满之日起 15 日内申报纳税；以 1 日、3 日、5 日、10 日或者 15 日为一期纳税的，自期满之日起 5 日内预缴税款，于次月 1 日起 15 日内申报纳税并结清上月应纳税款。

扣缴义务人解缴税款的期限，依照前两款规定执行。

纳税人进口货物，应当自海关填发进口增值税专用缴款书之日起 15 日内缴纳税款。

纳税人出口货物适用退（免）税规定的，应当向海关办理出口手续，凭出口报关单等有关凭证，在规定的出口退（免）税申报期内按月向主管税务机关申报办理该项出口货物的退（免）税。

出口货物办理退税后发生退货或者退关的，纳税人应当依法补缴已退的税款。

（三）纳税地点

为了保证纳税人按期申报纳税，根据企业跨地区经营和搞活商品流通的特点及不同情况，税法还具体规定了增值税的纳税地点。

（1）固定业户应当向其机构所在地的主管税务机关申报纳税。总机构和分支机构不在同一县（市）的，应当分别向各自所在地的主管税务机关申报纳税；经国务院财政、税务主管部门或其授权的财政、税务机关批准，可以由总机构汇总向其机构所在地的主管税务机关申报纳税。

（2）固定业户到外县（市）销售货物或者应税劳务，应当向其机构所在地的主管税务机关申请开具外出经营活动税收管理证明，并向其机构所在地的主管税务机关申报纳税；未开具证明的，应当向销售地或者劳务发生地的主管税务机关申报纳税；未向销售地或者劳务发生地的主管税务机关申报纳税的，由其机构所在地的主管税务机关补征税款。

（3）非固定业户销售货物或者应税劳务，应当向销售地或者劳务发生地的主管税务机关申报纳税；未向销售地或者劳务发生地的主管税务机关申报纳税的，由其机构所在地或者居住地的主管税务机关补征税款。

（4）进口货物，应当向报关地海关申报纳税。

（5）扣缴义务人应当向其机构所在地或者居住地的主管税务机关申报缴纳其扣缴的税款。

（四）增值税纳税申报资料

（1）增值税一般纳税人（简称"一般纳税人"）纳税申报表及其附报资料包括：

①增值税纳税申报表（一般纳税人适用）。

②增值税纳税申报附列资料（一）（本期销售情况明细表）。

③增值税纳税申报表附列资料（二）（本期进项税额明细表）。

④增值税纳税申报表附列资料（三）（应税服务扣除项目明细）。一般纳税人提供应税服务，在确定应税服务销售额时，按照有关规定可以从取得的全部价款和价外费用中扣除价款的，需填报增值税纳税申报表附列资料（三）。其他情况下不填写该附列资料。

⑤增值税纳税申报表附列资料（四）（税收抵减情况表）。

⑥固定资产进项税额抵扣情况表。

（2）增值税小规模纳税人（简称"小规模纳税人"）纳税申报表及其附报资料包括：

①增值税纳税申报表（小规模纳税人适用）。

②增值税纳税申报表（小规模纳税人适用）附列资料。小规模纳税人提供应税服务，在确定应税服务销售额时，按照有关规定可以从取得的全部价款和价外费用中扣除价款的，需填报增值税纳税申报表（小规模纳税人适用）附列资料，其他情况下不填写该附列资料。

（3）纳税申报的其他资料：

①已开具的税控机动车销售统一发票和普通发票的存根联。

②符合抵扣条件且在本期申报抵扣的防伪税控增值税专用发票、货物运输业增值税专用发票、税控机动车销售统一发票的抵扣联。

③符合抵扣条件且在本期申报抵扣的海关进口增值税专用缴款书、购进免税农产品取得的普通发票、铁路运输发票、铁路运输费用结算单据的复印件。

④符合抵扣条件且在本期申报抵扣的中华人民共和国税收缴款凭证及其清单，书面合同、付款证明和境外单位的对账单或者发票。

⑤已开具的农产品收购凭证的存根联或报查联。

⑥纳税人提供应税服务，在确定应税服务销售额时，按照有关规定从取得的全部价款和价外费用中扣除价款的合法凭证及其清单。

⑦主管税务机关规定的其他资料。

（4）纳税申报表及其附列资料为必报资料。纳税申报其他资料的报备要求由各省、自治区、直辖市和计划单列市国家税务总局确定。

任务七 熟悉增值税专用发票使用和管理制度

增值税实行凭国家印发的增值税专用发票注明的税款进行抵扣的制度。增值税专用发票（简称"专用发票"）不仅是纳税人经济活动中的重要商事凭证，而且是销货方销项税额和购进方进项税额进行税款抵扣的凭证。对增值税的计算、纳税和管理起着决定性的作用。因此，正确使用和管理增值税专用发票是非常重要的。国家税务总局在 1993 年 12 月 30 日颁布《增值税专用发票使用规定》，之后多次进行补充和修订。

一、增值税专用发票的基本规定

一般纳税人必须通过增值税发票税控系统（简称"税控系统"）使用专用发票。使用，包括领购、开具、缴销、认证纸质专用发票及其相应的数据电文。

税控系统，是指全国统一推行的，使用专用设备和通用设备、运用数字密码和电子存储技术管理专用发票的计算机管理系统。专用设备是指金税卡、IC 卡（integrated circuit card，集成电路卡）、金税盘、税控盘、读卡器和其他设备。通用设备是指计算机、打印机、扫描器具和其他设备。

（一）专用发票联次

专用发票由基本联次或者基本联次附加其他联次构成，基本联次为三联：发票联（红联）、抵扣联（绿联）和记账联（蓝联）。发票联，作为购买方核算采购成本和增值税进项税额的记账凭证；抵扣联，作为购买方报送主管税务机关认证和留存备查的凭证；记账联，作为销售方核算销售收入和增值税销项税额的记账凭证。其他联次用途，由一般纳税人自行确定。

货物运输业增值税专用发票分为三联票和六联票，第一联为记账联，是承运人记账凭证；第二联为抵扣联，是受票方扣税凭证；第三联为发票联，是受票方记账凭证；第四联至第六联由发票使用单位自行安排使用。

（二）专用发票开票限额

增值税专用发票实行最高开票限额管理。最高开票限额，是指单份专用发票或货运专用发票开具的销售额合计数不得达到的上限额度。

最高开票限额由一般纳税人申请，区县税务机关审批。一般纳税人申请最高开票限额时，需要填报"增值税专用发票最高开票限额申请单"。主管税务机关受理申请以后，根据需要进行实地查验。实地查验的范围和方法由各省国家税务机关确定。

税务机关应根据纳税人实际生产经营和销售情况进行审批，保证纳税人生产经营的正常需要。

（三）专用发票开具要求

专用发票应按下列要求开具：

（1）项目齐全，与实际交易相符。

（2）字迹清楚，不得压线、错格。

（3）发票联和抵扣联加盖发票专用章。

（4）按照增值税纳税义务的发生时间开具。

对于不符合上述要求的专用发票，购买方有权拒收。

一般纳税人销售货物或者提供应税劳务可汇总开具专用发票。汇总开具专用发票的，同时使用防伪税控系统开具"销售货物或者提供应税劳务清单"（如表 2 - 3 所示），并加盖财务专用章或发票专用章。

表 2 - 3　销售货物或者提供应税劳务清单

购买方名称：

销售方名称：

所属增值税专用发票代码：　　　　号码：　　　　　　　　　　　　共　页　第　页

序号	货物（劳务）名称	规格型号	单位	数量	单价	金额	税率	税额
备注								

填开日期：　　年　月　日

注：本清单一式两联。第一联，销售方留存；第二联，销售方送交购买方。

练一练

连线题

税收通用设备

税收专用设备

金税卡
计算机
税控盘
打印机
扫描仪
IC 卡
读卡器

二、增值税专用发票的领购和使用规则

（一）增值税专用发票领购

1. 初始发行

一般纳税人领购专用设备后，凭最高开票限额申请表、发票领购簿到主管税务机关办理初始发行。

初始发行，是指主管税务机关将一般纳税人的下列信息载入空白金税卡和 IC 卡的行为。

（1）企业名称。

（2）税务登记代码。

（3）开票限额。

（4）购票限额。

（5）购票人员姓名、密码。

（6）开票机数量。

（7）国家税务总局规定的其他信息。

2. 专用发票领购

一般纳税人凭发票领购簿、IC 卡或报税盘和经办人身份证证明领购专用发票。

一般纳税人有下列情形之一的，不得领用开具专用发票：

（1）会计核算不健全，不能向税务机关准确提供增值税销项税额、进项税额、应纳税额数据及其他有关增值税税务资料的。

（2）存在《税收征管法》规定的税收违法行为，拒不接受税务机关处理的。

（3）有下列行为之一的，经税务机关责令限期改正而仍未改正的：

①虚开增值税专用发票。

②私自印制专用发票。

③向税务机关以外的单位和个人购买专用发票。

④借用他人专用发票。

⑤未按规定开具专用发票。

⑥未按规定保管专用发票和专用设备的，有下列情形之一的，为未按规定保管专用发票和专用设备：未设专人保管专用发票和专用设备；未按税务机关要求存放专用发票和专用设备；未将认证相符的专用发票抵扣联、认证结果通知书和认证结果清单装订成册；未经税务机关查验，擅自销毁专用发票基本联次。

⑦未按规定申请办理防伪税控系统变更发行。

⑧未按规定接受税务机关检查。

有上列情形的，如已领购专用发票，主管税务机关应暂扣其结存的专用发票和 IC 卡。

（二）增值税专用发票的使用规则

1. 增值税专用发票的开具范围

一般纳税人销售货物（包括视同销售货物在内）、应税劳务和应税服务以及应当征收增值税的非应税劳务即混合销售行为和兼营的非应税劳务（简称"应税项目"），必须向购买方开具增值税专用发票。但有下列情形之一的，不得开具专用发票：

（1）商业企业一般纳税人零售的烟、酒、食品、服装、鞋帽（不包括劳保专用部分）、化妆品等消费品。

（2）销售免税项目。

（3）销售报关出口的货物，在境外销售应税劳务。

（4）将货物用于非应税项目。

（5）将货物用于集体福利或个人消费。

（6）提供非应税劳务、转让无形资产或销售不动产。

特别注意：小规模纳税人需要开具专用发票的，可向主管税务机关申请代开。

 练一练

1. 单项选择题

下列业务中，一般纳税人允许开具增值税专用发票的是（　　）。

A. 向个人提供公共交通服务　　　　B. 向一般纳税人销售免税货物

C. 向一般纳税人销售货物　　　　　D. 向一般纳税人销售房屋

2. 多项选择题

下列可以使用增值税专用发票的是（　　）。

A. 自来水公司向工厂销售自来水　　B. 自来水公司向居民销售自来水

C. 铁路公司为大型超市运输货物　　D. 铁路公司运送旅客

2. 增值税专用发票的作废处理

专用发票的作废处理有即时作废和符合条件的作废两种。即时作废是指开具时发现有误的；符合条件的作废是指一般纳税人在开具专用发票的当月，发生销售退回或销售折扣、开票有误等情形，收到退回的发票联、抵扣联符合作废条件的。同时具有下列情形的，为具备作废条件：

（1）收到退回的发票联、抵扣联时间未超过销售方开票当月（即开票当月退回）。

（2）销售方未抄税并且未记账。

（3）购买方未认证或者认证结果为"纳税人识别号认证不符""专用发票代码、号码认证不符"。

作废发票须在防伪税控系统中将相应的数据电文按"作废"处理，在纸质专用发票（含未打印的专用发票）各联次上注明"作废"字样，全部联次留存。

3. 红字增值税专用发票的开具

一般纳税人取得专用发票后，发生销货退回、开票有误等情形但不符合作废条件的，或者因销货部分退回及发生销售折让的，纳税人通过网络或办税大厅将拟开具红字专用发票数据采集录入系统，系统自动进行数据逻辑校验，通过校验后生成开具红字专用发票信息表编号，纳税人即可开具红字专用发票，购买方应向主管税务机关填报"开具红字增值税专用发票申请单"。

练一练

判断题

（1）纳税人取得的增值税专用发票只有在法定的时间内认证相符才可以抵扣进项税额。（ ）

（2）对于不能领购专用发票的个体经营者和其他纳税人以及其他单位或个人发生增值税应税行为，需要开具专用发票时，可向其主管税务机关申请代开专用发票。（ ）

三、增值税专用发票不得抵扣进项税额的情形

（一）不得作为增值税进项税额抵扣的情形

经认证，有下列情形之一的，不得作为增值税进项税额的抵扣凭证，税务机关退还原件，购买方可要求销售方重新开具专用发票。

（1）无法认证，是指专用发票所列密文或者明文不能辨认，无法产生认证结果。

（2）纳税人识别号认证不符，是指专用发票所列购买方纳税人识别号有误。

（3）专用发票代码、号码认证不符，是指专用发票所列密文解释后与所列的明文的代码或者号码不一致。

（二）暂时不得作为增值税进项税额抵扣的情形

经认证，有下列情形之一的，暂时不得作为增值税进项税额的抵扣凭证，税务机关扣留原件，查明原因，分别情况进行处理。

（1）重复认证，是指已经认证相符的同一张专用发票再次认证。

（2）密文有误，是指专用发票所列密文无法解释。

（3）认证不符，是指纳税人识别号有误，或者专用发票所列密文解释后与所列的明文的代码或者号码不一致。［不含上述（一）中的第2项、第3项所列情形。］

（4）列为失控专用发票，是指认证时的专用发票已被登记为失控专用发票。包括认证时失控和认证后失控。

（三）对丢失已开具专用发票的发票联和抵扣联的处理

（1）一般纳税人丢失已开具专用发票的发票联和抵扣联，如果丢失前已认证相符的，购买方凭销售方提供的相应专用发票记账联复印件及销售方所在地主管税务机关出具的"丢失增值税专用发票发票已报税证明单"，可作为增值税进项税额的抵扣凭证。

如果丢失前未认证的，购买方凭销售方提供的相应专用发票记账联复印件到主管税务机关进行认证，认证相符的凭该专用发票记账联复印件及销售方所在地主管税务机关出具的"丢失增值税专用发票发票已报税证明单"，可作为增值税进项税额的抵扣凭证。

（2）一般纳税人丢失增值税专用发票的抵扣联，如果丢失前已认证相符的，可使用专用发票发票联复印件留存备查；如果丢失前未认证的，可使用专用发票发票联到主管税务机关认证，专用发票发票联复印件留存备查。

（3）一般纳税人丢失已开具专用发票的发票联，可将抵扣联作为记账凭证，可将专用发票抵扣联复印件留存备查。

（4）丢失货运专票的处理，按照上述专用发票的有关规定处理，承运方主管税务机关出具"丢失货物运输业增值税专用发票已报税证明单"。

练一练

连线题

	密文有误
不得抵扣，重新开具	抵扣联丢失
	认证不符
暂时不得抵扣	纳税人识别号认证不符
	发票号码不符
	失控专用发票

本项目小结

1. 增值税是我国税收收入中来源最大的税种。基于增值税的中性，世界各国在流转环节征税时普遍征收增值税。营业税改增值税后，增值税将覆盖商品和服务的全部流转环节。

2. 本项目内容学习的核心内容是增值税的计算和纳税申报表的填报。增值税的征收范围、纳税人以及税率的规定是其计算的基础。由于纳税人不同，适用税率和计算方法也不同，其中一般纳税人的计算、填报是重点。

3. 将增值税纳税人分为一般纳税人和小规模纳税人进行管理。一般纳税人采取凭发票抵扣税款的计税制度，计税的关键是正确计算销项税额和进项税额。增值税一般纳税人应纳税额的计算公式为：应纳税额 = 销项税额 - 进项税额。小规模纳税人采取简易计税制度，计算公式为：应纳税额 = 销售额 × 征收率。

4. 增值税专用发票既是商事凭证又是扣税凭证，增值税暂行条例及其相关法规对专用发票的使用范围、不得开具的情形以及处罚有非常明确的规定。随着"金税工程"的建立和推进，增值税专用发票的开具、认证等已纳入网络信息管理系统，增值税的申报和缴纳也已实现网上操作。

本项目主要参考资料

[1] 中华人民共和国国务院. 中华人民共和国增值税暂行条例. 国务院令第538号.

[2] 中华人民共和国财政部，国家税务总局. 中华人民共和国增值税暂行条例实施细则. 中华人民共和国财政部、国家税务总局令第50号.

[3] 国家税务总局. 国家税务总局关于修订《增值税专用发票使用规定》的通知. 国税发〔2006〕156号.

[4] 中华人民共和国财政部，国家税务总局. 关于全面推开营业税改征增值税试点的通知. 财税〔2016〕36号.

[5] 国家税务总局. 国家税务总局关于全面推开营业税改征增值税试点后增值税纳税申报有关事项的公告. 国家税务总局公告2016年第13号.

[6] 国家税务总局. 国家税务总局关于发布《纳税人转让不动产增值税征收管理暂行办法》的公告. 国家税务总局公告2016年第14号.

[7] 国家税务总局. 国家税务总局关于发布《纳税人提供不动产经营租赁服务增值税征收管理暂行办法》的公告. 国家税务总局公告2016年第16号.

[8] 国家税务总局. 国家税务总局关于全面推开营业税改征增值税试点有关税收征收管理事项的公告. 国家税务总局公告2016年第23号.

[9] 中华人民共和国财政部，国家税务总局. 财政部 国家税务总局关于全面推开营业税改征增值税试点的通知. 财税〔2016〕36号.

自测练习题

一、单项选择题

1. 增值税的最大特点在于不是按商品额流转全额征税，而是按照部分流转额即（ ）征税。

A. 流转额 B. 税额 C. 增值额 D. 余额

2. 下列纳税人中，不能认定为增值税一般纳税人的是（ ）。

A. 年销售额为60万元的从事货物生产的个体经营者

B. 年销售额为120万元的从事货物生产的个人

C. 年销售额为60万元的从事货物生产的食品加工厂

D. 年销售额为600万元的从事货物运输的物流公司

3. 按照对外购入固定资产价值的处理方式，可以将增值税划分为不同的类型。目前我国实行的增值税属于（ ）。

A. 消费型增值税 B. 收入型增值税

    C. 生产型增值税   D. 实耗型增值税

4. 目前我国增值税实行 ( ) 抵扣制度。

    A. 按需   B. 随机   C. 顺序   D. 凭票

5. 用来计算销项税额的销售额不包括 ( )。

    A. 全部价款   B. 价外向购买方收取的手续费

    C. 延期付款利息   D. 代为收取的政府性基金

6. 计算增值税时,销售额包括 ( )。

    A. 向购买方收取的销项税额或增值税额

    B. 受托加工应征消费税的消费品所代收代缴的消费税

    C. 代收代垫款项

    D. 政府性基金

7. 下列关于销项税额确认时间的正确说法是 ( )。

    A. 购销方式销售的,为将提货单交给卖方的当天

    B. 直接收款方式销售的,为发货当天

    C. 预收货款方式销售的,为收款当天

    D. 将自产货物用于集体福利和个人消费的为货物移送当天

8. 下列项目中应确认收入计算销项税额的项目有 ( )。

    A. 将购买的货物用于集体福利

    B. 将购买的货物用于非应税项目

    C. 将购买的货物委托加工单位加工后收回继续生产使用的货物

    D. 将购买的货物用于对其他单位的投资

9. 以下交易中不征收增值税的是 ( )。

    A. 销售小轿车   B. 提供运输劳务

    C. 为雇主提供加工劳务   D. 提供通信服务

10. 以下交易中不征收增值税的是 ( )。

    A. 进口香烟   B. 在境外提供电信服务

    C. 销售图书   D. 提供机器修理服务

11. 以下行为不应视同销售缴纳增值税的是 ( )。

    A. 将自产货物分发给职工作为福利

    B. 将委托加工货物分发给职工作为福利

    C. 将自产货物用于个人消费

    D. 将委托加工货物用于连续加工

12. 销售或进口的以下货物,税率为 17% 的是 ( )。

    A. 鲜奶   B. 图书   C. 自行车   D. 饲料

13. 销售或进口的以下货物,税率为 13% 的是 ( )。

A. 天然气   B. 衣服   C. 鞋子   D. 电饭煲

14. 销售或进口的以下货物，不适用 17% 的税率的是（   ）。

     A. 羽毛球   B. 食用植物油   C. 手机   D. 电视

15. 销售或进口的以下货物，不适用 13% 的税率的是（   ）。

     A. 煤气   B. 化肥   C. 台灯   D. 杂志

16. 以下属于免征增值税的为（   ）。

     A. 报纸   B. 轿车   C. 转让企业产权   D. 高尔夫球具

17. 以下属于免征增值税的为（   ）。

     A. 古旧图书   B. 果汁   C. 啤酒   D. 农膜

18. 以下不属于免征增值税的为（   ）。

     A. 直接用于科学研究、科学实验和教学的进口仪器和设备

     B. 农产品、金属矿采选产品、非金属矿采选产品

     C. 外国政府、国际组织无偿援助的进口物资和设备

     D. 由残疾人组织直接进口的供残疾人专用的物品

19. 下列项目中，不得从计税销售额中扣除的有（   ）。

     A. 折扣额与销售额同开在一张发票情形下的折扣额

     B. 销售折扣额

     C. 销售折让额

     D. 销售退货额

20. 某酒厂为一般纳税人。本月向一小规模纳税人销售白酒，开具普通发票上注明金额 93 600 元，同时收取单独核算的包装物押金 2 000 元（尚未逾期）。此业务中，酒厂应计算的销项税额为（   ）。

     A. 13 600 元   B. 13 890.60 元   C. 15 011.32 元   D. 15 301.92 元

21. 下列进项税额可以从销项税额中抵扣的是（   ）。

     A. 外购货物或应税劳务用于个人消费   B. 外购货物或应税劳务用于连续生产

     C. 外购货物或应税劳务用于免税项目   D. 非正常损失的购进货物的进项税额

22. 某工厂（一般纳税人）购进免税农产品一批已入库，支付给农业生产者收购凭证上注明的价格为 60 000 元（含烟叶税 2 000 元），为该货物支付的运费 500 元（取得增值税专用发票），该项业务准允抵扣的进项税额为（   ）。

     A. 5 835 元   B. 6 000 元   C. 7 855 元   D. 6 050 元

23. 某加工企业为增值税小规模纳税人，2014 年 12 月购进货物取得普通发票，共计支付 12 000 元。另经主管税务机关核准购进税控收款机一台，共计 5 850 元，取得普通发票。本月销售货物取得收入 158 080 元。则 12 月份应缴纳的增值税为（   ）元。

     A. 4 604.3   B. 6 080   C. 8 098   D. 8 948

24. 某纳税人购进的原材料被盗，其成本为 85 万元，其中免税农产品 15 万元，应转出

的进项税额是（　　）万元。

    A. 14.45   B. 14.14   C. 13.85   D. 0.44

25. 以下不是增值税纳税期限的是（　　）。

    A. 3 日   B. 5 日   C. 7 日   D. 10 日

26. 新办小型商贸企业在认定为一般纳税人之前，一律按小规模纳税人计税，一年内销售额达到或超过（　　）万元后，可申报一般纳税人。

    A. 50   B. 100   C. 150   D. 80

27. 增值税起征点的规定，只适用于（　　）。

    A. 企业   B. 事业单位   C. 自然人个人   D. 个体经营

28. 按照增值税法的相关规定，下列货物出口不免税也不退税的是（　　）。

    A. 出口卷烟   B. 承包国外高铁项目的货物

    C. 天然牛黄和麝香   D. 外贸企业出口机械设备

29. 下列属于零税率项目的是（　　）。

    A. 资质完备的国际运输服务

    B. 工程、矿产资源在境外的工程勘察勘探服务

    C. 会议展览地点在境外的会议展览服务

    D. 存储地点在境外的仓储服务

30. 图纸审核服务、环境评估服务、医疗事故鉴定服务，按照（　　）征收增值税。

    A. 鉴证服务   B. 文化服务   C. 创意服务   D. 设计服务

二、多项选择题

1. 按照外购固定资产处理方式的不同，可将增值税划分为（　　）。

    A. 生产型增值税   B. 收入型增值税

    C. 服务型增值税   D. 消费型增值税

2. 下列（　　）属于增值税防伪税控专用设备。

    A. 金税卡   B. IC 卡   C. 读卡器   D. 打印机

3. 两个或者两个以上的纳税人，经（　　）批准可以视为一个纳税人合并纳税。

    A. 财政部   B. 国家税务总局

    C. 省级国家税务局   D. 市级国家税务局

4. 纳税人销售（　　）适用 17% 税率。

    A. 电视机   B. 化肥   C. 卷烟   D. 石油液化气

5. 下列价外收费应并入销售额计算应纳增值税额的是（　　）。

    A. 向购买方收取的手续费

    B. 向购买方收取的销项税额

    C. 向购买方收取的运输装卸费

    D. 受托加工应征消费税的消费品所代收代缴的消费税

6. 下列项目免征增值税 (   )。

　A. 农业生产者销售的自产农产品　　　B. 将自产货物用于集体福利

　C. 销售避孕药品和用具　　　　　　　D. 销售居民用煤炭制品

7. 增值税销货方在开具增值税专用发票时，应交付买方的发票为 (   )。

　A. 存根联　　　B. 税款抵扣联　　　C. 发票联　　　D. 记账

8. 下列经营收入在并入销售额计算销项税额时，需换算为不含税销售额的有 (   )。

　A. 混合销售涉及的非应税劳务收入　　B. 销售自己使用过的货物

　C. 逾期没收的包装物押金收入　　　　D. 向购买方收取的各项价外费用

9. 以下交易中不征收增值税的是 (   )。

　A. 销售商品房　　　　　　　　　　　B. 转让土地使用权

　C. 销售小轿车　　　　　　　　　　　D. 提供法律咨询服务

10. 计算增值税时，销售额包括 (   )。

　A. 手续费　　　B. 返还利润　　　C. 包装费　　　D. 代收代垫款项

11. 以下情况中，不属于受托加工业务，应按照受托方销售自制货物征收增值税的是 (   )。

　A. 委托方提供原材料，受托方收取加工费加工的货物

　B. 由受托方提供原材料生产的货物

　C. 受托方以委托方的名义购进原材料生产的货物

　D. 受托方先将原材料卖给委托方，然后再加工的货物

12. 增值税一般纳税企业购进的生产、经营用货物日后被用于 (   )，即改变用途时，应将其相应的增值税进项税额转出。

　A. 非应税项目　　B. 集体福利　　　C. 分配给股东　　　D. 个人消费

13. 某市人民政府公开拍卖公车，取得收入 1 000 万元，应申报缴纳 (   )。

　A. 增值税　　　B. 营业税　　　C. 企业所得税　　　D. 车辆购置税

14. 不动产，是指不能移动或者移动后会引起性质、形状改变的财产，包括 (   )。

　A. 建筑物　　　　　　　　　　　　　B. 构筑物

　C. 土地　　　　　　　　　　　　　　D. 其他土地附着物

15. 下列关于单独核算的为销售货物出租出借的包装物押金是否计入销售额的说法正确的是 (   )。

　A. 时间在 1 年以内，又未过期的，不并入销售额征税

　B. 逾期未收回但时间在 1 年以内的，计入销售额征税

　C. 时间超过 1 年的，并入销售额征税

　D. 并入销售额征税时，应将押金换算成不含税价

16. 不得抵扣增值税进项税额的项目包括 (   )。

　A. 简易计税方法计税项目　　　　　　B. 非增值税应税项目

C. 免征增值税项目   D. 集体福利或者个人消费的购进货物

17. 下列（   ）情形取得的增值税进项税额不得抵扣。

A. 甲公司购进小汽车用于总经理办公

B. 乙公司购进游艇用于接待客户游玩

C. 丙汽车出租公司购入小汽车用于出租

D. 丁汽车运输公司购入小汽车用于市内出租车经营

18. 以下关于增值税发票开具时限规定正确的是（   ）。

A. 采用预收货款结算方式的，为发出商品的当天

B. 将货物交付他人代销的，为收到代销清单的当天

C. 采用赊销方式的，为合同约定的收款日期的当天

D. 将货物作为投资提供给其他单位的，为投资协议签订的当天

19. 某公司为增值税一般纳税人，在生产经营过程中发生的如下进项税额，其中（   ）可以按规定从销项税额中抵扣。

A. 从农户直接购买其自产农产品计算的进项税额

B. 从废旧物资经营单位购进废旧物资计算的进项税额

C. 购进原材料取得承运部门开具的增值税专用发票，根据运费计算的进项税额

D. 购进原材料，但未按规定取得增值税扣税凭证

20. 下列说法正确的有（   ）。

A. 采用还本销售方式销售货物，其销售额就是货物的销售价格，不得从销售额中减除还本支出

B. 采取以旧换新方式销售货物的，应按新货物的同期销售价格确定销售额，不得扣减货物的收购价格

C. 采取以旧换新方式销售货物的，应按新旧货物的同期销售价格的差额确定销售额

D. 销售折扣可以从销售额中减除

三、实务练习题

1. 电视机厂 2016 年 5 月发生下列几项购销业务：

（1）向某商场销售彩电 120 台，每台不含税售价 2 850 元，销货款已收到。

（2）购入电子元器件，价款 18 万元，取得增值税专用发票，注明的增值税额为 30 600元，已验收入库。

（3）为装修该厂展销厅，购入建筑装饰材料，支付价税合计款 11 700 元，取得增值税专用发票注明的税额为 17 000 元。

试计算该电视机厂 5 月应纳增值税税额并填写相应的纳税申报表。

2. 某饮料厂 2016 年 7 月份销售汽水、果茶饮料，实现销售额 60 万元，增值税销项税额为 10.2 万元。当月购入白糖原料 15 万元，取得增值税专用发票，注明的增值税税额为 25 500 元，原料已入库。另外，厂领导考虑到职工暑期工作辛苦，对全厂职工（共计 200

人）每人发送一箱汽水、一箱果茶，每箱汽水成本 5 元，售价 8 元，每箱果茶成本为 20 元，售价 35 元。当月该厂为职工食堂购进一台大冰柜，取得的增值税专用发票上注明的税额为 5 440 元，还为厂里的幼儿园购进一批儿童桌椅、木床，取得增值税专用发票上注明的税额为 1 360 元，题中的售价均不含税价格。

试计算该饮料厂 7 月份应纳增值税税额并填写相应的纳税申报表。

3. 某百货大楼 2016 年 1 月发生以下几笔经济业务，购销货物的税率为 17%。

（1）购进货物取得的增值税专用发票上注明的货物金额为 400 万元，增值税为 68 万元，同时支付货物运费 4 万元，取得增值税专用发票。

（2）销售货物不含增值税价款为 800 万元，向消费者个人销售货物收到现金 58.5 万元。

（3）上年购进的货物用于职工福利，进价 1 万元，售价 1.2 万元（进价、售价均不含增值税，下同）。

（4）上年购进的货物发生损失，进价为 4 000 元，售价为 5 000 元。

试计算该百货公司 1 月份应缴纳的纳增值税额并填写纳税申报表。

4. 某家用电器商场为增值税一般纳税人，经营各种家用电器，8 月份发生以下业务：

（1）销售上月购入的空调 400 台（进价 3 500 元/台），每台售价 4 500 元，向某学校赠送 10 台空调。

（2）销售本月购入的冰柜 20 台（进价 2 800 元/台），每台售价 3 500 元，并实行买一赠一，赠送的小家电价值 100 元/件。

（3）收到上月代销货物手续费 8 000 元。

（4）以旧换新销售冰箱 80 台，旧冰箱收购价 200 元/台，新冰箱出售实际收款 1 800 元/台。

（5）5 年前还本销售方式售出 1 000 台彩电，本月为还本期，还本额 200 元/台。

（6）从生产厂家购进同一品牌、同一型号空调 100 台，冰柜 50 台。由于商场资金周转一时困难，只先付了 50 台冰柜货款，100 台空调货款先付 25%（87 500 元），其余货款下个月内分三次付清。生产厂家开具了 50 台冰柜和 100 台空调的 2 张增值税专用发票，注明税金分别为 23 800 元和 59 500 元。

（7）月底，有 10 台本月售出的空调因质量问题，顾客要求退货。商场退给厂家，并提供了税务机关开具的退货证明单，收回红字专用发票上注明退货款及税金共 40 950 元。

9 月初商场计算当月应纳增值税额为：

销项税额 = $[(400-10) \times 4\,500 + 20 \times 3\,500 + 80 \times (2\,000 - 200) - 200 \times 1\,000 + 8\,000 \div (1+17\%)] \times 17\% = 301\,892$（元）

进项税额 = $23\,800 + 59\,500 = 83\,300$（元）

应纳税额 = 销项税额 − 进项税额 = $218\,592$（元）

请根据增值税有关法律规定，分析上述处理是否正确，试计算该商场 8 月份应纳的增值税税额（假设以上价格均为不含税价）。

5. 宁波市信通公司专门从事认证服务，2016 年 10 月发生如下业务：

（1）10月16日，取得某项认证服务收入106万元，开具防伪税控增值税专用发票，价税合计为106万元。

（2）10月18日，购进一台经营用设备，取得防伪税控增值税专用发票，注明金额20万元，税额3.4万元。

（3）10月20日，接受本市其他单位设计服务，取得防伪税控增值税专用发票，注明金额5万元，税额0.3万元。

（4）10月25日，接受上海市某运输企业提供交通运输服务，取得纳税人自开的货物运输业增值税专用发票，注明金额0.5万元，税率11%，税额0.055万元。

（5）10月28日，销售2009年1月1日以前购进的一台固定资产，售价0.208万元。

已知增值税税率为6%，征收率为4%。

试计算该通信公司10月份应缴纳的增值税税额，并填写相应的纳税申报表。

6. 不定项选择题

海口市罐头厂为增值税一般纳税人，2016年5月份的购销情况如下：

（1）填开增值税专用发票销售应税货物，不含税销售额达到850 000元。

（2）填开普通发票销售应税货物，销售收入42 120元。

（3）购进生产用原料的免税农业产品，农产品收购发票注明买价580 000元。

（4）购进辅助材料128 000元，增值税专用发票注明税额21 760元，支付运输货物的运费1 000元，并取得运输企业开具的运输发票。

（5）用价值20 000元（不含增值税）的罐头换进某糖精厂一批糖精，换进糖精的价值是18 000元（不含增值税），双方均开具了增值税专用发票。

上述专用发票都通过了相关认证。

要求：根据上述资料，回答下列问题。

（1）该罐头厂5月增值税的销项税额是（　　　）元。

　　A. 144 500　　　　B. 6 120　　　　　C. 154 020　　　　D. 150 620

（2）该罐头厂5月增值税的进项税额是（　　　）元。

　　A. 75 400　　　　B. 100 290　　　　C. 3 060　　　　　D. 21 760

（3）该罐头厂5月应纳增值税额是（　　　）元。

　　A. 53 730　　　　B. 3 060　　　　　C. 155 550　　　　D. 91 550

（4）增值税的纳税期限为（　　　）。

　　A. 1日　　　　　B. 1个月　　　　　C. 1个季度　　　　D. 1年

参考答案

一、单项选择题

1	2	3	4	5	6	7	8	9	10
C	B	A	D	D	C	D	D	C	B
11	12	13	14	15	16	17	18	19	20
D	C	A	B	C	C	A	B	B	B
21	22	23	24	25	26	27	28	29	30
B	C	A	B	C	D	C	C	A	A

二、多项选择题

1	2	3	4	5	6	7	8	9	10
ABD	ABC	AB	AC	AC	AC	BC	ABCD	AB	ABCD
11	12	13	14	15	16	17	18	19	20
BCD	ABD	AB	ABD	ABD	ABCD	AB	ABC	AC	AB

三、实务练习题

1. 销项税额 $= 120 \times 2\,850 \times 17\% = 58\,140$（元）

   进项税额 $= 30\,600$（元）

   当月应纳增值税税额 $= 58\,140 - 30\,600 = 27\,540$（元）

2. 销项税额 $= 102\,000 + \left[(200 \times 8) + (200 \times 35) \right] \div (1 + 17\%) \times 17\%$
   $= 103\,249.57$（元）

   进项税额 $= 25\,500$（元）

   当月应纳增值税税额 $= 103\,249.57 - 25\,500 = 77\,749.57$（元）

3. 销项税额 $= 800 \times 17\% + 58.5 \div (1 + 17\%) \times 17\% = 144.5$（万元）

   进项税额 $= 68 + 4 \times 11\% = 68.44$（万元）

   进项税额转出 $= (1 + 0.4) \times 17\% = 0.238$（万元）

   当月应纳增值税税额 $= 144.5 + 0.238 - 68.44 = 76.298$（万元）

4. 上述处理有多处错误：

（1）向学校赠送的 10 台空调和赠送的小家电应视同销售，计算销项税。

（2）以旧换新的冰箱不得扣减旧冰箱的收购价。

（3）还本销售的还本额不得从销售额中扣减。

（4）退货厂家的 10 台空调的进项税额要做转出处理。

重新计算商场当月应纳的增值税额：

销项税额 = [（400 + 10 − 10）× 4 500 + （3 500 + 100）× 20 + （1 800 + 200）× 80] × 17% + 8 000 ÷ （1 + 17%）× 17%

= 346 602. 39 （元）

进项税额 = 23 800 + 59 500 − 40 950 ÷ （1 + 17%）× 17% = 77 350 （元）

当月应纳增值税税额 = 346 562. 39 − 77 350 = 269 212. 39 （元）

5.（1）当期销项税额 = 106 ÷ （1 + 6%）× 6% = 6 （万元）

（2）当期进项税额 = 3. 4 + 0. 3 + 0. 055 = 3. 755 （万元）

（3）简易方法的应纳税额 = 0. 208 ÷ （1 + 4%）× 4% ÷ 2 = 0. 004 （万元）

（4）应纳增值税税额 = 6 − 3. 755 + 0. 004 = 2. 249 （万元）

6.

1	2	3	4
C	B	A	ABC

项目二

消费税

引入

　　某酒厂为增值税一般纳税人，主要生产粮食白酒。2015 年 5 月"主营业务收入"账户反映销售粮食白酒 25 000 千克，取得不含税销售额 105 000 元。"其他业务收入"账户反映收取粮食白酒品牌使用费 4 680 元。"其他应付款"账户反映本月销售粮食白酒收取包装物押金 9 360 元。2015 年年底，该酒厂将销售粮食白酒的包装物押金中的 3 510 元返还给购货方，其余包装物押金不再返还。该酒厂应纳消费税税额为多少元？粮食白酒的计税依据是什么？是从价计征还是从量计征？粮食白酒的价外费用有哪些？粮食白酒的包装物押金是否计入计税销售额？通过本章的学习，我们将找到这些答案。

内容提要

➢ 消费税概述
➢ 消费税的基本要素
➢ 消费税的计税依据
➢ 消费税应纳税额的计算
➢ 消费税的征收管理

学习目标

1. 了解消费税的产生、发展及改革方向
2. 理解消费税纳税人、征税范围、税目、税率等概念
3. 重点掌握消费税计税依据、应纳税额的计算，熟悉消费税的征纳管理
4. 具备办理有关消费税事宜的基本技能

学习方法

1. 理解消费税税法的基本要素
2. 练习消费税纳税申报表的填列
3. 计算消费税的税额
4. 完整阅读《中华人民共和国消费税暂行条例》及国务院、财政部发布的补充规定
5. 经常登录国家税务总局官网（http://www.chinatax.gov.cn/），查阅最新政策

关键词

消费税　生产环节　委托加工　组成计税价格　复合税率　连续生产应税消费品

任务一 认知消费税

一、消费税的概念

消费税是对消费品和特定的消费行为征收的一种税。据不完全统计，全世界有 100 多个国家开征了消费税，它是国家贯彻消费政策、调节产业结构的重要手段。我国现行消费税是对在我国境内从事生产、委托加工和进口应税消费品的单位和个人就其应税消费品征收的一种税。它与增值税相配合形成双层调节机制，在增值税发挥普遍调节作用的基础上，对特定的消费品进行特殊调节，从而调节产品结构，引导消费方向，保证国家财政收入。

二、消费税的特点

(一) 征税范围具有选择性

消费税最本质的特征就是它能够体现特定的政策目标。我国的消费税主要选择那些消费量大、需求弹性较大和税源普遍的消费品开征，主要涉及高档消费品、奢侈品和不可替代的资源性产品等，但是即使是已经确定的征税项目也不是一成不变的，而是会随着经济情况的变化有增有减。

(二) 征税环节的相对单一性

与增值税的多环节缴纳不同，消费税的纳税环节主要选择在产制环节或进口环节，也就是说，应税消费品在生产环节或进口环节征税之后，除个别消费品的纳税环节为零售环节外，再继续转销该消费品不再征收消费税。但无论在哪个环节征税，都实行单一环节征收，以零售环节为纳税环节的应税消费品，在零售环节以前的诸环节都不征收消费税。这样，既可以减少纳税人的数量，降低税款征收费用和税源流失的风险，又可以防止重复征税。

(三) 征税方法的灵活性

消费税针对不同的税目采用不同的征税方法。一般对价格差异较大，且便于按价格核算的应税消费品从价定率征收；对价格差异小，品种、规格比较单一的大宗应税消费品从量定额征收；而对一些特殊商品 (我国主要是烟酒)，实行从价和从量复合计征。

(四) 税负具有转嫁性

消费税是一种典型的间接税，税负最终归宿为消费者。但为了简化征收管理，我国消费税直接以应税消费品的生产经营者为纳税人，于产制销售环节、进口环节、批发环节或零售环节缴纳税款，并成为商品价格的一个组成部分向购买者收取，消费者为税负的最终负担者。

三、消费税的产生与发展

消费税具有悠久的历史。据史料记载，古罗马就有对消费品——酒、盐的课税；早在公元前 81 年，汉昭帝为避免酒的专卖"与商人争市利"，改酒专卖为普遍征税，允许各地地主、商人自行酿酒卖酒，每升酒缴税四文，纳税环节在酒销售之后，而不是在出坊（酒坊）时缴纳税款，这可以说是我国较早的消费税。

新中国成立后，1950 年全国统一税制，建立新税制，新开征了特种行为消费税。这一税种包含娱乐、筵席、冷食、旅馆 4 个税目，在发生特种消费行为时征收。1988 年 9 月 22 日，国务院针对社会上存在的不合理消费现象开征了筵席税。1989 年 2 月 1 日，为缓解彩色电视机、小轿车的供求矛盾开征了彩色电视机特别消费税和小轿车特别消费税。此外，我国 1984 年 9 月 18 日颁布开征的产品税和增值税的课税范围涉及大部分消费品，也具有一定的消费税性质。

为适应建立社会主义市场经济体制的需要，配合新一轮税制改革以及增值税的推行，1993 年年底，国务院正式颁布了《中华人民共和国消费税暂行条例》，并于 1994 年 1 月 1 日起实施。在对增值税进行普遍征收的基础上，再对部分消费品征收消费税，以贯彻国家产业政策和消费政策。之后，为适应社会经济发展的需要，又进一步修改、调整消费税制，使消费税政策更加适合于我国的客观实际。

•—— 任务二 熟悉消费税的基本要素 ——•

一、消费税纳税人

在中华人民共和国境内生产、委托加工和进口《中华人民共和国消费税暂行条例》（简称《消费税暂行条例》）规定的消费品的单位和个人，以及国务院确定的销售《消费税暂行条例》规定的消费品的其他单位和个人，为消费税的纳税人，应当依照《消费税暂行条例》缴纳消费税。

单位，是指企业、行政单位、事业单位、军事单位、社会团体及其他单位。

个人，是指个体工商户及其他个人。

在中华人民共和国境内，是指生产、委托加工和进口属于应当缴纳消费税的消费品的起运地或者所在地在境内。

二、消费税征税范围

目前消费税的征税范围分布在以下五个环节。

（一）生产应税消费品

生产应税消费品销售是消费税征收的主要环节。生产应税消费品除了直接对外销售应征收消费税外，纳税人将生产的应税消费品换取生产资料、消费资料、投资入股、偿还债务，以及用于继续生产应税消费品以外的其他方面都应缴纳消费税。

（二）委托加工应税消费品

委托加工应税消费品是指委托方提供原料和主要材料，受托方只收取加工费和代垫部分辅助材料加工的应税消费品。由受托方提供原材料或其他情形的一律不能视同委托加工应税消费品。委托加工的应税消费品收回后，再继续用于生产应税消费品销售的，其委托加工环节缴纳的消费税款可以扣除。

（三）进口应税消费品

单位和个人进口货物属于消费税征税范围的，在进口环节也要缴纳消费税。为了减少征税成本，进口环节缴纳的消费税由海关代征。

（四）零售应税消费品

经国务院批准，自 1995 年 1 月 1 日起，金银首饰消费税由生产销售环节征收改为零售环节征收。改在零售环节征收消费税的金银首饰仅限于金基、银基合金首饰以及金、银和金基、银基合金的镶嵌首饰。

（五）卷烟批发环节

自 2009 年 5 月 1 日起，卷烟在批发环节加征一道从价税。具体规定为：

（1）烟草批发企业将卷烟销售给零售单位的，要再征一道 5% 的从价税。

（2）烟草批发企业将卷烟销售给其他烟草批发企业的，不缴纳消费税。

卷烟消费税在生产和批发两个环节征收后，批发企业在计算纳税时不得扣除已含的生产环节的消费税税款。

练一练

多项选择题

（1）下列各项中，属于消费税征收环节的有（　　）。

    A. 生产环节　　　　　B. 零售环节　　　　　C. 批发环节　　　　　D. 进口环节

（2）下列关于消费税纳税人的说法正确的有（　　）。

    A. 委托加工洗发水的纳税人是受托加工企业

    B. 携带卷烟入境的纳税人是携带者

    C. 邮寄入境应税消费品的纳税人是收件人

    D. 零售钻石饰品的纳税人是消费者

三、消费税税目及税率

（一）税目

2015 年 1 月调整后，确定征收消费税的只有烟、酒、化妆品等 15 个税目，有的税目还进一步划分若干子目。

1. 烟

凡是以烟叶为原料加工生产的产品，不论使用何种辅料，均属于本税目的征收范围。包括卷烟（进口卷烟、白包卷烟、手工卷烟和未经国务院批准纳入计划的企业及个人生产的卷烟）、雪茄烟和烟丝。

2. 酒及酒精

酒是酒精度在 1 度以上的各种酒类饮料。酒精又称乙醇，是指用蒸馏或合成方法生产的酒精度在 95 度以上的无色透明液体。酒类包括粮食白酒、薯类白酒、黄酒、啤酒、果啤和其他酒。酒精包括各种工业酒精、医用酒精和食用酒精。

对饮食业、商业、娱乐业举办的啤酒屋（啤酒坊）利用啤酒生产设备生产的啤酒，应当征收消费税。

3. 化妆品

化妆品包括各类美容、修饰类化妆品，高档护肤类化妆品，以及成套化妆品。

美容、修饰类化妆品是指香水、香精、香粉、口红、指甲油、胭脂、眉笔、唇笔、蓝眼油、眼睫毛以及成套化妆品。舞台、戏剧、影视演员化妆用的上妆油、卸装油、油彩，不属于本税目的征收范围。

4. 贵重首饰及珠宝玉石

贵重首饰及珠宝玉石包括以金、银、白金、宝石、珍珠、钻石、翡翠、珊瑚、玛瑙等高贵稀有物质以及其他金属、人造宝石等制作的各种纯金银首饰及镶嵌首饰和经采掘、打磨、加工的各种珠宝玉石。对出国人员免税商店销售的金银首饰征收消费税。

5. 鞭炮、焰火

鞭炮、焰火包括各种各样的鞭炮、焰火。体育活动用的发令纸、鞭炮药引线，不按本税目征收。

6. 成品油

成品油包括汽油、柴油、石脑油、溶剂油、航空煤油、润滑油和燃料油 7 个子目。

7. 汽车轮胎

汽车轮胎是指用于各种汽车、挂车、专用车和其他机动车上的内、外轮胎。不包括农用拖拉机、收割机、手扶拖拉机的专用轮胎。自 2001 年 1 月 1 日起，子午线轮胎免征消费税，翻新轮胎停止征收消费税。

8. 小汽车

小汽车是指由动力驱动，具有 4 个或 4 个以上车轮的非轨道承载的车辆。包括含驾驶员座位在内最多不超过 9 个座位（含）的，在设计和技术特性上用于载运乘客和货物的各类乘用车，以及含驾驶员座位在内的座位数在 10 ~ 23 座（含 23 座）的在设计和技术特性上用于载运乘客和货物的各类中轻型商用客车。

电动汽车不属于本税目征收范围。车身长度大于 7 米（含），并且座位在 10 ~ 23 座（含 23 座）以下的商用客车，不属于中轻型商用客车征税范围，不征收消费税。沙滩车、雪地车、卡丁车、高尔夫车不属于消费税征收范围，不征收消费税。

9. 摩托车

摩托车包括轻便摩托车和摩托车两种。对最大设计车速不超过 50 千米/小时，发动机气缸总工作容量不超过 50 毫升的三轮摩托车不征收消费税。

10. 高尔夫球及球具

高尔夫球及球具是指从事高尔夫球运动所需的各种专用装备，包括高尔夫球、高尔夫球杆、高尔夫球包（袋）等，高尔夫球杆的杆头、杆身和握把也属于本税目的征收范围。

11. 高档手表

高档手表是指销售价格（不含增值税）每只在 10 000 元（含）以上的各类手表。

12. 游艇

游艇是指长度大于 8 米小于 90 米，船体由玻璃钢、钢、铝合金、塑料等多种材料制作，可以在水上移动的水上浮载体。按照动力划分，游艇分为无动力艇、帆艇和机动艇。

13. 木制一次性筷子

木制一次性筷子又称卫生筷子，是指以木材为原料，经过锯段、浸泡、旋切、刨切、烘干、筛选、打磨、倒角、包装等环节加工而成的各类一次性使用的筷子。

14. 实木地板

实木地板是指以木材为原料，经锯割、干燥、刨光、截断、开榫、涂漆等工序加工而成的块状或条状的地面装饰材料。

15. 电池、涂料

电池，是一种将化学能、光能等直接转换为电能的装置，一般由电极、电解质、容器、极端，通常还有隔离层组成的基本功能单元，以及用一个或多个基本功能单元装配成的电池组。范围包括：原电池、蓄电池、燃料电池、太阳能电池和其他电池。

涂料是指涂于物体表面，能形成具有保护、装饰或特殊性能的固态涂膜的一类液体或固体材料之总称。

涂料主要由成膜物质、次要成膜物质等构成。按主要成膜物质涂料可分为油脂类、天然树脂类、酚醛树脂类、沥青类、醇酸树脂类、氨基树脂类、硝基类、过滤乙烯树脂类、烯类树脂类、丙烯酸酯类树脂类、聚酯树脂类、环氧树脂类、聚氨酯树脂类、元素有机类、橡胶类、纤维素类、其他成膜物类等。

练一练

1. 多项选择题

根据消费税的有关规定，下列消费品中属于化妆品税目的是（   ）。

A. 指甲油　　　　B. 香水　　　　C. 高档护肤化妆品　　　　D. 演出时使用的上妆油

2. 单项选择题

下列各项中，属于消费税征收范围的是（   ）。

A. 电动汽车　　　B. 卡丁车　　　C. 高尔夫车　　　　　D. 小轿车

（二）税率

消费税采用比例税率、定额税率两种形式，以适应不同应税消费品的实际情况。消费税税目、税率表如表2-4所示。

表2-4 消费税税目、税率表

税　目	税　率
一、烟	
1. 卷烟	
（1）甲类卷烟：每标准条（200支）调拨价格在70元（不含增值税）以上（含70元）的卷烟	56%加0.003/支
（2）乙类卷烟：每标准条（200支）调拨价格在70元（不含增值税）以下的卷烟	36%加0.003/支
（3）批发环节	11%
2. 雪茄烟	36%
3. 烟丝	30%
二、酒及酒精	
1. 白酒	20%加0.5元/500克（或者500毫升）
2. 黄酒	240元/吨
3. 啤酒	250元/吨
（1）甲类啤酒：每吨出厂价格（含包装物及包装物押金）在300元（含3 000元，不含增值税）以上的	
（2）乙类啤酒：每吨出厂价格在3 000元以下的	220元/吨
4. 其他酒	10%
5. 酒精	5%
三、化妆品	30%
四、贵重首饰及珠宝玉石	
1. 金银首饰、铂金首饰和钻石及钻石饰品	5%
2. 其他贵重首饰和珠宝玉石	10%
五、鞭炮、焰火	15%
六、成品油	
1. 汽油	1.52元/升
2. 柴油	1.20元/升
3. 航空煤油	1.20元/升
4. 石脑油	1.52元/升
5. 溶剂油	1.52元/升
6. 润滑油	1.52元/升
7. 燃料油	1.20元/升

续表

税　　目	税　率
七、汽车轮胎	3%
八、摩托车 1. 气缸容量（排气量，下同）在 250 毫升（含 250 毫升）以下的 2. 气缸容量在 250 毫升以上的	 3% 10%
九、小汽车 1. 乘用车 （1）气缸容量（排气量，下同）在 1.0 升（含 1.0 升）以下的 （2）气缸容量在 1.0 升以上至 1.5 升（含 1.5 升）的 （3）气缸容量在 1.5 升以上至 2.0 升（含 2.0 升）的 （4）气缸容量在 2.0 升以上至 2.5 升（含 2.5 升）的 （5）气缸容量在 2.50 升以上至 3.0 升（含 3.0 升）的 （6）气缸容量在 3.0 升以上至 4.0 升（含 4.0 升）的 （7）气缸容量在 4.0 升以上的 2. 中轻型商用客车	 1% 3% 5% 9% 12% 25% 40% 5%
十、高尔夫球及球具	10%
十一、高档手表	20%
十二、游艇	10%
十三、木制一次性筷子	5%
十四、实木地板	5%
十五、铅蓄电池、涂料①	4%

①无汞原电池、金属氢化物镍蓄电池、锂原电池、锂离子蓄电池、太阳能电池、燃料电池和全钒液流电池，以及施工状态下挥发性有机物（volatile organic compounds，VOC）含量低于 420 克/升（含），免征消费税。

 练一练

单项选择题

以下应税消费品中，适用单一定额税率的有（　　　　）。

A. 粮食白酒　　　　　B. 酒精　　　　　C. 黄酒　　　　　D. 啤酒

·—— 任务三　掌握消费税应纳税额的计算 ——·

消费税应纳税额的计算主要分为从价计征、从量计征和从价从量复合计征三种方法。

一、直接对外销售应纳消费税的计算

（一）从价定率计税

从价定率计税的直接对外销售应纳消费税的应纳税额计算公式为

应纳税额＝应税消费品的销售额×比例税率

1. 销售额的一般规定

销售额为纳税人销售应税消费品向购买方收取的全部价款和价外费用。销售，是指有偿转让应税消费品的所有权；有偿，是指从购买方取得货币、货物或者其他经济利益。

价外费用，是指价外向购买方收取的手续费、补贴、基金、集资费、返还利润、奖励费、违约金、滞纳金、延期付款利息、赔偿金、代收款项、代垫款项、包装费、包装物租金、储备费、优质费、运输装卸费以及其他各种性质的价外收费。但下列项目不包括在内。

（1）同时符合以下条件的代垫运输费用：

①承运部门的运输费用发票开具给购买方的。

②纳税人将该项发票转交给购买方的。

（2）同时符合以下条件代为收取的政府性基金或者行政事业性收费：

①由国务院或者财政部批准设立的政府性基金，由国务院或者省级人民政府及其财政价格主管部门批准设立的行政事业性收费。

②收取时开具省级以上财政部门印制的财政票据。

③所收款项全额上缴财政。

其他价外费用，无论是否属于纳税人的收入，均应并入销售额计算征税。

2. 含增值税销售额的换算

应税消费品在缴纳消费税的同时，与一般货物一样，还应缴纳增值税。应税消费品的销售额，不包括应向购货方收取的增值税税款。如果纳税人应税消费品的销售额中未扣除增值税税款或者因不得开具增值税专用发票而发生价款和增值税税款合并收取的，在计算消费税时，应将含增值税的销售额换算为不含增值税税款的销售额。其换算公式为

应税消费品的销售额＝含增值税的销售额÷（1＋增值税税率或征收率）

 练一练

多项选择题

企业生产销售白酒取得的下列款项中，应并入销售额计征消费税的有（　　　）。

A. 优质费　　　　B. 包装物租金　　　　C. 品牌使用费　　　　D. 包装物押金

【例 2 - 9】某化妆品生产公司为增值税一般纳税人。2016 年 11 月向某商场销售化妆品一批，开具增值税专用发票，取得不含增值税销售额 100 万元，增值税额 17 万元；向某单位销售化妆品一批，开具普通发票上注明的销售额 11.7 万元。计算该化妆品公司当月应纳消费税额（化妆品适用消费税税率 30%）。

【解析】应税销售额 = 100 + 11.7 ÷ (1 + 17%) = 110（万元）

应缴纳的消费税额 = 110 × 30% = 33（万元）

（二）从量定额计税

从量定额计税的直接对外销售应纳消费税的应纳税额计算公式为

应纳税额 = 销售数量 × 定额税率

1. 销售数量的确定

销售数量是指纳税人生产、加工和进口应税消费品的数量。具体规定为：

（1）销售应税消费品的，为应税消费品的销售数量。

（2）自产自用应税消费品的，为应税消费品的移送使用数量。

（3）委托加工应税消费品的，为纳税人收回的应税消费品数量。

（4）进口的应税消费品，为海关核定的应税消费品进口征税数量。

2. 计量单位的换算标准

《消费税暂行条例》规定，黄酒、啤酒以吨为税额单位；汽油、柴油以升为税额单位。但是，在实际销售过程中，纳税人会把吨或升这两个计量单位混用，为了规范不同产品的计量单位，准确计算应纳税额，吨与升两个计量单位的换算标准见表 2 - 5。

表 2 - 5 吨、升换算标准

序号	名称	计量单位的换算标准	序号	名称	计量单位的换算标准
1	黄酒	1 吨 = 962 升	6	石脑油	1 吨 = 1 385 升
2	啤酒	1 吨 = 988 升	7	溶剂油	1 吨 = 1 282 升
3	汽油	1 吨 = 1 388 升	8	润滑油	1 吨 = 1 126 升
4	柴油	1 吨 = 1 176 升	9	燃料油	1 吨 = 1 015 升
5	航空煤油	1 吨 = 1 246 升			

【例 2 - 10】某啤酒厂 2016 年 3 月份销售乙类啤酒 500 吨，每吨出厂价格 2 600 元。计算该啤酒厂 3 月应缴纳的消费税。

【解析】应纳税额 = 应税消费品的销售数量 × 定额税率 = 500 × 220 = 110 000（元）

（三）从价定率和从量定额复合计税

现行消费税的征税范围中，只有卷烟、白酒采用复合计征方法。应纳税额等于应税销售数量乘以定额税率再加上应税销售额乘以比例税率，计算公式为

应纳税额 = 应税销售数量 × 定额税率 + 应税销售额 × 比例税率

【例 2 - 11】 某白酒生产企业为增值税一般纳税人，2016 年 10 月份销售粮食白酒 60 吨，取得不含增值税的销售额 300 万元。计算白酒企业 4 月应缴纳的消费税额。

【解析】 白酒适用比例税率 20%，定额税率每 500 克 0.5 元。

应纳税额 = 60 × 2 000 × 0.00005 + 300 × 20% = 66（万元）

（四）计税依据的特殊规定

（1）包装物连同应税消费品销售时计税销售额的确定。实行从价定率办法计算应纳税额的应税消费品连同包装销售的，无论包装是否单独计价，也不论在会计上如何核算，均应并入应税消费品的销售额中征收消费税。

（2）销售应税消费品的包装物收取押金时计税销售额的确定。根据现行消费税制度的相关规定，分为以下三种情况：

①如果包装物不作价随同产品销售，而是收取押金，此项押金则不应并入应税消费品的销售额中征税。但对因逾期未收回的包装物不再退还的或者已收取的时间超过 12 个月的押金，应并入应税消费品的销售额，按照应税消费品的适用税率缴纳消费税。

②对既作价随同应税消费品销售，又另外收取押金的包装物的押金，凡纳税人在规定的期限内没有退还的，均应并入应税消费品的销售额，按照应税消费品的适用税率缴纳消费税。

③酒类生产企业销售酒类产品（黄酒、啤酒除外）收取的包装物押金，无论押金是否返还及在会计上如何核算，均应并入酒类产品销售额中征收消费税。

（3）纳税人用于换取生产资料和消费资料、投资入股和抵偿债务等方面的应税消费品，应当以纳税人同类应税消费品的最高销售价格作为计税依据计算消费税。

（4）纳税人通过自设非独立核算门市部销售的自产应税消费品，应当按照门市部对外销售额或者销售数量征收消费税。

（5）纳税人兼营不同税率的应税消费品，应当分别核算不同税率应税消费品的销售额、销售数量。未分别核算销售额、销售数量，或者将不同税率的应税消费品组成成套消费品销售的，从高适用税率。

二、自产自用应纳消费税的计算

所谓自产自用，是纳税人生产的应税消费品，不用于直接对外销售，而是用于自己连续生产应税消费品或其他方面。这种自产自用应税消费品形式，在实际经济活动中是常见的，但也是在是否纳税或如何纳税上最容易出现问题的。例如，有的企业把自己生产的应税消费品，以福利或奖励等形式发给本厂职工，以为不是对外销售，不必计入销售额，无须纳税，这样就出现了漏缴税款的现象。因此，很有必要认真理解税法中有关自产自用应税消费品的规定。

（一）用于连续生产的应税消费品

纳税人自产自用的应税消费品，用于连续生产应税消费品的不纳税。所谓"纳税人自产自用的应税消费品，用于连续生产应税消费品的"，是指作为生产最终应税消费品的直接材料并构成最终产品实体的应税消费品。例如，卷烟厂生产的烟丝是应税消费品，卷烟厂用生产出的烟丝连续生产卷烟，这样，用于连续生产卷烟的烟丝就不缴纳消费税，只对生产的卷烟征收消费税。当然，生产出的烟丝如果是直接销售的，则是要缴纳消费税。税法规定对自产自用的应税消费品，用于连续生产应税消费品的不征税，体现了税不重征且计税简便的原则。

（二）用于其他方面的应税消费品

纳税人自产自用的应税消费品，除用于连续生产应税消费品外，凡用于其他方面的，于移送使用时纳税。用于其他方面的是指纳税人用于生产非应税消费品、在建工程、管理部门、非生产机构、提供劳务，以及用于馈赠、赞助、集资、广告、样品、职工福利、奖励等方面。例如，石化工厂把自己生产的柴油用于本厂基建工程的车辆、设备使用；摩托车厂把自己生产的摩托车赠送或赞助给摩托车拉力赛赛手使用，兼作商品广告等。

（三）税额的计算

1. 从量定额计税

从量定额计税的自产自用应纳消费税的应纳税额计算公式为

应纳税额 = 自产自用应税消费品移送使用数量 × 定额税率

2. 从价定率计税和复合计税

纳税人自产自用的应税消费品，凡用于其他方面的，按以下顺序确定销售额。

（1）同类消费品的销售价格。同类消费品的销售价格是指纳税人当月销售的同类消费品的销售价格，如果当月同类消费品各期销售价格高低不同，应按销售数量加权平均计算。但销售价格明显偏低又无正当理由的或无销售价格的，不得列入加权平均计算。如果当月无销售或者当月未完结，应按照同类消费品上月或最近月份的销售价格计算纳税。

（2）组成计税价格。没有同类消费品销售价格的，按照组成计税价格计算纳税。组成计税价格的公式有以下两种。

①实行从价计税办法计算纳税的组成计税价格计算公式为

组成计税价格 = （成本 + 利润） ÷ （1 - 比例税率）

②实行复合计税办法计算纳税的组成计税价格计算公式为

组成计税价格 = （成本 + 利润 + 自产自用数量 × 定额税率） ÷ （1 - 比例税率）

其中，成本是指应税消费品的产品生产成本；利润是指根据应税消费品的全国平均成本利润率计算的利润。

应税消费品全国平均成本利润率由国家税务总局确定，如表 2 - 6 所示。

表 2-6   平均成本利润率

名 称	利润率
高档手表	20%
甲类卷烟、粮食白酒、高尔夫球及球具、游艇	10%
乘用车	8%
贵重首饰及珠宝玉石、摩托车	6%
其他应税产品	5%

【例 2-12】某化妆品公司在 2016 年 3 月三八妇女节时将一批自产的化妆品用作福利赠送给女职工，化妆品的成本 5 000 元，该化妆品无同类产品市场销售价格，已知其成本利润率为 5%，消费税税率为 30%，计算该批化妆品应缴纳的消费税税额。

【解析】组成计税价格 = 成本 × (1 + 成本利润率) ÷ (1 - 比例税率)

= 5 000 × (1 + 5%) ÷ (1 - 30%) = 7 500（元）

应纳税额 = 7 500 × 30% = 2 250（元）

【例 2-13】某白酒生产企业 2016 年 5 月以自产特制粮食白酒 2 000 斤（斤为非法定计量单位，1 斤 = 500 克）用于厂庆庆祝活动，每斤白酒成本为 12 元，无同类产品销售价格。消费税税率为 20%，每斤 0.5 元，粮食白酒成本利润率为 10%。计算该批自产特制粮食白酒应缴纳的消费税税额。

【解析】组成计税价格 = (成本 + 利润 + 自产自用数量 × 定额税率) ÷ (1 - 比例税率)

= [12 × 2 000 × (1 + 10%) + 2 000 × 0.5] ÷ (1 - 20%)

= 34 250（元）

应纳税额 = 34 250 × 20% + 2 000 × 0.5 = 7 850（元）

三、委托加工环节应纳消费税的计算

企业、单位或个人由于设备、技术、人力等方面的局限，或其他方面的原因，常常要委托其他单位代为加工应税消费品，再将加工好的应税消费品收回，直接销售或自己使用。这是生产应税消费品的另一种形式，也需要纳入征收消费税的范围。例如，某企业将购来的小客车底盘和零部件提供给某汽车改装厂，加工组装成小客车供自己使用，则加工、组装成的小客车需要缴纳消费税。

（一）委托加工应税消费品的确定

委托加工的应税消费品是指由委托方提供原料和主要材料，受托方只收取加工费和代垫部分辅助材料加工的应税消费品。对于由受托方提供原材料生产的应税消费品，或者受托方先将原材料卖给委托方，然后再接受加工的应税消费品，以及由受托方以委托方名义购进原材料生产的应税消费品，不论纳税人在财务上是否作销售处理，都不得作为委托加工应税消

费品，而应当按照销售自制应税消费品缴纳消费税。

（二）代收代缴税款的规定

为了避免应缴税款的流失，对委托加工应税消费品的应纳消费税，采取源泉控制的管理办法。即委托加工应税消费品一般由受托方在向委托方交货时代收代缴消费税，但是委托个人加工的应税消费品，由委托方收回后缴纳消费税。

受托方作为法定的代收代缴义务人，必须严格履行代收代缴义务，正确计算和按时代缴税款。如果受托方对委托加工的应税消费品没有代收代缴或少代收代缴消费税，要按照《税收征收管理法》的规定，承担代收代缴的法律责任，但并不能因此免除委托方补缴税款的责任（委托方要补缴税款，对受托方不再重复补税，但要按《税收征收管理法》的规定，处以应代收代缴税款 50% 以上 3 倍以下的罚款）。

自 2015 年 9 月 1 日，委托方将收回的应税消费品以不高于受托方的计税价格出售的，为直接出售，不再缴纳消费税；委托方以高于受托方的计税价格出售的，不属于直接出售，需按照规定申报缴纳消费税，在计税时准予扣除受托方已代收代缴的消费税。

（三）税额的计算

1. 从量定额计税

从量定额计税的委托加工环节应纳消费税的应纳税额计算公式为

应纳税额 = 委托加工应税消费品收回的数量 × 定额税率

2. 从价定率计税和复合计税

纳税人委托加工应税消费品，按以下顺序确定销售额。

（1）同类消费品的销售价格。同类消费品的销售价格是指受托方（代收代缴义务人）当月销售的同类消费品的销售价格，如果当月同类消费品各期销售价格高低不同，应按销售数量加权平均计算。但销售价格明显偏低又无正当理由的或无销售价格的，不得列入加权平均计算。如果当月无销售或者当月未完结，应按照同类消费品上月或最近月份的销售价格计算纳税。

（2）没有同类消费品销售价格的，按照组成计税价格计算纳税。组成计税价格有以下两种计算公式。

①实行从价定率办法计算纳税的组成计税价格计算公式为

组成计税价格 = （材料成本 + 加工费）÷（1 - 比例税率）

②实行复合计税办法计算纳税的组成计税价格计算公式为

组成计税价格 = （材料成本 + 加工费 + 委托加工数量 × 定额税率）÷（1 - 比例税率）

其中，材料成本是指委托方所提供加工材料的实际成本；加工费是指受托方加工应税消费品向委托方所收取的全部费用（包括代垫辅助材料的实际成本，不包括增值税税金）。

【例 2 - 14】2016 年 4 月甲企业接受飞马烟厂委托加工烟丝，飞马烟厂提供烟叶的成本为 35 000 元，甲企业收取不含增值税的加工费和代垫辅料费 6 000 元，甲企业无同类产品在市场上销售，甲企业应缴纳的消费税应为多少？（烟丝消费税税率 30%）

【解析】组成计税价格 = (35 000 + 6 000) ÷ (1 − 30%) = 58 571（元）

应纳税额 = 58 571 × 30% = 17 571（元）

四、进口环节应纳消费税的计算

进口应税消费品于报关进口时由海关代征进口环节的消费税，由进口人或其代理人向报关地海关申报缴纳。

（一）从量定额计税

从量定额计税的进口环节应纳消费税的应纳税额计算公式为

应纳税额 = 进口应税消费品数量 × 消费税定额税率

（二）从价定率计税

从价定率计税的进口环节应纳消费税的应纳税额计算公式为

应纳税额 = 组成计税价格 × 消费税比例税率

组成计税价格 = (关税完税价格 + 关税) ÷ (1 − 消费税比例税率)

其中，关税完税价格是指海关核定的关税计税价格。

【例 2 − 15】某公司 2016 年 4 月进口一批摩托车，海关审定的关税完税价格为 50 万元，关税税率假定为 30%，请计算该进口环节应缴纳的消费税税额（消费税税率为 3%）。

【解析】组成计税价格 = (50 + 50 × 30%) ÷ (1 − 3%) = 67.01（万元）

应缴纳消费税税额 = 67.01 × 3% = 2.01（万元）

（三）从价定率和从量定额复合计税

从价定率和从量定额复合计税的进口环节应纳消费税的应纳税额计算公式为

应纳税额 = 组成计税价格 × 消费税税率 + 应税消费品进口数量 × 消费税定额税额

组成计税价格 = (关税完税价格 + 关税 + 进口数量 × 消费税定额税率) ÷ (1 − 消费税比例税率)

进口环节消费税除国务院另有规定者外，一律不得给予减税、免税。

五、已纳消费税扣除的计算

由于某些应税消费品是用外购或委托加工收回的已缴纳消费税的应税消费品连续生产出来的，在对这些连续生产出来的应税消费品计算征税时，为了避免重复征税，现行消费税规定，应按当期生产领用数量计算扣除外购或委托加工收回的应税消费品已纳的消费税税款。

当期准予扣除外购或委托加工收回的应税消费品已纳消费税税款的计算公式为

$$\begin{matrix} \text{当期准予扣除的外购} \\ \text{应税消费品已纳税款} \end{matrix} = \begin{matrix} \text{当期准予扣除的} \\ \text{外购应税消费品买价} \end{matrix} \times \begin{matrix} \text{外购应税消费品} \\ \text{适用税率} \end{matrix}$$

$$\begin{matrix} \text{当期准予扣除的外购} \\ \text{应税消费品买价} \end{matrix} = \begin{matrix} \text{期初库存的外购} \\ \text{应税消费品的买价} \end{matrix} + \begin{matrix} \text{当期购进的} \\ \text{应税消费品的买价} \end{matrix} - \begin{matrix} \text{期末库存的} \\ \text{外购应税消费品的买价} \end{matrix}$$

当期准予扣除的　　期初库存的委托　当期收回的委托　期末库存的委托
委托加工应税消费品＝加工应税消费品＋加工应税消费品－加工应税消费品
已纳税款　　　　已纳税款　　　　已纳税款　　　　已纳税款

【例 2 – 16】某卷烟生产企业，某月初库存外购应税烟丝金额为 20 万元，当月外购应税烟丝金额为 50 万元（不含增值税），月末库存烟丝金额为 10 万元，其余被当月生产卷烟领用。计算卷烟厂当月准许扣除的外购烟丝已缴纳的消费税税额。

【解析】当期准许扣除的外购烟丝买价 = 20 + 50 – 10 = 60（万元）

当月准许扣除的外购烟丝已缴纳的消费税税额 = 60 × 30% = 18（万元）

需要说明的是，纳税人用外购或委托加工收回的已税珠宝玉石生产的改在零售环节征收消费税的金银首饰，在计税时一律不得扣除委托加工收回的珠宝玉石的已纳消费税税款。

允许扣除已纳税款的应税消费品只限于从工业企业购进的应税消费品和进口环节已缴纳消费税的应税消费品，对从境内商业企业购进应税消费品的已纳税款一律不得扣除。

小组讨论

增值税和消费税对包装物的税务处理有何不同？

·—— 任务四　掌握消费税的征收管理 ——·

一、纳税义务发生时间

纳税人生产的应税消费品于销售时纳税，进口消费品应当于应税消费品报关进口环节纳税，但金银首饰、钻石及钻石饰品在零售环节纳税。消费税纳税义务发生的时间，以货款结算方式或行为发生时间分别确定。

（1）纳税人生产销售的应税消费品，其纳税义务的发生时间为：

①纳税人采取赊销和分期收款结算方式的，其纳税义务的发生时间，为销售合同规定的收款日期的当天。

②纳税人采取预收货款结算方式的，其纳税义务的发生时间，为发出应税消费品的当天。

③纳税人采取托收承付和委托银行收款方式销售的应税消费品，其纳税义务的发生时间，为发出应税消费品并办妥托收手续的当天。

④纳税人采取其他结算方式的，其纳税义务的发生时间，为收讫销售款或者取得索取销售款的凭据的当天。

（2）纳税人自产自用的应税消费品，其纳税义务的发生时间，为移送使用的当天。

（3）纳税人委托加工的应税消费品，其纳税义务的发生时间，为纳税人提货的当天。

（4）纳税人进口的应税消费品，其纳税义务的发生时间，为报关进口的当天。

练一练

多项选择题

下列关于消费税纳税义务发生时间的说法中，正确的有（　　　）。

A. 某酒厂采取赊销方式销售白酒 10 吨，其纳税义务发生时间为销售合同中约定的收款日期的当天

B. 某化妆品厂采取预收货款方式销售化妆品 1 万件，其纳税义务发生时间为收到预收款的当天

C. 某汽车厂自产自用小汽车 1 辆，其纳税义务发生时间为小汽车移送使用的当天

D. 某卷烟厂销售卷烟 30 标准箱并收取价款 60 万元，其纳税义务发生时间为收款当天

二、纳税期限

按照《消费税暂行条例》规定，消费税的纳税期限分别为 1 日、3 日、5 日、10 日、15 日或者 1 个月。纳税人的具体纳税期限，由主管税务机关根据纳税人应纳税额的大小分别核定；不能按照固定期限纳税的，可以按次纳税。

纳税人以 1 个月为一期纳税的，自期满之日起 15 日内申报纳税；以 1 日、3 日、5 日、10 日或者 15 日为一期纳税的，自期满之日起 5 日内预缴税款，于次月 1 日起至 15 日内申报纳税并结清上月应纳税款。

纳税人进口应税消费品，应当自海关填发海关进口消费税专用缴款书之日起 15 日内缴纳税款。

如果纳税人不能按照规定的纳税期限依法纳税，将按《税收征收管理法》的有关规定处理。

三、纳税地点

（1）纳税人销售的应税消费品，以及自产自用的应税消费品，除国家另有规定的以外，应当向纳税人核算地主管税务机关申报纳税。

（2）委托加工的应税消费品，除受托方为个人以外，由受托方向所在地主管税务机关代收代缴消费税税款。

（3）进口的应税消费品，由进口人或者其代理人向报关地海关申报纳税。

（4）纳税人到外县（市）销售或委托外县（市）代销自产应税消费品的，于应税消费品销售后，向机构所在地或者居住地主管税务机关申报纳税。

纳税人的总机构与分支机构不在同一县（市）的，应当分别向各自机构所在地的主管税务机关申报纳税；经财政部、国家税务总局或者其授权的财政、税务机关批准，可以由总

机构汇总向总机构所在地的主管税务机关申报纳税。

（5）纳税人销售的应税消费品，如因质量等原因由购买者退回时，经所在地主管税务机关审核批准后，可退还已征收的消费税税款。但不能自行直接抵减应纳税款。

> **练一练**
>
> 多项选择题
> 下列各项中，符合消费税纳税地点规定的有（　　　）。
> A. 进口应税消费品的，由进口人或其代理人向报关地海关申报纳税
> B. 纳税人总机构与分支机构不在同一市县的，分支机构应回总机构申报纳税
> C. 委托加工应税消费品的，由委托方向受托方所在地主管税务机关申报纳税
> D. 纳税人到外县销售自产应税消费品的，应向机构所在地或者居住地主管税务机关申报纳税

四、纳税申报

纳税申报资料包括纳税申报表及其附列资料和纳税申报其他资料。

纳税申报表及其附列资料包括成品油消费税纳税申报表、卷烟消费税纳税申报表、其他应税消费品消费税纳税申报表、涂料消费税纳税申报表、小汽车消费税纳税申报表、烟类应税消费税品纳税申报表，以及消费税本期减免税额明细表。

本项目小结

消费税是对我国境内从事生产、委托加工和进口应税消费品的单位和个人，就其销售额或销售数量，在生产、进口、销售等特定环节征收的一种税，是我国流转课税中仅次于增值税的第二大税种。

消费税的纳税人为在我国境内生产、委托加工和进口应税消费品的单位和个人，以及国务院确定的销售应税消费品的其他单位和个人。

消费税的征税范围采用正列举的方式，即按税目规定了应税消费品的范围，具体有15个税目。

消费税的税率包括比例税率、定额税率，以及从量定额与从价定率相结合的复合计税方法。计算应纳税额时，实行从价定率办法的，应纳税额＝销售额×比例税率；实行从量定额办法的，应纳税额＝销售数量×定额税率；实行复合计税办法的，应纳税额＝销售数量×定额税率＋销售额×比例税率。另外，还应注意几种特殊行为应纳消费税税额的计算。

缴纳税款时，应注意纳税义务发生时间、纳税环节、纳税期限和纳税地点。

本项目主要参考资料

[1] 中华人民共和国国务院. 中华人民共和国消费税暂行条例. 中华人民共和国国务院令第 539 号.

[2] 中华人民共和国财政部，国家税务总局. 中华人民共和国消费税暂行条例实施细则. 中华人民共和国财政部、国家税务总局第 51 号令.

[3] 中华人民共和国财政部，国家税务总局. 财政部 国家税务总局关于调整消费税政策的通知. 财税〔2014〕93 号.

[4] 中华人民共和国财政部，国家税务总局. 财政部 国家税务总局关于提高成品油消费税的通知. 财税〔2014〕94 号.

[5] 中华人民共和国财政部，国家税务总局. 财政部 国家税务总局关于对电池、涂料征收消费税的通知. 财税〔2015〕16 号.

[6] 中华人民共和国财政部，国家税务总局. 财政部 国家税务总局关于调整卷烟消费税的通知. 财税〔2015〕60 号.

[7] 国家税务总局. 国家税务总局关于调整消费税纳税申报有关事项的公告. 国家税务总局公告 2015 年第 32 号.

自测练习题

一、单项选择题

1. 下列应税消费品中，适用复合计税方法计征消费税的是（　　）。

    A. 高尔夫球及球具   B. 酒精   C. 卷烟   D. 化妆品

2. 下列项目中应视同销售，需要缴纳消费税的是（　　）。

    A. 用外购已税酒精继续加工成粮食白酒

    B. 用自制的酒精继续加工成粮食白酒

    C. 某汽车厂将自制的小汽车用于对外投资

    D. 委托加工收回的酒精继续加工成粮食白酒

3. 以下应税消费品中，适用单一定额税率的有（　　）。

    A. 粮食白酒   B. 酒精   C. 黄酒   D. 啤酒

4. 根据消费税的有关规定，下列纳税人自产自用应税消费品不缴纳消费税的是（　　）。

    A. 卷烟厂用于生产卷烟的自制烟丝

    B. 汽车厂用于管理本部门的自产汽车

    C. 日化厂用于交易会样品的自产化妆品

    D. 炼油厂用于本企业基建部门车辆的自产柴油

5. 下列情况应征消费税的有（　　）。

A. 药厂外购已税酒精配制成含酒精的药膏后销售

B. 商业企业外购已税珠宝玉石加工成金银首饰后销售

C. 收回后的委托加工实木地板用于职工福利

D. 收回后的委托加工粮食白酒直接销售

二、多项选择题

1. 消费税不同应税消费品的纳税环节包括（   ）。

   A. 委托加工环节　　　B. 进口环节　　　C. 零售环节　　　D. 生产销售环节

2. 下列货物销售必须要缴纳消费税的有（   ）。

   A. 汽车销售公司代销小汽车　　　　　　B. 地板厂生产销售实木地板

   C. 金店零售金银首饰　　　　　　　　　D. 酒厂生产销售葡萄酒

3. 下列行为中，不属于委托加工应税消费品业务的有（   ）。

   A. 受托方提供原材料加工应税消费品

   B. 受托方以委托方名义购进原材料加工应税消费品

   C. 受托方从委托方购进原材料后再接受加工

   D. 委托方提供原材料，受托方代垫辅助材料

4. 下列各项中，应当征收消费税的有（   ）。

   A. 化妆品厂作为样品赠送给客户的化妆品

   B. 用于产品质量检验耗费的高尔夫球杆

   C. 白酒生产企业向百货公司销售的试制药酒

   D. 轮胎厂移送非独立核算门市部待销售的汽车轮胎

5. 下列不可抵扣外购应税消费品的已纳税额的项目有（   ）。

   A. 为生产化妆品而领用的酒精　　　　　B. 为零售金银首饰而出库的金银首饰

   C. 为生产小汽车而购入的汽车轮胎　　　D. 领用外购已税白酒勾兑白酒

6. 下列应税消费品以纳税人同类应税消费品的最高销售价格作为计税依据计算消费税的有（   ）。

   A. 用于抵债的应税消费品　　　　　　　B. 用于馈赠的应税消费品

   C. 用于换取生产资料的应税消费品　　　D. 对外投资入股的应税消费品

7. 下列关于消费税纳税人的说法正确的有（   ）。

   A. 委托加工洗发水的纳税人是受托加工企业　B. 携带卷烟入境的纳税人是携带者

   C. 邮寄入境应税消费品的纳税人是收件人　　D. 零售钻石饰品的纳税人是消费者

8. 企业生产销售白酒取得的下列款项中，应并入销售额计征消费税的有（   ）。

   A. 优质费　　　　　B. 包装物租金　　　　C. 品牌使用费　　　D. 包装物押金

9. 下列关于消费税纳税义务发生时间的说法中，正确的有（   ）。

   A. 某酒厂采取赊销方式销售白酒 10 吨，其纳税义务发生时间为销售合同中约定的收款日期的当天

B. 某化妆品厂采取预收货款方式销售化妆品 1 万件，其纳税义务发生时间为收到预收款的当天

C. 某汽车厂自产自用 1 辆小汽车，其纳税义务发生时间为小汽车移送使用的当天

D. 某卷烟厂销售卷烟 30 标准箱并收取价款 60 万元，其纳税义务发生时间为收款当天

10. 下列各项中，符合消费税纳税地点规定的有（　　　）。

A. 进口应税消费品的，由进口人或其代理人向报关地海关申报纳税

B. 纳税人总机构与分支机构不在同一市县的，分支机构应回总机构申报纳税

C. 委托加工应税消费品的，由委托方向受托方所在地主管税务机关申报纳税

D. 纳税人到外县销售自产应税消费品，应向机构所在地或者居住地主管税务机关申报纳税

三、实务练习题

1. 某酒厂 2016 年 12 月销售粮食白酒 12 000 斤①，售价为每斤 5 元，随同销售的包装物价格为 6 200 元；本月销售礼品盒 6 000 套，售价为 300 元每套，每套包括粮食白酒 2 斤、单价 80 元，干红酒 2 斤，单价 70 元。试计算该酒厂 12 月份应缴纳的消费税税额（题中价格均为不含税价格）并填写纳税申报表。（纳税申报表见本项目相应的微课件。）

2. 某市酒厂为增值税一般纳税人，主要生产销售各类白酒，2016 年 1 月经营情况如下：

（1）从某酒厂购进 60 吨食用酒精，取得普通发票，注明价款 21.4 万元；从农业生产者手中收购粮食 600 000 斤，支付收购价款 30 万元，支付运输费用 2 万元，装卸费 0.5 万元，运输途中损失 6 000 斤（管理不善造成）；购入生产用煤，取得增值税专用发票，注明价款 10 万元、增值税 1.3 万元，支付运输费用 4 万元；从生产性小规模纳税人处购进劳保用品，取得税务机关代开的增值税专用发票，注明税款 0.09 万元。

（2）销售瓶装粮食白酒 20 000 斤，开具增值税专用发票，取得销售额 31 万元，收取包装物押金 3.51 万元；销售散装薯类白酒 20 000 斤，开具普通发票，取得销售收入 24.57 万元；向当地白酒节捐赠特制粮食白酒 500 斤；用 5 吨特制粮食白酒与供货方换取原材料，合同规定，该特制粮食白酒按平均售价计价，供货方提供的原材料价款 20 万元，供货方开具了税款为 3.4 万元的增值税专用发票，酒厂开具了税款为 3.74 万元的增值税专用发票。特制粮食白酒最高售价 25 元/斤，平均售价 22 元/斤（售价为不含税价格）。

（3）将试制的新型号干红酒 10 000 斤发给职工作为福利，成本价 1.4 万元，该产品无同类产品市场价格。

（4）受托为某县城甲企业加工酒精 4 吨，甲企业提供的材料成本 9 万元，酒厂开具增值税专用发票，取得加工费 0.5 万元，增值税 0.085 万元。

要求：（1）试计算该酒厂 1 月份应缴纳的增值税税额。

（2）试计算该酒厂 1 月份应缴纳的消费税税额并填写纳税申报表。

———————————

① 斤为非法定计量单位，1 斤 = 500 克。

（3）试计算该酒厂1月份应代收代缴的消费税税额并填写纳税申报表。（有关票据均在1月通过税务机关的认证并抵扣，支付的运输费用均取得合法货运发票。相关消费税税率：白酒定额税率为0.5元/斤，比例税率为20%；其他酒10%；酒精5%。相关成本利润率：其他酒5%。）

参考答案

一、单项选择题

1	2	3	4	5
C	C	D	A	B

二、多项选择题

1	2	3	4	5	6	7	8	9	10
ABCD	BCD	ABC	ACD	ACD	ABC	BC	ABCD	ACD	AD

三、实务练习题

1. 该企业12月份应缴纳的消费税 $= (12\,000 + 6\,000 \times 2) \times 0.5 + (12\,000 \times 5 + 6\,000 \times 2 \times 80) \times 20\% + 6\,000 \times 2 \times 70 \times 10\%$

$= 12\,000 + 204\,000 + 84\,000 = 300\,000$（元）

2. （1）该酒厂当月应缴纳的增值税为：

进项税额 $= 300\,000 \times 13\% + 13\,000 + 900 + (20\,000 + 40\,000) \div (1 + 11\%) \times 11\% + 34\,000$

$= 92\,845.95$（元）

销项税额 $= 310\,000 \times 17\% + 245\,700 \div (1 + 17\%) \times 17\% + 500 \times 22 \times 17\% + 37\,400 + 14\,000 \times (1 + 5\%) \div (1 - 10\%) \times 17\% + 850$

$= 52\,700 + 35\,700 + 1\,870 + 37\,400 + 2\,776.67 + 850 = 131\,296.67$（元）

应交增值税 $= 131\,296.67 - 92\,845.95 = 38\,450.72$（元）

（2）该酒厂当月应缴纳的消费税

$= (20\,000 + 20\,000 + 500 + 5 \times 2\,000) \times 0.5 + [310\,000 + 245\,700 \div (1 + 17\%) + (500 + 5 \times 2000) \times 22] \times 20\% + 14\,000 \times (1 + 5\%) \div (1 - 10\%) \times 10\% + (90\,000 + 5\,000) \div (1 - 5\%) \times 5\%$

$= 25\,250 + 150\,200 + 16\,333.33 + 5\,000 = 196\,783.33$（元）

（3）该酒厂代收代缴的消费税税额计算如下：

组成计税价格 $= (90\,000 + 5\,000) \div (1 - 5\%) = 100\,000$（元）

应纳税额 $= 100\,000 \times 5\% = 5\,000$（元）

项目三

关 税

▼ 引入

　　某公司从境外进口小轿车 30 辆，每辆小轿车货价 15 万元，运抵我国海关前发生的运输费用、保险费用无法确定，经海关查实其他运输公司相同业务的运输费用占货价的比例为 2%，关税税率为 60%，该公司应纳关税是多少？

▼ 内容提要

➢ 关税概述
➢ 我国的关税制度
➢ 关税应纳税额的计算
➢ 关税的征收管理

▼ 学习目标

1. 了解关税的特点、分类
2. 理解关税的纳税人、税率
3. 掌握进出口货物关税的完税价格，以及完税价格中运输及相关费用、保险费的计算
4. 掌握关税应纳税额的计算及关税的征收管理

▼ 学习方法

1. 理解关税的基本要素
2. 练习关税纳税申报
3. 计算关税的税额
4. 完整阅读《中华人民共和国进出口关税条例》及国务院、财政部、海关总署发布的补充规定
5. 经常登录国家税务总局官网（http：//www.chinatax.gov.cn/）查阅最新政策

关键词

关税 过境税 滑准税 原产地 税则

── 任务一 认知关税 ──

一、关税的概念

关税是海关依法对进出关境的货物、物品征收的一种税。

关境，又称"海关境域"或"关税领域"，是《中华人民共和国海关法》（简称《海关法》）全面实施的领域。国境是指一个主权国家的领土范围，在通常情况下，一国关境与国境是一致的，包括国家全部的领土、领海、领空。但当某一国在国境内设立了自由港、自由贸易区等时，这些区域就进出口关税而言处在关境之外，这时，该国的关境小于国境。例如，在我国，根据相关法律，香港特别行政区和澳门特别行政区保持自由港地位，为我国单独的关税地区，即单独关境区。单独关境区是不适用该国海关法律、法规或实施单独海关管理制度的区域。

此外，当几个国家结成关税同盟，组成一个共同的关境，实施统一的关税法令和统一的对外税则时，这些国家彼此之间货物进出国境不征收关税，只对来自或运往其他国家的货物进出共同关境征收关税，这些国家的关境大于国境，如欧洲联盟。

二、关税的特点

（一）以进出境的货物、物品为征税对象

关税是对进出境的货品征税，是否经过国境（关境）是征关税与否的前提条件。在境内和境外流通的货物，不进出关境的不征关税。

（二）关税是单一环节的价外税

关税完税价格中不包括关税，即在征收关税时，是以实际成交价格为计税依据，关税不包括在内。但海关代为征收增值税、消费税时，其计税依据包括关税在内。

（三）关税由海关机关统一征收管理

与其他税收不同，关税是由主权国家设在国境或关境的海关机关，根据国家制定的关税税法、税则征收管理。其他任何单位和个人均无权征收关税。

（四）关税有较强的涉外性

关税只对进出境的货物和物品征收。因此，关税税则的制定、税率的高低会直接影响国际贸易的开展。尤其在全球化背景下，世界各国的经济联系更为密切，贸易关系不仅是经济关系，也是一种政治关系。因此关税政策及措施也与一国的经济与外交政策紧密相关，具有涉外性。

三、关税的分类

（一）按征收对象划分，分为进口税、出口税和过境税

1. 进口税

进口税是海关对进口货物和物品所征收的关税。现今世界各国的关税，主要是征进口税。征收进口税的目的在于保护本国市场和增加财政收入。

2. 出口税

出口税是海关对出口货物和物品所征收的关税。为了降低出口货物的成本，提高本国货物在国际市场上的竞争力，世界各国一般少征或不征出口税。

3. 过境税

过境税是对外国经过本国国境运往另一国的过境货物所征收的关税。目前，世界上大多数国家不征收过境税，我国也不征收过境税。

（二）按征收标准划分，分为从价税、从量税、复合税、滑准税

1. 从价税

从价税是以征税对象的价格为计税依据，根据一定比例的税率进行计征。

2. 从量税

从量税是以征税对象的数量为计税依据，按每单位数量预先制定的应税额计征。

3. 复合税

复合税又称混合税，即对进口货物同时制定从价、从量两种计征方式，分别计算税额，以两种税额之和作为该货物的应征税额。

4. 滑准税

滑准税是对某种货物在税则中预先按该商品的价格规定几档税率。同一种货物当价格高时适用较低税率，价格低的时候适用较高税率。

练一练

单项选择题

关税税率随进口商品价格由高到低而由低到高设置，这种计征关税的方法称为（　　）。

A. 从价税　　　　B. 从量税　　　　C. 复合税　　　　D. 滑准税

·—— 任务二　熟悉我国的关税制度 ——·

一、征税对象

关税的征税对象是准许进出境的货物和物品。货物是指贸易性商品，物品指入境旅客随

身携带的行李物品、个人邮递物品、各种运输工具上的服务人员携带进口的自用物品、馈赠物品以及其他方式进境的个人物品。

二、纳税义务人

进口货物的收货人、出口货物的发货人、进出境物品的所有人，是关税的纳税义务人。进出口货物的收、发货人是依法取得对外贸易经营权、进口或者出口货物的法人或者其他社会团体。进出境物品的所有人包括该物品的所有人和推定为所有人的人。一般情况下，对于携带进境的物品，推定其携带人为所有人；对分离运输的行李，推定相应的进出境旅客为所有人；对以邮递方式进境的物品，推定其收件人为所有人；以邮递或其他运输方式出境的物品，推定其寄件人或托运人为所有人。

练一练

多项选择题
下列各项中，属于关税纳税义务人的有（　　　）。
A. 进出口货物的经纪人　　　　B. 出口货物的发货人
C. 进口货物的收货人　　　　　D. 进出境物品的所有人

三、进出口税则

（一）进出口税则及归类

进出口税则是一国政府根据国家关税政策和经济政策，通过一定的立法程序制定、公布、实施的进出口货物和物品应税的关税税率表。

税则归类，就是将每项具体进出口商品按其特性在税则中找出其最适合的某一个税号，以确定其适用的税率，计算关税税负。税则归类错误会导致关税的多征或少征，影响关税作用的发挥。

（二）关税税率及运用

1. 进口关税税率

我国进口税则设有最惠国税率、协定税率、特惠税率、普通税率、关税配额税率等税率。对进口货物在一定期限内可以实行暂定税率。

最惠国税率适用原产于与我国共同适用最惠国待遇条款的世界贸易组织成员国或地区的进口货物，或原产于与我国签订有相互给予最惠国待遇条款的双边贸易协定的国家或地区进口的货物，以及原产于我国境内的进口货物。

协定税率适用原产于我国参加的含有关税优惠条款的区域性贸易协定有关缔约方的进口货物。

特惠税率适用原产于与我国签订有特殊优惠关税协定的国家或地区的进口货物。

普通税率适用于原产于上述国家或地区以外的其他国家或地区的进口货物。

按照普通税率征的进口货物，经国务院关税税则委员会特别批准，可以适用最惠国税率。适用最惠国税率、协定税率、特惠税率的国家或者地区名单，由国务院关税税则委员会决定。根据经济发展需要，国家对部分进口原材料、零部件、农药原药和中间体、乐器及生产设备实行暂定税率。暂定税率优先适用于优惠税率或最惠国税率，按普通税率征的进口货物不适用暂定税率。同时，对部分进口农产品和化肥产品实行关税配额，即一定数量内的上述进口商品适用税率较低的配额内税率，超出该数量的进口商品适用税率较高的配额外税率。

2. 出口关税税率

国家仅对少数资源性产品及易于竞相杀价、盲目进口、需要规范出口秩序的半制成品征收出口关税，税率为20%～40%。

3. 特别关税

特别关税包括报复性关税、反倾销税与反补贴税、保障性关税。征收特别关税的货物、适用国别、税率、期限和征收办法，由国务院关税税则委员会决定，海关总署负责实施。

4. 税率的运用

（1）进出口货物，应当按照纳税义务人申报进口或者出口之日实施的税率征税。

（2）进口货物到达前，经海关核准先行申报的，应当按照装载此货物的运输工具申报进境之日实施的税率征税。

（3）进出口货物的补税和退税，适用该进出口货物原申报进口或者出口之日所实施的税率。

 练一练

单项选择题

在进行关税税则归类时，对于制成品，应首先考虑按（　　　）归类。

A. 用途　　　　B. 属性　　　　C. 主要材质　　　　D. 销售对象

四、原产地规定

确定进境货物原产国的主要原因之一，是便于正确运用进口税则的各栏税率，对产自不同国家或地区的进口货物适用不同的关税税率。我国原产地规定基本上采用了"全部产地生产标准""实质性加工标准"两种国际上通用的原产地标准。

全部产地生产标准，是指进口货物"完全在一个国家内生产或制造"，生产或制造国即为该货物的原产国；实质性加工标准是指适用于确定有两个或两个以上国家参与生产的产品的原产国的标准，以最后一个对货物进行经济上可以视为实质性加工的国家为原产国。"实质性加工"是指产品加工后，在进出口税则中四位数税号一级的税则归类已经有了改变，或者加工增值部分所占新产品总值的比例已超过 30% 及以上的。

💬 (小组讨论)

丰田汽车公司中国工厂生产的丰田汽车,其原产地应该算是哪一国?

五、税收优惠

关税减免是对某些纳税人和征税对象给予鼓励和照顾的一种特殊调节手段,是贯彻国家关税政策的一项重要措施,使关税政策工作兼顾了普遍性和特殊性、原则性和灵活性。关税减免分为法定减免税、特定减免税和临时减免税。根据《海关法》规定,除法定减免税外的其他减免税均由国务院决定。

(一) 法定减免税

法定减免税是税法中明确列出的给予进出口货物的减税或免税。符合税法规定可予减免税的进出口货物,纳税义务人无须提出申请,海关可按规定直接予以减免税。海关对法定减免税货物一般不进行后续管理。

(1) 关税税额在人民币 50 元以下的一票货物,可免征关税。

(2) 无商业价值的广告品和货样,可免征关税。

(3) 外国政府、国际组织无偿赠送的物资,可免征关税。

(4) 进出境运输工具装载的途中必需的燃料、物料和饮食用品,可予免税。

(5) 经海关核准暂时进境或者暂时出境,并在 6 个月内复运出境或者复运进境的货样、展览品、施工机械、工程车辆、工程船舶、供安装设备时使用的仪器和工具、电视或者电影摄制器械、盛装货物的容器以及剧团服装道具,在货物收发货人向海关缴纳相当于税款的保证金或者提供担保后,可予暂时免税。

(6) 为境外厂商加工、装配成品和为制造外销产品而进口的原材料、辅料、零件、部件、配套件和包装物料,海关按照实际加工出口的成品数量免征进口关税;或者对进口料、件先征进口关税,再按照实际加工出口的成品数量予以退税。

(7) 因故退还的中国出口货物,经海关审查属实,可予免征进口关税,但已征收的出口关税不予退还。

(8) 因故退还的境外进口货物,经海关审查属实,可予免征出口关税,但已征收的进口关税不予退还。

(9) 进口货物如有以下情形,经海关查明属实,可酌情减免进口关税:在境外运输途中或者在起卸时,遭受损坏或者损失的;起卸后海关放行前,因不可抗力遭受损坏或者损失的;海关查验时已经破漏、损坏或者腐烂,经证明不是保管不慎造成的。

(10) 无代价抵偿货物,即进口货物在征税放行后,发现货物残损、短少或品质不良,而由国外承运人、发货人或保险公司免费补偿或更换的同类货物,可以免税。

（11）我国缔结或者参加的国际条约规定减征、免征关税的货物、物品，按照规定予以减免关税。

（12）法律规定减征、免征的其他货物。

（二）特定减免税

特定减免税也称政策性减免税，是指在法定减免税之外，国家按照国际通行规则和我国实际情况，制定发布的有关进出口货物减免关税的政策。包括：科教用品；残疾人专用品；扶贫、慈善性捐赠物资；加工贸易产品；边境贸易进口物资；保税区进出口货物；出口加工区进出口货物；进口设备；特定行业或用途的减免税政策。

（三）临时减免税

临时减免税是指除以上法定和特定减免税以外的其他减免税，即由国务院根据《海关法》，对某个单位、某类商品、某个项目或某批进出口货物的特殊情况，给予特别照顾，一案一批，专文下达的减免税。

·—— 任务三　掌握关税应纳税额的计算 ——·

一、关税的完税价格

进出口货物的完税价格，由海关以该货物的成交价格为基础审查确定。成交价格不能确定时，完税价格由海关依法估定。

（一）一般进口货物的完税价格

1. 以成交价格为基础的完税价格

进口货物的完税价格包括货物的货价、货物运抵我国境内输入地点起卸前的运输及其相关费用、保险费。我国境内输入地为入境海关地，包括内陆河、江口岸，一般为第一口岸。货物的货价以成交价格为基础。进口货物的成交价格是指买方为购买该货物，按《中华人民共和国海关审定进出口货物完税价格办法》（简称《完税价格办法》）有关规定调整后的实付或应付价格。

2. 对实付或应付价格进行调整的有关规定

"实付或应付价格"是指买方为购买进口货物直接或间接支付的款项总额，即作为卖方销售进口货物的条件，由买方向卖方或为履行卖方义务向第三方已经支付或将要支付的全部款项。

（1）如下列费用或者价值未包括在进口货物的实付或者应付价格中，应当计入完税价格。

①由买方负担的除购货佣金以外的佣金和经纪费。购货佣金是指买方为购买进口货物向自己的采购代理人支付的劳务费用。经纪费是指买方为购买进口货物向代表买卖双方利益的经纪人支付的劳务费用。

②由买方负担的与该货物视为一体的容器费用。

③由买方负担的包装材料和包装劳务费用。

④与该货物的生产和向中华人民共和国境内销售有关的，由买方以免费或者以低于成本的方式提供，并可以按适当比例分摊的料件、工具、模具、消耗材料及类似货物的价款，以及在境外开发、设计等相关服务的费用。

⑤与该货物有关并作为卖方向我国销售该货物的一项条件，应当由买方直接或间接支付的特许权使用费。

⑥卖方直接或间接从买方对该货物进口后转售、处置或使用所得中获得的收益。

（2）下列费用，应当与该货物实付或者应付价格区分，不得计入完税价格。

①厂房、机械、设备等货物进口后的基建、安装、装配、维修和技术服务的费用。

②货物运抵境内输入地点之后的运输费用、保险费和其他相关费用。

③进口关税及其他国内税收。

3. 进口货物海关估价方法

进口货物的价格不符合成交价格条件或者成交价格不能确定的，海关应当依次以相同货物成交价格方法、类似货物成交价格方法、倒扣价格方法、计算价格方法及其他合理方法确定的价格为基础，估定完税价格。

相同或类似货物成交价格方法，即以与被估的进口货物同时或大约同时（在海关接受申报进口日的前后各45天以内）进口的相同或类似货物的成交价格为基础，估定完税价格。

倒扣价格方法，即以被估的进口货物、相同或类似进口货物在境内销售的价格为基础估定完税价格。

计算价格方法，即按下列各项的总和计算出的价格估定完税价格。有关各项为：

（1）生产该货物所使用的原材料价值和进行装配或其他加工的费用。

（2）与向境内出口销售同等级或同种类货物的利润、一般费用相符的利润和一般费用。

（3）货物运抵境内输入地点起卸前的运输及相关费用、保险费。

其他合理方法，应当根据《完税价格办法》规定的估价原则，以在境内获得的数据资料为基础估定完税价格。但不得使用以下价格：

（1）境内生产的货物在境内的销售价格。

（2）可供选择的价格中较高的价格。

（3）货物在出口地市场的销售价格。

（4）以计算价格方法规定的有关各项之外的价值或费用计算的价格。

（5）出口到第三国或地区的货物的销售价格。

（6）最低限价或武断虚构的价格。

（二）特殊进口货物的完税价格

1. 加工贸易进口料件及其制成品

（1）进口时需征税的进料加工进口料件，以该料件申报进口时的价格估定。

（2）内销的进料加工进口料件或其制成品，以料件原进口时的价格估定。

（3）内销的来料加工进口料件或其制成品，以料件申报内销时的价格估定。

（4）出口加工区内的加工企业内销的制成品，以制成品申报内销时的价格估定。

（5）保税区内的加工企业内销的进口料件或其制成品，分别以料件或制成品申报内销时的价格估定。

（6）加工贸易加工过程中产生的边角料，以申报内销时的价格估定。

2. 保税区、出口加工区货物

从保税区或出口加工区销往区外、从保税仓库出库内销的进口货物（加工贸易进口料件及其制成品除外），以海关审定的价格（含区内、库内发生的仓储、运输及其他相关费用）估定完税价格。

3. 运往境外修理的货物

运往境外修理的机械器具、运输工具或其他货物，出境时已向海关报明，并在海关规定期限内复运进境的，应当以海关审定的境外修理费和料件费为完税价格。

4. 运往境外加工的货物

运往境外加工的货物，出境时已向海关报明，并在海关规定期限内复运进境的，应当以海关审定的境外加工费和料件费以及该货物复运进境的运输及其相关费用、保险费估定完税价格。

5. 暂时进境货物

对于经海关批准的暂时进境的货物，应当按照一般进口货物估价办法的规定估定完税价格。

6. 租赁方式进口货物

租赁方式进口的货物中，以租金方式对外支付的租赁货物，在租赁期间以海关审定的租金作为完税价格；留购的租赁货物，以海关审定的留购价格作为完税价格；承租人申请一次性缴纳税款的，经海关同意，按照一般进口货物估价办法的规定估定完税价格。

7. 留购的进口货样、展览品和广告陈列品

对于境内留购的进口货样、展览品和广告陈列品，以海关审定的留购价格作为完税价格。

8. 予以补税的减免税货物

减税或免税进口的货物需予补税时，应当以海关审定的该货物原进口时的价格，扣除折旧部分价值作为完税价格，其计算公式为

$$完税价格 = \frac{海关审定的该货物}{原进口时的价格} \times \left[1 - \frac{申请补税时实际}{已使用的时间（月）} \div （监管年限 \times 12） \right]$$

9. 以其他方式进口的货物

以货易货贸易、寄售、捐赠、赠送等其他方式进口的货物，应当按照一般进口货物估价办法的规定，估定完税价格。

练一练

多项选择题

下列未包含在进口货物价格中的项目，应计入关税完税价格的有（　　　）。

A. 由买方负担的购货佣金

B. 由买方负担的包装材料和包装劳务费

C. 由买方负担的进口货物在境内的复制权费

D. 由买方负担的与该货物视为一体的容器费用

（三）出口货物的完税价格

1. 以成交价格为基础的完税价格

出口货物的完税价格，由海关以该货物向境外销售的成交价格为基础审查确定，包括货物运至我国境内输出地点装载前的运输及其相关费用、保险费，但其中包含的出口关税额，应当扣除。

出口货物的成交价格，是指该货物出口销售到我国境外时买方向卖方实付或应付的价格。出口货物的成交价格中含有支付给境外的佣金的，如果单独列明，应当扣除。

2. 出口货物的海关估价方法

出口货物的成交价格不能确定时，完税价格由海关依次使用下列方法估定：

（1）同时或大约同时向同一国家或地区出口的相同货物的成交价格。

（2）同时或大约同时向同一国家或地区出口的类似货物的成交价格。

（3）根据境内生产相同或类似货物的成本、利润和一般费用、境内发生的运输及其相关费用、保险费计算所得的价格。

（4）按照合理方法估定的价格。

（四）进出口货物完税价格中的运输及相关费用、保险费的计算

1. 以一般陆运、空运、海运方式进口的货物

在进口货物的运输及相关费用、保险费计算中，海运进口货物，计算至该货物运抵境内的卸货口岸；如果该货物的卸货口岸是内河（江）口岸，则应当计算至内河（江）口岸。陆运进口货物，计算至该货物运抵境内的第一口岸；如果运输及其相关费用、保险费支付至目的地口岸，则计算至目的地口岸。空运进口货物，计算至该货物运抵境内的第一口岸；如果该货物的目的地为境内的第一口岸外的其他口岸，则计算至目的地口岸。

陆运、空运和海运进口货物的运费和保险费，应当按照实际支付的费用计算。如果进口货物的运费无法确定或未实际发生，海关应当按照该货物进口同期运输行业公布的运费率（额）计算运费，按照"货价加运费"两者总额的3‰计算保险费。

2. 以其他方式进口的货物

邮运进口货物，以邮费作为运输、保险等相关费用；以境外边境口岸价格条件成交的铁

路或公路运输进口货物，按货价的1%计算运输及相关费用、保险费；作为进口货物的自驾进口的运输工具，海关在审定完税价格时，可以不另行计入运费。

3. 出口货物

出口货物的销售价格如果包括离境口岸到境外口岸之间的运输、保险费的，该运费、保险费应当扣除。

单项选择题

下列各项中，应计入出口货物完税价格的是（　　）。

A. 出口关税税额

B. 单独列明的支付给境外的佣金

C. 货物在我国境内输出地点装载后的运输费用

D. 货物运至我国境内输出地点装载前的保险费

二、应纳税额的计算

（1）从价税货物应纳税额的计算公式为

关税税额 = 货物完税价格 × 税率

（2）从量税货物应纳税额的计算公式为

关税税额 = 货物数量 × 单位税额

（3）复合税货物应纳税额的计算公式为

关税税额 = 货物完税价格 × 税率 + 货物数量 × 单位税额

（4）滑准税应纳税额的计算公式为

关税税额 = 货物完税价格 × 滑准税税率

【例2-17】见本项目引入案例，请计算进口小轿车在进口环节应缴纳的关税、消费税和增值税。

【解析】小轿车在进口环节应缴纳的关税、消费税（税率9%）、增值税为：

（1）进口小轿车的货价 = 15 × 30 = 450（万元）

（2）进口小轿车的运输费 = 450 × 2% = 9（万元）

（3）进口小轿车的保险费 =（450 + 9）× 3% = 13.77（万元）

（4）进口小轿车应缴纳的关税。

关税的完税价格 = 450 + 9 + 13.77 = 472.77（万元）

应缴纳关税 = 472.77 × 60% = 283.66（万元）

（5）进口环节小轿车应缴纳的消费税。

消费税组成计税价格 =（472.77 + 283.66）÷（1 - 9%）= 831.24（万元）

应缴纳消费税 = 831.24×9% = 74.81（万元）

（6）进口环节小轿车应缴纳增值税。

应缴纳增值税 = 831.24×17% = 141.31（万元）

·── 任务四　掌握关税的征收管理 ──·

一、关税的缴纳

进口货物自运输工具申报进境之日起 14 日内，出口货物在货物运抵海关监管区后装货的 24 小时以前，应由进出口货物的纳税义务人向货物进（出）境地海关申报，海关根据税则归类和完税价格计算应缴纳的关税和进口环节代征税，并填发税款缴款书。纳税义务人应当自海关填发税款缴款书之日起 15 日内，向指定银行缴纳税款。关税纳税义务人因不可抗力或者在国家税收政策调整的情形下，不能按期缴纳税款的，经海关总署批准，可以延期缴纳税款，但最长不得超过 6 个月。

二、关税的强制执行

纳税义务人未在关税缴纳期限内缴纳税款，即构成关税滞纳。为保证海关征收关税决定的有效执行和国家财政收入的及时入库，《海关法》赋予海关对滞纳关税的纳税义务人强制执行的权利。强制措施主要有两类。

（一）征收关税滞纳金

滞纳金自关税缴纳期限届满滞纳之日起，至纳税义务人缴纳关税之日止，按滞纳税款 0.5‰的比例按日征收，周末或法定节假日不予扣除。

具体计算公式为

关税滞纳金金额 = 滞纳关税税额×0.5‰×滞纳天数

（二）强制征收

如纳税义务人自海关填发缴款书之日起 3 个月内仍未缴纳税款，经海关关长批准，海关可以采取强制扣缴、变价抵缴等强制措施。强制扣缴即海关从纳税义务人在开户银行或者其他金融机构的存款中直接扣缴税款。变价抵缴即海关将应税货物依法变卖，以变卖所得抵缴税款。

三、关税退还

关税退还是关税纳税义务人按海关核定的税额缴纳关税后，因某种原因的出现，海关将实际征收多于应当征收的税额（称为溢征关税）退还给原纳税义务人的一种行政行为。海关多征的税款，发现后应当立即退还。

有下列情形之一的，进出口货物的纳税义务人可以自缴纳税款之日起 1 年内，书面声明理由，连同原纳税收据向海关申请退税并加算银行同期活期存款利息，逾期不予受理。

（1）因海关误征，多纳税款的。

（2）海关核准免验进口的货物，在完税后，发现有短卸情形，经海关审查认可的。

（3）已征出口关税的货物，因故未将其运出口，申报退关，经海关查验属实的。

四、关税补征和追征

补征和追征是海关在关税纳税义务人按海关核定的税额缴纳关税后，发现实际征收税额少于应当征收的税额（称为短征关税）时，责令纳税义务人补缴所差税款的一种行政行为。《海关法》根据短征关税的原因，将海关征收原短征关税的行为分为补征和追征两种。

关税补征是指非因纳税人违反海关规定造成的短征关税。关税补征期为缴纳税款或货物、物品放行之日起 1 年内。

关税追征是指因纳税人违反海关规定造成的短征关税。关税追征期为进出口货物完税之日或货物放行之日起 3 年内，并从缴纳税款之日起按日加收少征或者漏征税款万分之五的滞纳金。

练一练

单项选择题

纳税人自海关填发缴款书之日起 3 个月内仍未缴纳税款，经（　　）批准，海关可以采取强制扣缴、变价抵缴等强制措施。

　A. 国税局长　　　B. 海关关长　　　C. 海关公务人员　　　D. 以上都可以

五、关税纳税争议

为保护纳税人合法权益，我国《海关法》和《中华人民共和国进出口关税条例》（简称《关税条例》）都规定：纳税义务人对海关确定的进出口货物的征税、减税、补税或者退税等有异议时，有提出申诉的权利。在纳税义务人同海关发生纳税争议时，可以向海关申请复议，但同时应当在规定期限内按海关核定的税额缴纳关税，逾期则构成滞纳，海关有权按规定采取强制执行措施。

纳税争议的申诉程序：纳税义务人自海关填发税款缴纳书之日起 30 日内，向原征税海关的上一级海关书面申请复议。逾期申请复议的，海关不予受理。海关应当自收到申请复议之日起 60 日内做出复议决定，并以复议决议书的形式正式答复纳税义务人；纳税义务人对海关复议决定仍然不服的，可以自收到复议决定书之日起 15 日内，向人民法院提起诉讼。

本项目小结

　　关税是海关对进出关境的商品，主要是对进入关境的商品征收的税种。关税的应税商品、免税商品、税率通常由税则规定。我国采用固定税率和协定税率相结合的复式税则制，另设暂定税率、非全税目税率、关税配额税率或滑准税率等多种税率形式；采用从价、从量或复合计征的不同计征方式；关税由海关计征；税负最终由消费者负担。

　　进口货物关税的纳税人是进口货物的收货人；出口货物关税的纳税人是出口货物的发货人；进境物品关税的纳税人是携带物品进境的入境人员、进境邮递物品的收件人以及其他方式进口物品的收件人。

　　对绝大部分进口货物从价计征关税，只对少数进口商品从量计征或者从价加从量复合计征关税。从价计征关说的进口货物的计税依据是进口货物的完税价格；出口货物关税的计税依据是出口货物的完税价格。

本项目主要参考资料

　　[1] 中华人民共和国全国人民代表大会常务委员会．中华人民共和国海关法．

　　[2] 中华人民共和国国务院．中华人民共和国进出口关税条例．国务院令第392号．

　　[3] 中华人民共和国海关总署．关于进境旅客携带行李物品验放标准有关事宜．海关总署公告〔2010〕54号．

　　[4] 中华人民共和国海关总署．中华人民共和国海关企业信用管理暂行办法．海关总署第225号令．

　　[5] 中华人民共和国海关总署．关于修订2012版《进出口税则商品及品目注释》的公告．海关总署公告〔2015〕6号．

　　[6] 中华人民共和国海关总署．关于公布2016年商品归类决定的公告．海关总署公告〔2016〕11号．

自测练习题

一、单项选择题

1. 如果一个国家的国境内设有免征关税的自由港或自由贸易区，这时（　　）。

　　A. 关境与国境一致　　　　　　　　B. 关境与国境不一致

　　C. 关境大于国境　　　　　　　　　D. 关境小于国境

2. 在进行关税税则归类时，对于制成品，应首先考虑按（　　）归类。

　　A. 用途　　　　　B. 属性　　　　　C. 主要材质　　　　　D. 销售对象

3. 出口货物成交价格中，含有支付给国外的佣金，如未单独列明的，在完税价格中（   ）。

    A. 应予扣除   B. 不予扣除   C. 部分扣除   D. 估价扣除

4. 关税纳税义务人因不可抗力或者在国家税收政策调整的情形下，不能按期缴纳税款的，经海关总署批准，可以延期缴纳税款，但最多不得超过（   ）个月。

    A. 3   B. 6   C. 9   D. 12

5. 以下进口的货物，海关可以酌情减免关税的是（   ）。

    A. 进口1年内在境内使用的货样   B. 为制造外销产品而进口的原材料

    C. 在境外运输途中遭受损坏的物品   D. 外国政府赠送的物资

6. 纳税人自海关填发缴款书之日起3个月内仍未缴纳税款，经（   ）批准，海关可以采取强制扣缴、变价抵缴等强制措施。

    A. 国税局长   B. 海关关长   C. 海关公务人员   D. 以上都可以

7. 下列各项中，应计入出口货物完税价格的是（   ）。

    A. 出口关税税额

    B. 单独列明的支付给境外的佣金

    C. 货物在我国境内输出地点装载后的运输费用

    D. 货物运至我国境内输出地点装载前的保险费

8. 关税税率随进口商品价格由高到低而由低到高设置，这种计征关税的方法称为（   ）。

    A. 从价税   B. 从量税   C. 复合税   D. 滑准税

9. 关税的纳税义务人或其代理人，应在海关填发税款缴纳书之日起（   ）内向指定银行缴纳关税。

    A. 3日   B. 7日   C. 15日   D. 30日

10. 在纳税义务人与海关发生纳税争议时，可以向（   ）申请复议，但同时应当在规定期限内按海关核定的税额缴纳关税。

    A. 原海关   B. 原征税海关的上一级海关

    C. 海关总署   D. 国家税务总局

二、多项选择题

1. 下列进口货物可以同时免征进口关税、增值税的是（   ）。

    A. 学校不以营利为目的进口的，直接用于科学研究或教学的用品

    B. 进口的残疾人个人专用物品

    C. 境外捐赠人无偿捐赠给我国各级政府，直接用于扶贫事业的进口物资

    D. 康复机构直接进口的残疾人专用品

2. 下列各项中，属于关税法定纳税义务人的有（   ）。

    A. 进口货物的收货人   B. 进口货物的代理人

C. 出口货物的发货人　　　　　　D. 出口货物的代理人

3. 下列关于关税税率的表述中，正确的有（　　）。

A. 查获的走私进口货物需补税的，应按查获日期实施的税率征税

B. 对由于税则归类的改变而需要补税的，应按原征税日期实施的税率补税

C. 对经批准缓税进口的货物缴税时，应按货物原进口之日实施的税率征税

D. 暂时进口货物转为正式进口需补税时，应按其暂时进口之日实施的税率征税

4. 下列未包含在进口货物价格中的项目，应计入关税完税价格中的是（　　）。

A. 由买方负担的购货佣金

B. 由买方负担的包装材料和包装劳务费

C. 由买方支付的进口货物在境内的复制权费

D. 由买方负担的与该货物视为一体的容器费用

5. 我国关于进出口货物原产地的规定，采用的标准包括（　　）。

A. 全部产地生产标准　　　　　　B. 部分产地生产标准

C. 实质性加工标准　　　　　　　D. 实质性生产标准

6. 下列进口货物，海关可以酌情减免关税的有（　　）。

A. 因不可抗力，缴税确有困难的纳税人进口的货物

B. 海关查验时已经破漏、损坏或者腐烂，经查为保管不慎的货物

C. 起卸后海关放行前，因不可抗力遭受损坏或者损失的货物

D. 在境外运输途中或者起卸时，遭受损坏或者损失的货物

7. 对于不符合成交条件或成交价格不能确定的进口货物，由海关估价确定。海关估价依次使用的方法包括（　　）。

A. 相同或类似货物成交价格法　　B. 倒扣价格法

C. 计算价格法　　　　　　　　　D. 其他合理的方法

8. 2015年12月份某外贸公司向法国出口山羊板皮，海关拟对其征收出口关税。下列有关山羊板皮关税完税价格的表述中，正确的有（　　）。

A. 完税价格应包括出口关税

B. 完税价格包括货物运至出口海关的运输费用和保险费用

C. 完税价格应包括成交价格中单独列明的支付给境外的佣金

D. 完税价格由海关以货物向境外销售的成交价格为基础审查确定

9. 下列费用或者价值不应当计入进口货物完税价格的有（　　）。

A. 该货物在境外开发、设计等相关服务的费用

B. 进口关税及国内税收

C. 货物运抵境内输入地点之后的运输费用

D. 厂房、机械、设备等货物进口后的基建、安装、装配、维修和技术服务的费用

10. 进出国境或关境的物品应缴纳关税。物品的纳税人包括（　　）。

A. 入境旅客随身携带的行李、物品的持有人

B. 各种运输工具上服务人员入境时携带自用物品的持有人

C. 馈赠物品以及其他方式入境个人物品的所有人

D. 个人邮递物品的收件人

三、实务练习题

1. 某企业为增值税一般纳税人，2016 年 9 月从国外进口一批材料，货价 80 万元，买方支付购货佣金 2 万元，运抵我国输入地点起卸前运费及保险费 5 万元；从国外进口一台设备，货价 10 万元，境外运费和保险费 2 万元，与设备有关的软件特许权使用费 3 万元；企业缴纳进口环节相关税金后海关放行。材料关税税率 20%，设备关税税率 10%。试计算该企业应缴纳的进口环节税金。

2. 某轿车生产企业为增值税一般纳税人，2016 年 12 月份的生产经营情况如下：

（1）进口原材料一批，支付给国外买价 120 万元，包装材料 8 万元，到达我国海关以前的运输装卸费 3 万元、保险费 13 万元，从海关运往企业所在地支付运输费 7 万元。

（2）进口两台机械设备，支付给国外的买价 60 万元，相关税金 3 万元，支付到达我国海关以前的装卸费、运输费 6 万元、保险费 2 万元，从海关运往企业所在地支付运输费 4 万元。

其他相关资料：该企业进口原材料和机械设备的关税税率为 10%。

要求：根据上述资料，回答下列问题。

（1）试计算该企业 12 月份进口原材料应缴纳的关税税额；

（2）试计算该企业 12 月份进口原材料应缴纳的增值税税额；

（3）试计算该企业 12 月进口机械设备应缴纳的关税税额；

（4）试计算该企业 12 月进口机械设备应缴纳的增值税税额。

参考答案

一、单项选择题

1	2	3	4	5	6	7	8	9	10
D	A	B	B	C	B	D	D	C	B

二、多项选择题

1	2	3	4	5	6	7	8	9	10
ABCD	ABCD	ABC	BD	AC	CD	ABCD	BD	BCD	ABCD

三、实务练习题

1. 该企业进口环节应缴纳关税 = (80 + 2) × 20% + (10 + 2 + 3) × 10% = 17.9（万元）

   该企业进口环节应缴纳增值税 = (80 + 2 + 10 + 2 + 3 + 17.9) × 17% = 19.533（万元）

   该企业进口环节应缴纳的税金合计 = 17.9 + 19.533 = 37.433（万元）

2. （1）12 月份进口原材料应缴纳的关税 = (120 + 8 + 3 + 13) × 10% = 14.4（万元）

（2）12 月份进口原材料应缴纳的增值税 = (120 + 8 + 3 + 13 + 14.4) × 17%

$$= 26.928（万元）$$

（3）12 月份进口机械设备应缴纳的关税 = (60 + 3 + 6 + 2) × 10% = 7.1（万元）

（4）12 月份进口机械设备应缴纳的增值税 = (60 + 3 + 6 + 2 + 7.1) × 17%

$$= 13.277（万元）$$

请扫描二维码，获取模块一相关附表。

模块三　所得税制

模块综述

　　所得税是指国家对法人、自然人和其他经济组织在一定时期内的各种所得征收的一类税收。对企业的收入进行课税的称为企业所得税；对个人收入进行课税的称为个人所得税。所得税通常以纯所得为征税对象，并以经过计算得出的应纳税所得额为计税依据，所得税的纳税人通常情况下与实际负担人是一致的。

　　本模块学习的是我国现行的企业所得税和个人所得税。

项目一

企业所得税

▼ 引入

F 公司是一家外商独资的生产型企业，2016 年销售额 5 000 万元，员工 300 余人，当年该公司福利费列支金额为 50 多万元，其中公司支付员工宿舍租金约 20 万元，支付员工旅游费用约 15 万元，支付员工节日聚餐、生日聚会费用约 10 万元，其他零星支出约 5 万元。这些费用是否都能在税前扣除？需要符合哪些条件？

▼ 内容提要

➢ 企业所得税概述
➢ 企业所得税的基本要素
➢ 企业所得税的计税依据
➢ 企业所得税应纳税额的计算
➢ 企业所得税的征收管理

▼ 学习目标

1. 了解企业所得税的产生、发展及改革方向
2. 准确复述企业所得税的纳税人、征税范围、税目、税率
3. 重点掌握企业所得税计税依据、应纳税额的计算，熟悉其征纳管理
4. 具备办理企业所得税有关申报事宜的基本技能

▼ 学习方法

1. 向所在单位调研企业所得税缴纳的情况
2. 对教材中提示掌握的内容予以认真学习和关注
3. 根据业务内容填写企业所得税纳税申报表
4. 经常登录国家税务总局官网（http：//www.chinatax.gov.cn/），了解税收政策的解读和新变化

关键词

居民企业纳税人　非居民企业纳税人　企业所得税　个人所得税　亏损弥补　生产性生物资产

· ── 任务一　认知企业所得税 ── ·

一、企业所得税的概念

企业所得税是指对中华人民共和国境内的企业（居民企业及非居民企业）和其他取得收入的组织以其生产经营所得为课税对象所征收的一种所得税。

企业所得税纳税人，即所有实行独立经济核算的中华人民共和国境内的内资企业或其他组织，包括以下6类：①国有企业；②集体企业；③私营企业；④联营企业；⑤股份制企业；⑥有生产经营所得和其他所得的其他组织。个人独资企业及合伙企业不属于企业所得税纳税人。

《中华人民共和国企业所得税法》（简称《企业所得税法》）由中华人民共和国第十届全国人民代表大会第五次会议于2007年3月16日通过。《中华人民共和国企业所得税法实施条例》（简称《企业所得税法实施条例》）由2007年11月28日国务院第197次常务会议通过，自2008年1月1日起施行。

二、企业所得税的特点

（1）企业所得税纳税人一般是法人企业，但也对非法人企业征收。企业所得税的纳税人一般是营利性法人企业，对非法人营利组织的合伙企业和个人独资企业不征收，但延续传统仍对一些依照外国法律法规在中国境内成立的合伙企业和个人独资企业征收，并按照中国习惯仍称为企业所得税。

（2）以企业所得为征税对象，属于所得税。企业所得税是以企业在一定时期内所取得的所得为征税对象，属于所得税。所得取决于收入和成本、费用的比较，所得多的多征，所得少的少征，没有所得的不征。

（3）税负预期由纳税人负担，属于直接税。企业所得税按企业净所得设计税负，税负预期由纳税人直接负担，属于直接税。

（4）按年计征，属于时期税。企业所得税是对企业在一个纳税年度取得的所得征税，属于时期税。但同时为了保证国家的经常性财政支出的需要，又规定必须按规定分月或分季预缴企业所得税，年终汇算清缴。

（5）纳税人分为居民企业和非居民企业。居民企业就其来源于中国境内、境外的所得缴纳企业所得税。非居民企业在中国境内设立机构场所的，应当就其机构、场所取得的来源于中国境内的所得，以及发生在中国境外但与其所设机构、场所有实际联系的所得，缴纳企业所得税；非居民企业在中国境内未设立机构、场所的，或者虽设立机构、场所但取得的所得与其机构、场所没有实际联系的，应当就其来源于中国境内的所得缴纳企业所得税。

•── 任务二 掌握企业所得税的基本要素 ──•

一、企业所得税的纳税人

企业所得税的纳税义务人是指在中华人民共和国境内的企业和其他取得收入的组织。

除个人独资企业、合伙企业不适用企业所得税法外，凡是在我国境内的企业和其他取得收入的组织（统称"企业"）为企业所得税的纳税人，依照《企业所得税法》规定缴纳企业所得税。

企业所得税的纳税人分为居民企业和非居民企业，这是根据企业纳税义务范围的宽窄进行的分类，不同的企业在向中国政府缴纳所得税时的纳税义务不同。企业所得税纳税义务人与征税对象如表3-1所示。

表3-1 企业所得税纳税义务人与征税对象

纳税人	判定标准	纳税人范围	征税对象
居民企业	（1）依照中国法律、法规在中国境内成立的企业。（2）依照外国（地区）法律成立但实际管理机构在中国境内的企业	包括：国有、集体、私营、联营、股份制等各类企业；外商投资企业和外国企业；有生产经营所得和其他所得的其他组织。不包括：个人独资企业和合伙企业（适用个人所得税）	来源于中国境内、境外的所得
非居民企业	（1）依照外国（地区）法律、法规成立且实际管理机构不在中国境内，但在中国境内设立机构、场所的企业。（2）在中国境内未设立机构、场所，但有所得来源于中国境内的企业	在中国境内从事生产经营活动的机构、场所，包括：管理机构、营业机构、办事机构；工厂、农场、开采自然资源的场所；提供劳务的场所；从事建筑、安装、装配、修理、勘探等工程作业的场所；其他从事生产经营活动的机构、场所	来源于中国境内的所得

练一练

单项选择题

根据《企业所得税法》规定，依法在中国境内成立，或者依照外国（地区）法律成立但实际管理机构在中国境内的企业，是（ ）。

A. 本国企业　　　B. 外国企业　　　C. 居民企业　　　D. 非居民企业

二、企业所得税征税范围

居民企业应当就其来源于中国境内、境外的所得缴纳企业所得税。

非居民企业在中国境内设立机构、场所的，应当就其所设机构、场所取得的来源于中国境内的所得，以及发生在中国境外但与其所设机构、场所有实际联系的所得，缴纳企业所得税。

非居民企业在中国境内未设立机构、场所的，或者虽设立机构、场所但取得的所得与其所设机构、场所没有实际联系的，应当就其来源于中国境内的所得缴纳企业所得税。

三、企业所得税税率

企业所得税实行比例税率。具体为：

（1）基本税率为25%。适用于居民企业和在中国境内设有机构、场所且所得与机构、场所有关联的非居民企业。

（2）低税率为20%。适用于在中国境内未设立机构、场所的，或者虽设立机构、场所但取得的所得与其所设机构、场所没有实际联系的非居民企业。

（3）两档优惠税率：符合条件的小型微利企业减按20%，国家重点扶持的高新技术企业减按15%。

· ── 任务三 掌握企业所得税应纳税所得额的计算 ── ·

应纳税所得额是企业所得税的计税依据。应纳税所得额为企业每一个纳税年度的收入总额减除不征税收入、免税收入、各项扣除以及允许弥补的以前年度亏损后的余额。基本公式为

$$应纳税所得额 = 收入总额 - 不征税收入 - 免税收入 - 各项扣除 - \frac{允许弥补的}{以前年度亏损}$$

企业应纳税所得额的计算以权责发生制为原则，属于当期的收入和费用，不论款项是否收付，均作为当期的收入和费用，不属于当期的收入和费用，即使款项已经在当期收付，均不作为当期的收入和费用。

一、收入总额的确定

企业的收入总额包括以货币形式和非货币形式从各种来源取得的收入，具体有销售货物收入，提供劳务收入，转让财产收入，股息、红利等权益性投资收益，以及利息收入、租金收入、特许权使用费收入、接受捐赠收入、其他收入。

（一）一般收入的确认

1. 销售货物收入

销售货物收入是指企业销售商品、产品、原材料、包装物、低值易耗品以及其他存货取得的收入。

2. 提供劳务收入

提供劳务收入是指企业从事建筑安装、修理修配、交通运输、仓储租赁、金融保险、邮电通信、咨询经纪、文化体育、科学研究、技术服务、教育培训、餐饮住宿、中介代理、卫生保健、社区服务、旅游、娱乐、加工以及其他劳务服务活动取得的收入。

3. 转让财产收入

转让财产收入是指企业转让固定资产、生物资产、无形资产、股权、债权等财产取得的收入。

【例 3 – 1】A 公司（简称 A）转让其所持有的 B 公司（简称 B）的股权，A 与受让方之间签订了股权转让框架协议，协议转让价格为 7 000 万元。后因 B 存在或有负债，即 B 造成 C 公司设备报废损失，C 公司已向市中级法院起诉，B 承担相应责任，股权转让框架协议中约定由原股东 A 承担 B 的赔偿责任，因案件未审结，股权转让所得不能确定，受让方实际支付给 A 价款 4 000 万元，A 仅就实际收到的转让款 4 000 万元入账反映。A 在计算股权转让所得时，是按原先的股权转让价格 7 000 万元确认转让收入还是按照 4 000 万元确认转让收入？

【解析】如 A 与受让方的股权转让协议已生效且完成股权变更手续，A 应按协议约定的 7 000 万元确认股权转让收入，计算股权转让所得。当 A 因按照股权转让框架协议的约定承担连带赔偿责任时，其实际支付的赔偿款可以按照有关规定税前扣除。如 A 与受让方未完成股权变更手续，待未完成股权变更手续时再确认股权转让收入。

4. 股息、红利等权益性投资收益

股息、红利等权益性投资收益是指企业因权益性投资从被投资方取得的收入。股息、红利等权益性投资收益，除国务院财政、税务主管部门另有规定外，按照被投资方做出利润分配决定的日期确认收入的实现。

5. 利息收入

利息收入是指企业将资金提供他人使用但不构成权益性投资，或者因他人占用企业资金取得的收入，包括存款利息、贷款利息、债券利息、欠款利息等收入。利息收入按照合同约定的债务人应付利息的日期确认收入的实现。

6. 租金收入

租金收入是指企业提供固定资产、包装物或者及其他有形财产的使用权取得的收入。租金收入按照合同约定的承租人应付租金的日期确认收入的实现。

7. 特许权使用费收入

特许权使用费收入是指企业提供专利权、非专利技术、商标权、著作权以及其他特许权的使用权而取得的收入。特许权使用费收入按照合同约定的特许权使用人应付特许权使用费的日期确认收入的实现。

8. 接受捐赠收入

接受捐赠收入是指企业接受的来自其他企业、组织或者个人无偿给予的货币性资产、非货币性资产。接受捐赠收入按照实际收到捐赠资产的日期确认收入的实现。

9. 其他收入

其他收入是指企业取得的除以上收入外的其他收入，包括企业资产溢余收入、逾期未退包装物押金收入、确实无法偿付的应付款项、已做坏账损失处理后又收回的应收款项、债务重组收入、补贴收入、违约金收入、汇兑收益等。

练一练

单项选择题

企业所得税法所称企业以非货币形式取得的收入，应当按照（　　　）确定收入额。

A. 公允价值 　　　　 B. 重置价值 　　　　 C. 历史价值 　　　　 D. 原始价值

（二）特殊收入的确认

（1）以分期收款方式销售货物的，按照合同约定的收款日期确认收入的实现。

（2）企业受托加工制造大型机械设备、船舶、飞机，以及从事建筑、安装、装配工程业务或者提供其他劳务等，持续时间超过 12 个月的，按照纳税年度内完工进度或者完成的工作量确认收入的实现。

（3）采取产品分成方式取得收入的，按照企业分得产品的日期确认收入的实现，其收入额应按照产品的公允价值确定。

（4）企业发生非货币性资产交换，以及将货物、财产、劳务用于捐赠、偿债、赞助、集资、广告、样品、职工福利或者利润分配等用途的，应当视同销售货物、转让财产或者提供劳务，但国务院财政、税务主管部门另有规定的除外。

二、不征税收入和免税收入

国家为了扶持和鼓励某些特殊的纳税人和特定的项目，或者避免因征税影响企业的正常经营，对企业取得的某些收入予以不征税或免税的特殊政策。

（一）不征税收入

（1）财政拨款。

（2）依法收取并纳入财政管理的行政事业性收费、政府性基金。

（3）国务院规定的其他不征税收入，即企业取得的，由国务院财政、税务主管部门规定专项用途并经国务院批准的财政性资金。

（二）免税收入

（1）国债利息收入。

（2）符合条件的居民企业之间的股息、红利等权益性收益。

（3）在中国境内设立机构、场所的非居民企业从居民企业取得的与该机构、场所有实际联系的股息、红利等权益性投资收益。

（4）符合条件的非营利组织的收入。

 小组讨论

不征税收入和免税收入有何区别？

三、各项税前扣除项目

根据公式"应纳税所得额＝收入总额－不征税收入－免税收入－各项扣除－以前年度亏损"，要确定应纳税所得额，准确掌握企业允许的各项税前扣除项目也是计算企业所得税的关键。

（一）扣除项目的范围

企业所得税法规定，企业实际发生的与取得收入有关的、合理的支出，包括成本、费用、税金、损失其他支出，准予在计算应纳税所得额时扣除。

1. 成本

成本是指企业在生产经营活动中发生的销售成本、销货成本、业务支出，以及其他耗费，即企业销售商品（产品、材料、下脚料、废料、废旧物资等）、提供劳务、转让固定资产、无形资产（包括技术转让）的成本。

2. 费用

费用是指企业每一个纳税年度为生产、经营商品和提供劳务等所发生的销售（经营）费用、管理费用和财务费用。已计入成本的有关费用除外。

3. 税金

税金是指企业发生的除企业所得税和允许抵扣的增值税以外的企业缴纳的各项税金及其附加，即企业按规定缴纳的消费税、营业税、城市维护建设税、关税、资源税、土地增值税、房产税、车船税、土地使用税、印花税、教育费附加等产品销售税金及附加。这些已纳税金准予税前扣除。

4. 损失

损失是指企业在生产经营活动中发生的固定资产和存货的盘亏、毁损、报废损失，转让财产损失，呆账损失，坏账损失，自然灾害等不可抗力因素造成的损失以及其他损失。

企业发生的损失减除责任人赔偿和保险赔款后的余额，依照国务院财政、税务主管部门的规定扣除。

企业已经作为损失处理的资产，在以后纳税年度又全部收回或者部分收回时，应当计入当期收入。

5. 扣除的其他支出

扣除的其他支出是指除成本、费用、税金、损失外，企业在生产经营活动中发生的与生产经营活动有关的、合理的支出。

（二）允许扣除项目的标准

在计算应纳税所得额时，下列项目可按照实际发生额或规定的标准扣除。

1. 工资、薪金支出

企业发生的合理的工资、薪金支出准予据实扣除。工资、薪金支出是企业每一纳税年度支付给在本企业任职或与其有雇佣关系的员工的所有现金或非现金形式的劳动报酬，包括基本工资、奖金、津贴、补贴、年终加薪、加班工资，以及与任职或者受雇有关的其他支出。

2. 职工福利费、工会经费、职工教育经费

企业发生的职工福利费、工会经费、职工教育经费按标准扣除，未超过标准的按实际数扣除，超过标准的只能按标准扣除。

（1）企业实际发生的职工福利费支出，不超过工资薪金总额14%的部分准予扣除。

（2）企业拨缴的工会经费，不超过工资薪金总额2%的部分准予扣除。

（3）除国务院财政、税务主管部门另有规定的外，企业发生的职工教育经费支出，不超过工资薪金总额2.5%的部分准予扣除，超过部分准予结转以后纳税年度扣除。

3. 社会保险费

（1）企业依照国务院有关主管部门或者省级人民政府规定的范围和标准为职工缴纳的"五险一金"，即基本养老保险费、基本医疗保险费、失业保险费、工伤保险费、生育保险费等基本社会保险费和住房公积金，准予扣除。

（2）企业为投资者或者职工支付的补充养老保险费、补充医疗保险费，在国务院财政、税务主管部门规定的范围和标准内，准予扣除。企业依照国家有关规定为特殊工种职工支付的人身安全保险费和符合国务院财政、税务主管部门规定可以扣除的商业保险费准予扣除。

（3）企业参加财产保险，按照规定缴纳的保险费，准予扣除。企业为投资者或者职工支付的商业保险费，不得扣除。

4. 利息费用

企业在生产、经营活动中发生的利息费用，按下列规定扣除：

（1）非金融企业向金融机构借款的利息支出、金融企业的各项存款利息支出和同业拆借利息支出、企业经批准发行债券的利息支出可据实扣除。

（2）非金融企业向非金融机构借款的利息支出，不超过按照金融企业同期同类贷款利率计算的数额的部分可据实扣除，超过部分不许扣除。

5. 借款费用

（1）企业在生产经营活动中发生的合理的不需要资本化的借款费用，准予扣除。

（2）企业为购置、建造固定资产、无形资产和经过12个月以上的建造才能达到预定可销售状态的存货发生借款的，在有关资产购置、建造期间发生的合理的借款费用，应予以资

本化，作为资本性支出计入有关资产的成本；有关资产交付使用后发生的借款利息，可在发生当期扣除。

6. 汇兑损失

企业在货币交易中，以及纳税年度终了时将人民币以外的货币性资产、负债按照期末即期人民币汇率中间价折算为人民币时产生的汇兑损失，除已经计入有关资产成本以及与向所有者进行利润分配相关的部分外，准予扣除。

7. 业务招待费

企业发生的与其生产、经营业务有关的业务招待费支出，按照发生额的 60% 扣除，但最高不得超过当年销售（营业）收入的 5‰。

8. 广告费和业务宣传费

企业发生的符合条件的广告费和业务宣传费支出，除国务院财政、税务主管部门另有规定外，不超过当年销售（营业）收入 15% 的部分，准予扣除；超过的部分，准予结转以后在纳税年度扣除。

9. 环境保护专项资金

企业依照法律、行政法规有关规定提取的用于环境保护、生态恢复等方面的专项资金，准予扣除。上述专项资金提取后改变用途的，不得扣除。

10. 保险费

企业参加财产保险，按照规定缴纳的保险费，准予扣除。

11. 租赁费

企业根据生产经营需要租入固定资产支付的租赁费，按照以下方法扣除：

（1）以经营租赁方式租入固定资产发生的租赁费支出，按照租赁期限均匀扣除。经营性租赁是指所有权不转移的租赁。

（2）以融资租赁方式租入固定资产发生的租赁费支出，按照规定构成融资租入固定资产价值的部分应当提取折旧费用，分期扣除。融资租赁是指在实质上转移与一项资产所有权有关的全部风险和报酬的一种租赁。

12. 劳动保护费

企业发生的合理的劳动保护支出，准予扣除。

13. 公益性捐赠支出

公益性捐赠，是指企业通过公益性社会团体或者县级以上人民政府及其部门，用于公益事业的捐赠。

企业发生的公益性捐赠支出，不超过年度利润总额 12% 的部分，准予扣除。年度利润总额，是指企业依照国家统一会计制度的规定计算的年度会计利润。

14. 有关资产的费用

企业转让各类固定资产发生的费用，允许扣除。企业按规定计算的固定资产折旧费、无形资产和递延资产的摊销费，准予扣除。

15. 总机构分摊的费用

非居民企业在中国境内设立的机构、场所，就其中国境外总机构发生的与该机构、场所生产经营有关的费用，能够提供总机构出具的费用汇集范围、定额、分配依据和方法等证明文件，并合理分摊的，准予扣除。

16. 资产损失

企业当期发生的固定资产和流动资产盘亏、毁损净损失，由其提供清查盘存资料，经主管税务机关审核后，准予扣除；企业因存货盘亏、毁损、报废等原因不得从销项税金中抵扣的进项税金，应视同企业财产损失，准予与存货损失一起在所得税前按规定扣除。

17. 其他项目

依照有关法律、行政法规和国家有关税法规定准予扣除的其他项目，如会员费、合理的会议费、差旅费、违约金、诉讼费等。

【例 3 - 2】 某企业 2016 年度会计利润为 140 万元，当年通过红十字会向希望工程捐赠 20 万元，该公司当年可以在税前扣除的公益性捐赠额为多少？

【解析】 该公司会计利润的 12% 为 140 × 12% = 16.8（万元），实际捐赠额为 20 万元，大于 16.8 万元，因此该公司可税前扣除的公益性捐赠额为 16.8 万元，超出部分 3.2 万元不得税前扣除。

 练一练

多项选择题

企业实际发生的与取得收入有关的合理的支出，准予在计算应纳税所得额时扣除。其中包括（　　）。

A. 企业生产的成本、费用　　B. 企业的税金　　C. 企业的损失　　D. 赞助支出

（三）不得扣除的项目

在计算应纳税所得额时，下列支出不得扣除：

（1）向投资者支付的股息、红利等权益性收益款项。

（2）企业所得税税款。

（3）税收滞纳金，指纳税人违反税收法规，被税务机关处以的滞纳金。

（4）罚金、罚款和被没收财物的损失，是指纳税人违反国家有关法律、法规规定，被有关部门处以的罚款，以及被司法机关处以的罚金和被没收财物。

（5）超过规定标准的捐赠支出。

（6）赞助支出，是指企业发生的与生产经营活动无关的各种非广告性质的支出。

（7）未经核定的准备金支出，是指不符合国务院财政、税务主管部门规定的各项资产减值准备、风险准备等的准备金支出。

（8）企业之间支付的管理费、企业内部营业机构之间支付的租金和特许权使用费，以

及非银行企业内营业机构之间支付的利息，不得扣除。

（9）与取得收入无关的其他支出。

练一练

单项选择题

以下各项支出中，可以在计算企业所得税应纳税所得额时扣除的是（　　）。

A. 按规定缴纳的财产保险费　　　　B. 以现金方式支付给某中介公司的佣金

C. 支付给母公司的管理费　　　　　D. 赴灾区慰问时直接向灾民发放的慰问金

【例 3-3】某企业为创业投资企业，2014 年 8 月 1 日，该企业向境内未上市的某中小高新技术企业投资 200 万元。2016 年度该企业利润总额 890 万元；已在营业外支出中核算的未经财税部门核准的风险准备金支出 10 万元。已知企业所得税税率为 25%。假定不考虑其他纳税调整事项，2016 年该企业应纳税所得额为多少？

【解析】（1）创业投资企业采取股权投资方式投资于未上市的中小高新技术企业 2 年以上的，可以按照投资额的 70% 在股权持有满 2 年的当年抵扣该创业投资企业的应纳税所得额。

（2）未经核定的准备金支出，不得在税前扣除。

（3）该企业应纳税所得额 = 890 + 10 - 200 × 70% = 760（万元）

四、亏损弥补

亏损是指企业依照《企业所得税法》和《企业所得税法实施条例》的规定，将每一纳税年度的收入总额减除不征税收入、免税收入和各项扣除后小于零的数额。税法规定，企业某一纳税年度发生的亏损可以用下一年度的所得弥补，下一年度的所得不足以弥补的，可以逐年延续弥补，但最长不得超过 5 年。而且，企业在汇总计算缴纳企业所得税时，其境外营业机构的亏损不得抵减境内营业机构的盈利。

【例 3-4】某国有企业 7 年内应纳税所得额情况经税务机关审定的数据如表 3-2 所示，假设该企业一直执行 5 年亏损弥补规定，则该企业 2009—2015 年各应缴纳多少企业所得税？

表 3-2　税务机关审定的应纳税所得额　　　　　　　　　　单位：万元

项　　目	2009 年	2010 年	2011 年	2012 年	2013 年	2014 年	2015 年
未弥补亏损前的应纳税所得额	-100	20	-10	20	30	30	50

【解析】2009 年的亏损，要用 2010—2014 年的所得弥补，即使 2011 年亏损，也要用 5 年抵亏期的一个抵扣年度，且先亏先补，2011 年的亏损需要 2009 年的亏损弥补后才能考虑。到了 2014 年，2009 年的亏损未弥补完但 5 年抵亏期已满，还有 10 万元亏损不得在所得税前弥补。2012—2014 年的所得，已被用于弥补 2009 年的亏损，2011 年的亏损用 2015 年

的所得弥补后还有 50 − 10 = 40（万元），因此应纳税额 = 40 × 25% = 10（万元）。

五、资产的税务处理

资产是由于资本投资而形成的财产，对于资本性支出以及无形资产受让、开发费用，不允许作为成本、费用从纳税人的收入总额中做一次性扣除，只能采取分次计提折旧或分次返销的方式予以扣除。即纳税人经营活动中使用的固定资产的折旧费用、无形资产和长期待摊费用的摊销费用可以扣除。税法规定，纳入税务处理范围的资产形式主要有固定资产、无形资产、长期待摊费用、存货、生物资产、投资资产等，均以历史成本为计税基础。

（一）固定资产的税务处理

固定资产是指企业为生产产品、提供劳务、出租或者经营管理而持有的、使用期限超过 12 个月的非货币性资产，包括房屋、建筑物、机器、运输工具，以及其他与生产经营活动有关的设备、器具、工具等。

1. 固定资产计税基础

（1）外购的固定资产，以购买价款和支付的相关税费以及直接归属于使该资产达到预定用途发生的其他支出为计税基础。

（2）自行建造的固定资产，以竣工结算前发生的支出为计税基础。

（3）融资租入的固定资产，以租赁合同约定的付款总额和承租人在签订租赁合同过程中发生的相关费用为计税基础，租赁合同未约定付款总额的，以该资产的公允价值和承租人在签订租赁合同过程中发生的相关费用为计税基础。

（4）盘盈的固定资产，以同类固定资产的重置完全价值为计税基础。

（5）通过捐赠、投资、非货币性资产交换、债务重组等方式取得的固定资产，以该资产的公允价值和支付的相关费用为计税基础。

（6）改建的固定资产，除已足额提取折旧的固定资产和租入的固定资产以外的其他固定资产，以改建过程中发生的改建支出增加计税基础。

2. 固定资产折旧的范围

在计算应纳税所得额时，企业按照规定计算的固定资产折旧，准予扣除。下列固定资产不得计算折旧扣除：

（1）房屋、建筑物以外的未投入使用的固定资产。

（2）以经营租赁方式租入的固定资产。

（3）以融资租赁方式租出的固定资产。

（4）已提足折旧继续使用的固定资产。

（5）与经营活动无关的固定资产。

（6）单独估价作为固定资产入账的土地。

（7）其他不得计算折旧扣除的固定资产。

3. 固定资产折旧的计提方法

（1）企业应当自固定资产投入使用月份的次月起计提折旧；停止使用的固定资产，应当从停止使用月份的次月起停止计提折旧。

（2）企业应当根据固定资产的性质和使用情况，合理确定固定资产的预计净残值。固定资产的预计净残值一经确定，不得变更。

（3）固定资产按照直线法计算的折旧，准予扣除。

4. 固定资产折旧的计提年限

除国务院财政、税务主管部门另有规定外，固定资产计算折旧的最低年限如下：

（1）房屋、建筑物，为 20 年。

（2）飞机、火车、轮船、机器、机械和其他生产设备，为 10 年。

（3）与生产经营活动有关的器具、工具、家具等，为 5 年。

（4）飞机、火车、轮船以外的运输工具，为 4 年。

（5）电子设备，为 3 年。

（二）无形资产的税务处理

无形资产是指企业长期使用、但没有实物形态的资产，包括专利权、商标权、著作权、土地使用权、非专利技术、商誉等。

1. 无形资产的计税基础

无形资产按照以下方法确定计税基础：

（1）外购的无形资产，以购买价款和支付的相关税费，以及直接归属于使该资产达到预定用途发生的其他支出为计税基础。

（2）自行开发的无形资产，以开发过程中该资产符合资本化条件后至达到预定用途前发生的支出为计税基础。

（3）通过捐赠、投资、非货币性资产交换、债务重组等方式取得的无形资产，以该资产的公允价值和支付的相关税费为计算基础。

2. 无形资产摊销的范围

在计算应纳税所得额时，企业按照规定计算的无形资产摊销费用，准予扣除。下列无形资产不得计算摊销费用扣除：

（1）自行开发的支出已在计算应纳税所得额时扣除的无形资产。

（2）自创商誉。

（3）与经营活动无关的无形资产。

（4）其他不得计算摊销费用扣除的无形资产。

3. 无形资产的摊销方法及年限

无形资产的摊销采取直线法计算。无形资产的摊销年限不得低于 10 年。作为投资或者受让的无形资产，有关法律规定或者合同约定了使用年限的，可以按照规定或者约定的使用年限分期摊销。外购商誉的支出，在企业整体转让或者清算时准予扣除。

（三）长期待摊费用的税务处理

长期待摊费用，是指企业发生的应在一个年度以上或几个年度进行摊销的费用。在计算应纳税所得额时，企业发生的下列支出作为长期待摊费用，按照规定摊销的，准予扣除。

（1）已足额提取折旧的固定资产的改建支出。

（2）租入固定资产的改建支出。

（3）固定资产的大修理支出。

（4）其他应当作为长期待摊费用的支出。

企业的固定资产修理支出可在发生当期直接扣除。企业的固定资产改良支出，如果有关固定资产尚未提足折旧，可增加固定资产价值；如有关固定资产已提足折旧，可作为长期待摊费用，在规定的期间内平均摊销。

大修理支出，按照固定资产尚可使用年限分期摊销。企业所得税法所指固定资产的大修理支出，是指同时符合下列条件的支出：

（1）修理支出达到取得固定资产时的计税基础50%以上。

（2）修理后固定资产的使用年限延长2年以上。

其他应当作为长期待摊费用的支出，自支出发生月份的次月起，分期摊销，摊销年限不得低于3年。

（四）存货的税务处理

存货，是指企业持有的以备出售的产品或者商品、处在生产过程中的在产品、在生产或者提供劳务过程中耗用的材料和物料等。

1. 存货的计税基础

存货按照以下方法确定成本：

（1）通过支付现金方式取得的存货，以购买价款和支付的相关税费为成本。

（2）通过支付现金以外的方式取得的存货，以该存货的公允价值和支付的相关税费为成本。

（3）生产性生物资产收获的农产品，以产出或者采收过程中发生的材料费、人工费和分摊的间接费用等必要支出为成本。

2. 存货的成本计算方法

企业使用或者销售的存货的成本计算方法，可以从先进先出法、加权平均法、个别计价法中选用一种。计价方法一经选用，不得随意变更。

（五）生物资产的税务处理

生物资产是指有生命的动物和植物。生物资产分为消耗性生物资产、生产性生物资产和公益性生物资产。消耗性生物资产，是指为出售而持有的或在将来收获为农产品的生物资产，包括生长中的农田作物、蔬菜、用材林以及存栏待售的牲畜等。生产性生物资产，是指为产出农产品、提供劳务或出租等目的而持有的生物资产，包括经济林、薪炭林、产畜和役畜等。公益性生物资产，是指以防护、环境保护为主要目的的生物资产，包括防风固沙林、水土保持林和水源涵养林等。

1. 生物资产的计税基础

生产性生物资产按照以下方法确定计税基础：

（1）外购的生产性生物资产，以购买价款和支付的相关税费为计税基础。

（2）通过捐赠、投资、非货币性资产交换、债务重组等方式取得的生产性生物资产，以该资产的公允价值和支付的相关税费为计税基础。

2. 生物资产的折旧方法和折旧年限

生产性生物资产按照直线法计算的折旧，准予扣除。企业应当自生产性生物资产投入使用月份的次月起计算折旧；停止使用的生产性生物资产应当自停止使用月份的次月起停止计算折旧。

企业应当根据生产性生物资产的性质和使用情况，合理确定生产性生物资产的预计净残值。生产性生物资产的预计净残值一经确定，不得变更。

生产性生物资产计算折旧的最低年限如下：

（1）林木类生产性生物资产，为 10 年。

（2）畜类生产性生物资产，为 3 年。

（六）投资资产的税务处理

投资资产，是指企业对外进行权益性投资和债权性投资形成的资产。

1. 投资资产的成本

投资资产按以下方法确定投资成本：

（1）通过支付现金方式取得的投资资产，以购买价款为成本。

（2）通过支付现金以外的方式取得的投资资产，以该资产的公允价值和支付的相关税费为成本。

2. 投资资产成本的扣除方法

企业对外投资期间，投资资产的成本在计算应纳税所得额时不得扣除，企业在转让或者处置投资资产时，投资资产的成本准予扣除。

·—— 任务四　掌握企业所得税应纳税额的计算 ——·

一、居民企业应纳税额的计算

（一）一般计算方法

居民企业应纳税额的计算公式为

企业应纳税额 = 应纳所得税额 × 适用税率 - 减免税额 - 抵免税额

【例 3 - 5】A 企业 2016 年财务会计认定的收入总额为 1 250 万元，其中：国家财政补贴 10 万元，国债利息收入 20 万元。期间费用和成本支出及其他支出合计 800 万元，A 企业以前年度亏损20万元，已经过税务机关认可。适用税率为25%。A企业2016年应纳企业所得税税额为多少？

【解析】应纳税所得额 = 1 250 - 10 - 20 - 800 - 20 = 400（万元）

应纳税额 = 400 × 25% = 100（万元）

（二）境外所得抵扣税额的计算

计算境外所得抵扣税额采用限额抵免方法，即境外已纳税款与扣除限额比较，二者中的较小者，从汇总纳税的应纳税总额中扣减。

企业取得的下列所得已在境外缴纳的所得税税额，可以从其当期应纳税额中抵免，抵免限额为该项所得依照《企业所得税法》规定计算的应纳税额；超过抵免限额的部分，可以在以后5个年度内，用每年度抵免限额抵免当年应抵税额后的余额进行抵补。限额抵免使用范围为：

（1）居民企业来源于中国境外的应税所得。

（2）非居民企业在中国境内设立机构、场所，取得的发生在中国境外但与该机构、场所有实际联系的应税所得。

【例3-6】某境内工业企业2016年度生产经营情况如下：

（1）销售收入4 500万元，与收入相配比的销售成本2 000万元，实际缴纳的增值税700万元，营业税金及附加80万元。

（2）其他业务收入300万元。

（3）销售费用1 500万元，其中包括广告费800万元、业务宣传费20万元。

（4）管理费用500万元，其中包括业务招待费50万元、新产品研究开发费用40万元。

（5）财务费用80万元，其中包括向非金融机构借款1年的利息支出50万元，年利率为10%（银行同期同类贷款年利率为6%）。

（6）营业外支出30万元，其中包括向供货商支付违约金5万元，接受工商局罚款1万元，通过市民政部门向灾区捐赠20万元。

（7）投资收益18万元，其中包括直接投资外地非上市的居民公司分回的税后利润17万元和国债利息收入1万元。

已知：该企业账面会计利润628万元，该企业适用的企业所得税税率为25%，已预缴企业所得税157万元。

要求：（1）计算该企业2016年度的应纳税所得额。

（2）计算该企业2016年度的应纳企业所得税额。

（3）计算该企业2016年度应（退）补的企业所得税税额。

【解析】（1）①广告费和业务宣传费扣除限额 = (4 500 + 300) × 15% = 720（万元）

广告费和业务宣传费应调增的应纳税所得额 = 800 + 20 - 720 = 100（万元）

② 销售收入的5‰ = (4 500 + 300) × 5‰ = 24（万元）

业务招待费的60% = 50 × 60% = 30（万元）

业务招待费扣除限额为 24 万元，故

应调增的应纳税所得额 = 50 − 24 = 26（万元）

③新产品研究开发费用在计算应纳税所得额时可按实际发生额的 50% 加计扣除。

应调减的应纳税所得额 = 40 × 50% = 20（万元）

④向非金融机构借款利息的扣除限额 = 50 ÷ 10% × 6% = 30（万元）

应调增的应纳税所得额 = 50 − 30 = 20（万元）

⑤向供货商支付的违约金 5 万元可以在税前扣除，无需进行纳税调整。

⑥工商局罚款 1 万元属于行政性罚款，不得税前扣除，应调增应纳税所得额 1 万元。

⑦公益性捐赠扣除限额 = 628 × 12% = 75.36（万元），该企业实际捐赠额为 20 万元，无需进行纳税调整。

⑧居民企业直接投资于其他居民企业的投资收益 17 万元属于免税收入；国债利息收入 1 万元属于免税收入。

⑨该企业 2016 年度应纳税所得额 = 628 + 100 + 26 − 20 + 20 + 1 − 18 = 737（万元）

（2）该企业 2016 年度应纳企业所得税 = 737 × 25% = 184.25（万元）

（3）该企业 2016 年度应补缴的企业所得税税额 = 184.25 − 157 = 27.25（万元）

（三）居民企业核定征收应纳税额的计算

1. 核定征收企业所得税的范围

核定征收企业所得税的范围包括：

（1）依照法律、行政法规的规定可以不设置账簿的。

（2）依照法律、行政法规的规定应当设置但未设置账簿的。

（3）擅自销毁账簿或者拒不提供纳税资料的。

（4）虽设置账簿，但账目混乱或者成本资料、收入凭证、费用凭证残缺不全，难以查账的。

（5）发生纳税义务，未按照规定的期限办理纳税申报，经税务机关责令限期申报，逾期仍不申报的。

（6）申报的计税依据明显偏低，又无正当理由的。

2. 核定应税所得率征收计算

核定应税所得率征收计算公式为

应纳税所得额 = 收入总额 × 应税所得率

或

应纳税所得额 = 成本（费用）支出额 ÷（1 − 应税所得率）× 应税所得率

应纳所得税额 = 应纳税所得额 × 适用税率

纳税人的生产经营范围、主营业务发生重大变化，或者应纳税所得额或应纳税额增减变化达到 20% 的，应及时向税务机关申报调整已确定的应纳税额或应税所得率。

二、非居民企业应纳税额的计算

对于在中国境内未设立机构、场所的，或者虽设立机构、场所但取得的所得与其所设机构、场所没有实际联系的非居民企业的所得，按照下列方法计算应纳税所得额：

（1）股息、红利等权益性投资收益和利息、租金、特许权使用费所得，以收入全额为应纳税所得额。

（2）转让财产所得，以收入全额减除财产净值后的余额为应纳税所得额。财产净值是指财产的计税基础减除已经按照规定扣除的折旧、折耗、摊销、准备金等后的余额。

（3）其他所得，参照前两项规定的方法计算应纳税所得额。

·—— 任务五　熟悉企业所得税的税收优惠 ——·

税收优惠，是指国家运用税收政策在税收法律、行政法规中规定对某一部分特定企业和课税对象给予减轻或免除税收负担的一种措施。税法规定的企业所得税的税收优惠方式包括免征、减征、加计扣除、加速折旧、减计收入、税额抵免等。

一、免征与减征优惠

企业的下列所得，可以免征、减征企业所得税。企业如果从事国家限制和禁止发展的项目，不得享受企业所得税优惠。

（一）从事农、林、牧、渔业项目的所得

企业从事农、林、牧、渔业项目的所得，包括免征和减征两部分。具体免征和减征项目参考《企业所得税法》第 27 条第（一）项规定。

（二）从事国家重点扶持的公共基础设施项目投资经营的所得

企业从事国家重点扶持的港口码头、机场、铁路、公路、电力、水利等公共基础设施项目的投资经营的所得，自项目取得第一笔生产经营收入所属纳税年度起，第一年至第三年免征企业所得税，第四年至第六年减半征收企业所得税。

（三）从事符合条件的环境保护、节能节水项目的所得

企业从事环境保护、节能节水项目的所得，自项目取得第一笔生产经营收入所属纳税年度起，第一年至第三年免征企业所得税，第四年至第六年减半征收企业所得税。

符合条件的环境保护、节能节水项目，包括公共污水处理、公共垃圾处理、沼气综合开发利用、节能减排技术改造、海水淡化等。

（四）符合条件的技术转让所得

企业所得税法所规定的符合条件的技术转让所得免征、减征企业所得税，是指一个纳税年度内，居民企业转让技术所有权所得不超过 500 万元的部分，免征企业所得税；超过 500 万元的部分，减半征收企业所得税。

二、高新技术企业优惠

国家需要重点扶持的高新技术企业减按 15% 的所得税税率征收企业所得税。

三、小型微利企业优惠

小型微利企业减按 20% 的所得税税率征收企业所得税。小型微利企业的条件如下：

（1）工业企业，年度应纳税所得额不超过 30 万元，从业人数不超过 100 人，资产总额不超过 3 000 万元的。

（2）其他企业，年度应纳税所得额不超过 30 万元，从业人数不超过 80 人，资产总额不超过 1 000 万元的。

四、加计扣除优惠

加计扣除优惠包括以下两项内容：

（1）研究开发费，是指企业为开发新技术、新产品、新工艺发生的研究开发费用，未形成无形资产计入当期损益的，在按照规定据实扣除的基础上，按照研究开发费用的 50% 加计扣除；形成无形资产的，按照无形资产成本的 150% 摊销。

（2）企业安置残疾人员所支付的工资，是指企业安置残疾人员的，在按照支付给残疾职工工资据实扣除的基础上，按照支付给残疾职工工资的 100% 加计扣除。

五、创投企业优惠

创投企业从事国家需要重点扶持和鼓励的创业投资，可以按投资额的一定比例抵扣应纳税所得额。

创投企业优惠，是指创业投资企业采取股权投资方式投资于未上市的中小高新技术企业 2 年以上的，可以按照其投资额的 70% 在股权持有满 2 年的当年抵扣该创业投资企业的应纳税所得额，当年不足抵扣的，可以在以后纳税年度结转抵扣。

六、加速折旧优惠

企业的固定资产由于技术进步等原因，确需加速折旧的，可以缩短折旧年限或者采取加速折旧的方法。可采用以上折旧方法的固定资产是指：

（1）由于技术进步，产品更新换代较快的固定资产。

（2）常年处于强震动、高腐蚀状态的固定资产。

采取缩短折旧年限方法的，最低折旧年限不得低于规定折旧年限的 60%；采取加速折旧方法的，可以采取双倍余额递减法或者年数总和法。

七、减计收入优惠

减计收入优惠，是企业综合利用资源，生产符合国家产业政策规定的产品所取得的收入，可以在计算应纳税所得额时减按 90% 计入收入总额。

八、税额抵免优惠

税额抵免，是指企业购置并实际使用《环境保护专用设备企业所得税优惠目录（2008年版）》《节能节水专用设备企业所得税优惠目录（2008 年版）》和《安全生产专用设备企业所得税优惠目录（2008 年版）》规定的环境保护、节能节水、安全生产等专用设备的，该专用设备投资额的 10% 可以从企业当年的应纳税额中抵免；当年不足抵免的，可以在以后 5个纳税年度结转抵免。

企业购置上述专用设备在 5 年内转让、出租的，应当停止享受企业所得税优惠，并补缴已经抵免的企业所得税税款。

九、民族自治地方的优惠

民族自治地方的自治机关对本民族自治地方的企业应缴纳的企业所得税中属于地方分享的部分，可以决定减征或者免征。自治州、自治县决定减征或者免征的，须报省、自治区、直辖市人民政府批准。

十、非居民企业优惠

非居民企业减按 10% 的所得税税率征收企业所得税。

·—— 任务六　掌握企业所得税税款的申报缴纳 ——·

一、纳税地点

（1）除税收法律、行政法规另有规定外，居民企业以企业登记注册地为纳税地点；但登记注册地在境外的，以实际管理机构所在地为纳税地点。

居民企业在中国境内设立不具有法人资格的营业机构的，应当汇总计算并缴纳企业所得税。企业汇总计算并缴纳企业所得税时，应当统一核算应纳税所得额，具体办法由国务院财政、税务主管部门另行制定。

（2）非居民企业在中国境内设立机构、场所的，应当就其所设机构、场所取得的来源于中国境内的所得，以及发生在中国境外但与其所设机构、场所有实际联系的所得，以机构、场所所在地为纳税地点。非居民企业在中国境内设立两个或者两个以上机构、场所的，经税务机关审核批准，可以选择由其主要机构、场所汇总缴纳企业所得税。

非居民企业在中国境内未设立机构、场所的，或者虽设立机构、场所但取得的所得与其所设机构、场所没有实际联系的所得，以扣缴义务人所在地为纳税地点。

（3）除国务院另有规定外，企业之间不得合并缴纳企业所得税。

二、纳税期限

企业所得税按年计征，分月或者分季预缴，年终汇算清缴，多退少补。

企业所得税的纳税年度，自公历每年 1 月 1 日起至 12 月 31 日止。企业在一个纳税年度的中间开业，或者由于合并、关闭等原因终止经营活动，使该纳税年度的实际经营期不足 12 个月的，应当以其实际经营期为一个纳税年度。企业清算时，应当以清算期间作为一个纳税年度。

企业应自年度终了之日起 5 个月内，向税务机关报送年度企业所得税纳税申报表，并汇算清缴，结清应缴应退税款。

企业在年度中间终止经营活动的，应当自实际经营终止之日起 60 日内，向税务机关办理当期企业所得税汇算清缴。

三、纳税申报

按月或按季预缴的，应当自月份或者季度终了之日起 15 日内，向税务机关报送预缴企业所得税纳税申报表，预缴税款。

企业应当在办理注销登记前，就其清算所得向税务机关申报并依法缴纳企业所得税。

依照企业所得税法缴纳的企业所得税，以人民币计算。所得以人民币以外的货币计算的，应当折合成人民币计算并缴纳税款。

企业在纳税年度内无论盈利或者亏损，都应当依照企业所得税法规定期限，向税务机关报送预缴企业所得税纳税申报表、年度企业所得税纳税申报表、财务会计报告和税务机关规定应当报送的其他有关资料。

 练一练

多项选择题

以下关于企业所得税纳税期限与纳税申报正确的有（　　　）。

A. 企业应当自年度终了之日起 5 个月内，向税务机关报送年度企业所得税纳税申报表，并汇算清缴，结清应缴应退税款

B. 企业在年度中间终止经营活动的，应当自实际经营终止之日起 30 日内，向税务机关办理当期企业所得税汇算清缴

C. 企业应当自月份或季度终了之日起 15 天内，向税务机关报送预缴企业所得税纳税申报表，并预缴税款

D. 企业应当自月份或季度终了之日起 30 日内，向税务机关报送预缴企业所得税纳税申报表，预缴税款

本项目小结

　　企业所得税，是指以企业在一定期间内的纯所得额（收入总额扣除法定费用）或者总所得额为征税对象的一种税。企业以货币形式和非货币形式取得的收入，为收入总额。收入总额中的下列收入为不征税收入：财政拨款、行政事业性收费、政府性基金、国务院规定的其他不征税收入。企业所得税的纳税人分为居民企业和非居民企业。除法律和法规另有规定以外，企业所得税的税率为25%。企业每一纳税年度的收入总额，减除不征税收入、免税收入、各项扣除以及允许弥补的以前年度亏损后余额，为应纳税所得额。企业实际发生的与取得收入有关的合理的支出，包括成本、费用、税金、损失和其他支出，准予在计算应纳税所得额时扣除。企业所得税按纳税年度计算，居民企业以企业登记注册地为纳税地点。企业所得税分月或分季预缴，纳税年度终了之日起5个月内，进行汇算清缴。

本项目主要参考资料

　　［1］中华人民共和国全国人民代表大会．中华人民共和国企业所得税法．

　　［2］中华人民共和国国务院．中华人民共和国所得税法实施条例．中华人民共和国国务院令第512号．

　　［3］国家税务总局．国家税务总局关于发布《中华人民共和国企业所得税年度纳税申报表（A类，2014年版）》的公告．国家税务总局公告2014年第63号．

　　［4］国家税务总局．国家税务总局关于进一步完善固定资产加速折旧企业所得税政策有关问题的公告．国家税务总局公告2015年第68号．

　　［5］国家税务总局．国家税务总局关于许可使用权技术转让所得企业所得税有关问题的公告．国家税务总局公告2015年第82号．

自测练习题

一、单项选择题

1. 依照外国（地区）法律成立且实际管理机构不在中国境内，但在中国境内设立机构、场所的，或者在中国境内未设立机构、场所，但有来源于中国境内所得的企业，是(　　)。

　　A. 本国企业　　　　B. 外国企业　　　　　C. 居民企业　　　　　D. 非居民企业

2. 依法在中国境内成立，或者依照外国（地区）法律成立但实际管理机构在中国境内的企业，是（　　）。

　　A. 本国企业　　　　B. 外国企业　　　　　C. 居民企业　　　　　D. 非居民企业

3.《中华人民共和国企业所得税法》规定的企业所得税的基本税率为（　　）。

A. 20%   B. 25%   C. 30%   D. 33%

4. 国家需要重点扶持的高新技术企业，减按（   ）的税率征收企业所得税。

A. 10%   B. 12%   C. 15%   D. 20%

5. 企业发生的公益性捐赠支出，在年度利润总额（   ）以内的部分，准予在计算应纳税所得额时扣除。

A. 10%   B. 12%   C. 15%   D. 20%

6. 美国微软公司在中国设立分支机构，就其来源于中国境内的所得缴纳企业所得税，税率为（   ）。

A. 20%   B. 25%   C. 30%   D. 33%

7. 企业应当自年度终了之日起（   ）个月内，向税务机关报送年度企业所得税纳税申报表，并汇算清缴，结清应缴应退税款。

A. 3   B. 4   C. 5   D. 6

8. 扣缴义务人每次代扣的税款，应当自代扣之日起（   ）内缴入国库，并向所在地的税务机关报送扣缴企业所得税报告表。

A. 3   B. 5   C. 7   D. 10

9. 企业所得税法所称企业以非货币形式取得的收入，应当按照（   ）确定收入额。

A. 公允价值   B. 重置价值   C. 历史价值   D. 原始价值

10. （   ）是企业所得税纳税人。

A. 个人独资企业 B. 合伙企业   C. 一人有限责任公司 D. 居民个人

11. 企业发生的公益性捐赠支出，准予在计算应纳税所得额时扣除的比例为（   ）。

A. 应纳税所得额 3% 以内的部分   B. 应纳税所得额 10% 以内的部分
C. 在年度利润总额 12% 以内的部分   D. 在年度利润总额 10% 以内的部分

12. 企业在年度中间终止经营活动的，应当自实际经营终止之日起（   ）日内，向税务机关办理当期企业所得税汇算清缴。

A. 30   B. 40   C. 60   D. 10

13. 企业实际发生的与取得收入有关的、合理的支出，包括（   ）和其他支出，准予在计算应纳税所得额时扣除。

A. 成本   B. 增值税   C. 税收滞纳金   D. 行政罚款

14. 按照企业所得税法和实施条例规定，下列各项中属于非居民企业的是（   ）。

A. 在黑龙江省工商局登记注册的企业
B. 在美国注册但实际管理机构在哈尔滨的外资独资企业
C. 在美国注册的企业设在苏州的办事处
D. 在黑龙江省注册但在中东开展工程承包的企业

15. 以分期收款方式销售货物的，按照（   ）日期确认收入的实现。

A. 合同约定收款 B. 发出商品   C. 实际收到货款   D. 预收货款

16. 以下各项支出中，可以在计算企业所得税应纳税所得额时扣除的是（ ）。

    A. 按规定缴纳的财产保险费

    B. 以现金方式支付给某中介公司的佣金

    C. 支付给母公司的管理费

    D. 赴灾区慰问时直接向灾民发放的慰问金

二、多项选择题

1. 根据企业所得税法规定，下列属于企业所得税纳税人的是（ ）。

    A. 股份有限公司   B. 合伙企业

    C. 个人独资企业   D. 一人有限责任公司

2. 根据企业所得税法规定，企业分为（ ）。

    A. 本国企业   B. 外国企业   C. 居民企业   D. 非居民企业

3. 企业所得税法规定的企业所得税的税率有（ ）。

    A. 20%   B. 25%   C. 30%   D. 15%

4. 在计算应纳税所得额时，下列固定资产不得计算折旧扣除的有（ ）。

    A. 未使用的房屋、建筑物   B. 单独估价作为固定资产入账的土地

    C. 以经营租赁方式租入的固定资产   D. 接受捐赠的固定资产

5. 企业实际发生的与取得收入有关的、合理的支出，准予在计算应纳税所得额时扣除。其中包括（ ）。

    A. 企业生产的成本、费用   B. 企业的税金

    C. 企业的损失   D. 赞助支出

6. 企业的（ ）收入为不征税收入。

    A. 财政拨款

    B. 依法收取并纳入财政管理的政府性基金

    C. 国务院规定的不征税收入

    D. 国债利息收入

7. 企业的（ ）收入为免税收入。

    A. 国债利息收入

    B. 符合条件的居民企业之间的股息、红利等权益性投资收益

    C. 在中国境内设立机构、场所的居民企业从非居民企业取得与该机构、场所有实际联系的股息、红利等权益性投资收益

    D. 符合条件的非营利组织的收入

8. 在计算应纳税所得额时，企业发生的（ ）作为长期待摊费用，按照规定摊销的，准予扣除。

    A. 未经核定的准备金支出   B. 租入固定资产的改建支出

    C. 固定资产的大修理支出   D. 赞助支出

9. 非居民企业在中国境内的场所包括 (　　)。

    A. 管理机构　　　B. 营业机构　　　　C. 办事机构　　　　D. 营业代理人

10. 特许权使用费收入是指企业提供 (　　) 取得的收入。

    A. 专利权　　　　B. 非专利技术　　　C. 商标权　　　　D. 土地使用权

11. 权益性投资收益包括 (　　)。

    A. 股息　　　　　B. 红利　　　　　　C. 利息　　　　　D. 联营分利

12. 非居民企业是"在中国境内未设立机构、场所的，或者虽设立机构、场所但取得的所得与其所设机构、场所没有实际联系的"企业。其中，"机构、场所"，是指在中国境内从事生产经营活动的机构、场所，包括 (　　)。

    A. 管理机构、营业机构、办事机构

    B. 工厂、农场、开采自然资源的场所

    C. 提供劳务的场所

    D. 从事建筑、安装、装配、修理、勘探等工程作业的场所

13. 企业所得税法中所称来源于中国境内、境外的所得，其确定原则包括 (　　)。

    A. 销售货物所得，按照交易活动发生地确定

    B. 提供劳务所得，按照劳务发生地确定

    C. 转让财产所得，不动产转让所得按照不动产所在地确定，动产转让所得按照转让动产的企业或者机构、场所所在地确定，权益性投资资产转让所得按照被投资企业所在地确定

    D. 股息红利等权益性投资所得，按照分配所得的企业所在地确定

14. (　　) 是企业所得税纳税人。

    A. 国有独资企业　　　　　　　　　B. 私营有限责任公司

    C. 中外合资企业　　　　　　　　　D. 一人有限责任公司

15. (　　) 是居民企业。

    A. 在福建省工商局登记注册的企业

    B. 在日本注册但实际管理机构在北京的的企业

    C. 在日本注册的企业设在北京的办事处

    D. 在福建省注册但在中东开展工程承包的企业

16. 以下关于企业所得税纳税期限与纳税申报正确的有 (　　)。

    A. 企业应当自年度终了之日起 5 个月内，向税务机关报送年度企业所得税纳税申报表，并汇算清缴，结清应缴应退税款

    B. 企业在年度中间终止经营活动的，应当自实际经营终止之日起 30 日内，向税务机关办理当期企业所得税汇算清缴

    C. 企业应当自月份或季度终了之日起 15 个天内，向税务机关报送预缴企业所得税纳税申报表，并预缴税款

D. 企业应当自月份或季度终了之日起 30 日内，向税务机关报送预缴企业所得税纳税申报表，预缴税款

三、实务练习题

1. 某企业 2016 年全年取得收入总额为 3 000 万元，取得租金收入 50 万元；销售成本、销售费用、管理费用共计 2 800 万元；营业外支出中列支 35 万元，其中，通过希望工程基金委员会向某灾区捐款 10 万元，直接向某困难地区捐赠 5 万元，非广告性赞助 20 万元。试计算该企业全年应缴纳的企业所得税税额。

2. 某中型工业企业执行现行财会制度和税收法规，2016 年企业会计报表利润为 200 000 元，未对任何项目进行调整，已按 25% 的所得税率计算缴纳所得税 50 000 元。税务检查人员对该企业进行所得税纳税审查，经查阅有关账证资料，发现如下问题：

（1）企业 2016 年度有正式职工 100 人，实际列支工资、津贴、补贴、奖金为 1 200 000 元。

（2）企业长期借款账户中记载：年初向中国银行借款 100 000 元，年利率为 5%；向其他企业借周转金 200 000 元，年利率 10%，上述借款均用于生产经营。

（3）全年销售收入 6 000 0000 元，企业列支业务招待费 250 000 元。

（4）该企业 2016 年在税前共计提取并发生职工福利费 168 000 元，计提了工会经费 24 000 元，计提了教育经费 38 000 元。

（5）2016 年 6 月 5 日管理费用科目列支厂部办公室使用的空调器一台，价款 6 000 元（折旧年限按 6 年计算，不考虑残值）。

（6）年末应收账款借方余额 1 500 000 元，坏账准备科目贷方余额 6 000 元（该企业坏账核算采用备抵法，按 3% 提取坏账准备金）。

（7）其他经核实均无问题，符合现行会计制度及税法规定。

要求：（1）扼要指出存在的问题；

（2）计算应补交的企业所得税税额。

3. 一家机械制造企业，2016 年实现税前收入总额 2 000 万元（其中包括产品销售收入 1 800 万元、购买国库券利息收入 100 万元），发生各项成本费用共计 1 000 万元，其中包括：合理的工资薪金总额 200 万元，业务招待费 100 万元，职工福利费 50 万元，职工教育经费 2 万元，工会经费 10 万元，税收滞纳金 10 万元，提取的各项准备金支出 100 万元。另外，企业当年购置环境保护专用设备 500 万元，购置完毕即投入使用。试计算该企业当年应纳的企业所得税额税额（假定企业以前年度无未弥补亏损）并填写纳税申报表。

参考答案

一、单项选择题

1	2	3	4	5	6	7	8
D	C	B	C	B	B	C	C
9	10	11	12	13	14	15	16
A	C	C	C	A	C	A	A

二、多项选择题

1	2	3	4	5	6	7	8
AD	CD	ABD	BC	ABC	ABC	ABD	BC
9	10	11	12	13	14	15	16
ABC	ABC	ABD	ABCD	ABCD	ABCD	ABD	AC

三、实务练习题

1. （1）会计利润 $=3\,000+50-2\,800-35=215$（万元）

（2）公益性捐赠扣除限额 $=215\times12\%=25.8$（万元），大于 10 万元，公益性捐赠的部分可以据实扣除。

（3）直接捐赠不得扣除，纳税调增 5 万元。

（4）非广告性赞助支出 20 万元需要做纳税调增。

（5）应纳税所得额 $=215+5+20=240$（万元）

（6）应纳所得税额 $=240\times25\%=60$（万元）

2. （1）存在的问题：①向其他企业借款的利息支出超过按中国银行（金融企业）同期同类贷款利率计算的利息支出部分在税前扣除；②业务招待费扣除超规定标准；③计提工会经费未拨缴不得税前扣除；计提教育经费未发生支出不得税前扣除；④固定资产直接列入管理费用，未通过计提折旧摊销，税前多列支费用；⑤提取坏账准备金按 3% 计提，超过税法规定 5‰，扣除费用。

（2）①不得税前扣除的利息支出 $=200\,000\times(10\%-5\%)=10\,000$（元）

②不得税前扣除的业务招待费 $=250\,000-150\,000=100\,000$（元）

业务招待费扣除限额 $=150\,000$（元）（$60\,000\,000\times5‰=300\,000>250\,000\times60\%$）

③不得税前扣除的工会经费和教育经费 $=24\,000+38\,000=62\,000$（元）

④不得税前扣除的列支在管理费用中的固定资产部分 $=6\,000-6\,000/(6\times12)\times6$
$$=5\,500\ （元）$$

⑤不得扣除的坏账准备金 $=(1\,500\,000\times3\%-6\,000)-(1\,500\,000\times5‰-6\,000)$
$$=37\,500\ （元）$$

⑥应补缴企业所得税额 = $(10\ 000 + 100\ 000 + 62\ 000 + 5\ 500 + 37\ 500) \times 25\%$

$= 53\ 750$（元）

3. （1）2008 年利润总额 = $2\ 000 - 1\ 000 = 1\ 000$（万元）

（2）2008 年收入总额 = $2\ 000$（万元）

其中，免税收入 = 100（万元）。

（3）2016 年各项扣除调整数：

①业务招待费超支额 = $100 - 9 = 91$（万元）

业务招待费限额 = 9（万元）（$1\ 800 \times 5‰ = 9 < 100 \times 60\% = 60$）

②工资三项经费调整额 = $50 + 10 - [200 \times (14\% + 2\%)] = 28$（万元）

③提取准备金支出调整 = 100（万元）

（4）税收滞纳金调整 = 10（万元）

（5）2016 年应纳税所得额 = $2\ 000 - 100 - 1000 + (91 + 28 + 100 + 10) = 1\ 129$（万元）

（6）2016 年应纳所得税额 = $1\ 129 \times 25\% - 500 \times 10\% = 282.25 - 50 = 232.25$（万元）

项目二

个人所得税

引入

　　某教授到外地某企业讲课，关于讲课的劳务报酬，该教授面临着两种选择：一种是企业给教授支付讲课费 50 000 元人民币，往返交通费、住宿费、伙食费等一概由教授自己负责；另一种是企业支付教授讲课费 40 000 元，往返交通费、住宿费、伙食费等全部由企业负责。试问该教授应该选择哪一种？

内容提要

➢ 个人所得税概述
➢ 个人所得税的基本要素
➢ 个人所得税应纳税额的计算
➢ 个人所得税的申报缴纳

学习目标

1. 理解个人所得税的基本概念、特征和作用
2. 掌握个人所得税的纳税人、征税范围、税目、税率等税制要素
3. 掌握个人所得税应纳税额的计算
4. 熟悉个人所得税的申报缴纳

学习方法

1. 完整阅读《中华人民共和国个人所得税法及实施条例》
2. 了解自己或自己身边人的个人所得税缴纳情况
3. 填写"个人所得税纳税申报表"和"扣缴个人所得税报告表"
4. 经常登录中国税务网（http：//www. ctax. org. cn/）关注最新发布的税务法律法规

关键词

个人所得税　居民纳税人　非居民纳税人　特许权使用费所得　应税所得额

·—— 任务一 认知个人所得税 ——·

一、个人所得税的概念及特征

个人所得税，是指以自然人个人所取得的法定的各项应纳税所得为征税对象的一种所得税。这一概念也揭示了个人所得税的一般特征。

（1）个人所得税是一种所得税。个人所得税不是对个人所取得的收入征税，而是对个人取得的所得征税。税法上所称的所得，通常是指纳税人法定的收入总额扣除法定的扣除项目如成本、费用、税金和损失等支出后的净额。作为征税对象的个人所得，有狭义和广义之分。狭义的个人所得仅限于每年经常、反复发生的所得。广义的个人所得是指个人在一定期间内，通过各种来源和方式取得或者获得的各种收益与利益，而不论这种收益与利益是偶然的，还是临时的，是货币的，还是实物的。目前，包括我国在内的世界各国所实行的个人所得税，大多以广义的个人所得为基础设计税收制度。

（2）个人所得税是一种直接税。所谓直接税是指税收负担不能转嫁出去而必须由纳税人自己承担的税种。除极少数特殊情况之外，个人所得税通常都不能转嫁，而必须由纳税人自己承担。

（3）个人所得税是以自然人个人为纳税人的一种所得税。所得税是以自然人或者法人的法定所得为课税对象的一种税制体系。虽然目前世界各国所征收的所得税在名称上五花八门，但是根据纳税人的属性不同，一般可以分为两类：一类是以法人为纳税人的所得税，即企业（法人或者公司）所得税；另一类是以自然人个人为纳税人的所得税，即我们现在所讨论的个人所得税。

二、个人所得税的起源

个人所得税最初于 1789 年在英国创立。当时，正处于英法战争之际，英国首相皮特为筹措战争经费，首先开征临时税性质的综合所得税，由于缺乏强制措施，未能顺利实施而终告失败。1803 年，英国对拿破仑开战，因筹措战争经费，制定了新的所得税法，实行分类所得税制，要求纳税人在其申报表中申报各类所得，至 1815 年停止。由此可见，个人所得税课征之初，是为了应付战时需要，本无永久性质。

1842 年，英国因采取自由贸易政策，造成关税与消费税的收入减少，财政发生困难，为此，当时的英国财政大臣皮尔向国会提出开征经常性的个人所得税，虽仍为分类所得税制，但已含有综合所得税制的某些因素。

1909 年，英国对较高的所得实施累进的超级税（附加税）。它具有双重的特征：一方面含有累进的标准税；另一方面对超出一定（较高的）标准的总所得征收累进附加税。

1973 年，上述两分制个人所得税被废止，英国将其合并为统一的综合个人所得税制。

时至今日，大多数发达国家都采用这种个人所得税制度。

<h1 align="center">—— 任务二 掌握个人所得税的基本要素 ——</h1>

一、个人所得税的纳税人

个人所得税的纳税义务人，既包括居民纳税义务人，也包括非居民纳税义务人。居民纳税义务人负有完全纳税的义务，必须就其来源于中国境内、境外的全部所得缴纳个人所得税；而非居民纳税义务人仅就其来源于中国境内的所得，缴纳个人所得税。

（一）居民纳税义务人

居民纳税义务人负有无限纳税义务。其所取得的应纳税所得，无论是来源于中国境内还是中国境外，都要在中国缴纳个人所得税。根据《中华人民共和国个人所得税法》（简称《个人所得税法》）规定，居民纳税义务人是指在中国境内有住所，或者无住所而在中国境内居住满一个纳税年度的个人。

所谓在中国境内有住所的个人，是指因户籍、家庭、经济利益关系，而在中国境内习惯性居住的个人。

所谓在境内居住满 1 年，是指在中国境内居住满 365 日。在计算居住天数时，对临时离境应视同在华居住，不扣减其在华住的天数。这里所说的临时离境，是指在一个纳税年度内，一次不超过 30 日或者多次累计不超过 90 日的离境。

（二）非居民纳税义务人

非居民纳税义务人是指在中国境内无住所、不居住，或无住所、居住不满 1 年的个人。其仅就来源于中国境内的所得，向中国缴纳个人所得税。在中国境内无住所的个人取得工资薪金所得的征税问题如表 3 - 3 所示。

表 3 - 3　在中国境内无住所的个人取得工资薪金所得的征税问题

居住时间	纳税人性质	境内所得		境外所得	
		境内支付	境外支付	境内支付	境外支付
90 日（或 183 日以内）	非居民	√	免税	×[1]	×
90 日（或 183 天）~1 年	非居民	√	√	×[1]	×
1~5 年	居民	√	√	√	免税
5 年以上	居民	√	√	√	√

注：√代表征税，×代表不征税。
①代表高管人员需要缴税的特殊情况。

居住时间 5 年以上，从第 6 年起，在以后的各年度中，凡在境内居住满 1 年的，应当就其来源于境内、境外的所得申报纳税；凡在境内居住不满 1 年的，仅就其该年内来源于境内的所得申报纳税。

 **小组讨论**

如何理解有限纳税义务和无限纳税义务

二、个人所得税征税范围

（一）工资、薪金所得

工资、薪金所得，是指个人因任职或受雇而取得的工资、薪金、奖金、年终加薪、劳动分红、津贴、补贴以及与任职或受雇有关的其他所得。这就是说，个人取得的所得，只要是与任职、受雇有关，不管其单位的资金开支渠道或以现金、实物、有价证券等形式支付的，都是工资、薪金所得项目的课税对象。

（二）个体工商户的生产、经营所得

个体工商户的生产、经营所得包括以下四个方面：

（1）经工商行政管理部门批准开业并领取营业执照的城乡个体工商户，从事工业、手工业、建筑业、交通运输业、商业、饮食业、服务业、修理业及其他行业的生产、经营取得的所得。

（2）个人经政府有关部门批准，取得营业执照，从事办学、医疗、咨询以及其他有偿服务活动取得的所得。

（3）其他个人从事个体工商业生产、经营取得的所得，即个人临时从事生产、经营活动取得的所得。

（4）上述个体工商户和个人取得的生产、经营有关的各项应税所得。

（三）对企事业单位的承包经营、承租经营所得

对企事业单位的承包经营、承租经营所得，是指个人承包经营、承租经营以及转包、转租取得的所得，包括个人按月或者按次取得的工资、薪金性质的所得。

（四）劳务报酬所得

劳务报酬所得，是指个人从事设计、装潢、安装、制图、化验、测试、医疗、法律、会计、咨询、讲学、新闻、广播、翻译、审稿、书画、雕刻、影视、录音、录像、演出、表演、广告、展览、技术服务、介绍服务、经济服务、代办服务以及其他劳务取得的所得。

（五）稿酬所得

稿酬所得，是指个人因其作品以图书、报纸形式出版、发表而取得的所得。这里所说的作品，是指包括中外文字、图片、乐谱等能以图书、报刊方式出版、发表的作品；个人作品，包括本人的著作、翻译的作品等。个人取得遗作稿酬，应按稿酬所得项目计税。

（六）特许权使用费所得

特许权使用费所得，是指个人提供专利权、著作权、商标权、非专利技术以及其他特

许权的使用权取得的所得。提供著作权的使用权取得的所得，不包括稿酬所得。作者将自己文字作品手稿原件或复印件公开拍卖（竞价）取得的所得，应按特许权使用费所得项目计税。

（七）利息、股息、红利所得

利息、股息、红利所得，是指个人拥有债权、股权而取得的利息、股息、红利所得。利息是指个人的存款利息、货款利息和购买各种债券的利息。股息，也称股利，是指股票持有人根据股份制公司章程规定，凭股票定期从股份公司取得的投资利益。红利，也称公司（企业）分红，是指股份公司或企业根据应分配的利润，按股份分配超过股息部分的利润。股份制企业以股票形式向股东个人支付股息，红利（派发红股），应以派发的股票面额为收入额计税。

（八）财产租赁所得

财产租赁所得，是指个人出租建筑物、土地使用权、机器设备、车船以及其他财产取得的所得。财产包括动产和不动产。

（九）财产转让所得

财产转让所得，是指个人转让有价证券、股权、建筑物、土地使用权、机器设备、车船以及其他自有财产给他人或单位而取得的所得，包括转让不动产和动产而取得的所得。对在股票二级市场个人股票买卖取得的所得暂不征税。

（十）偶然所得

偶然所得，是指个人取得的所得是非经常性的，属于各种机遇性所得，包括得奖、中奖、中彩以及其他偶然性质的所得（含奖金、实物和有价证券）。个人购买社会福利有奖募捐奖券、中国体育彩票，一次中奖收入不超过 10 000 元的，免征个人所得税，超过 10 000元的，应以全额按偶然所得项目计税。

（十一）其他所得

除上述应税项目以外，其他所得应确定征税的，由国务院财政部门确定。国务院财政部门，是指财政部和国家税务总局。

个人取得的所得，如果难以界定是哪一项应税所得项目，由主管税务机关审查确定。

个人取得的应纳税所得，包括现金、实物和有价证券。所得为实物的，应当按照取得的凭证上所注明的价格计算应纳税所得额；无凭证的实物或者凭证上所注明的价格明显偏低的，由主管税务机关参照当地的市场价格核定应纳税所得额。所得为有价证券的，由主管税务机关根据票面价格和市场价格核定应纳税所得额。

练一练

单项选择题

下列不按个体工商户的生产经营所得计税的是（   ）。

A. 个人独资企业和合伙企业的生产经营所得

B. 个体出租车司机的出租车运营收入

C. 个人独资企业的老板用企业的资金为自己购买的轿车

D. 甲合伙企业的对外投资分回的收益

三、个人所得税税目及税率

（1）工资薪金所得，适用超额累进税率，税率为3%～45%。工资薪金所得超额累进税率表如表3-4所示。

表3-4 工资薪金所得超额累进税率表

级数	全月应纳税所得额		税率	速算扣除数
	含税级距	不含税级距		
1	不超过1 500元的	不超过1 455元的	3%	0
2	超过1 500元至4 500元的部分	超过1 455元至4 155元的部分	10%	105
3	超过4 500元至9 000元的部分	超过4 155元至7 755元的部分	20%	555
4	超过9 000元至35 000元的部分	超过7 755元至27 255元的部分	25%	1 005
5	超过35 000元至55 000元的部分	超过27 255元至41 255元的部分	30%	2 755
6	超过55 000元至80 000元的部分	超过41 255元至57 505元的部分	35%	5 505
7	超过80 000元的部分	超过57 505元的部分	45%	13 505

注：1. 本表所列含税级距与不含税级距，均为按照税法规定减除有关费用后的所得额；本表含税级距中应纳税所得额，是指每月收入金额减去各项社会保险金（五险一金）以及起征点3 500元（外籍4 800元）的余额。

2. 含税级距适用于由纳税人负担税款的工资、薪金所得；不含税级距适用于由他人（单位）代付税款的工资、薪金所得。

（2）个体工商户的生产、经营所得和对企事业单位的承包经营、承租经营所得，以及个人独资企业和合伙企业投资者的生产经营所得，适用5%～35%的超额累进税率。个体工商户的生产、经营所得和对企事业单位的承包经营、承租经营所得税率表如表3-5所示。

表3-5 个体工商户的生产、经营所得和对企事业单位的承包经营、承租经营所得税率表

级数	全年应纳税所得额		税率	速算扣除数
	含税级距	不含税级距		
1	不超过1 500元的	不超过1 455元的	3%	0
1	不超过15 000元的	不超过14 250元的	5%	0
2	超过15 000元至30 000元的部分	超过14 250元至27 750元的部分	10%	750
3	超过30 000元至60 000元的部分	超过27 750元至51 750元的部分	20%	3 750
4	超过60 000元至100 000元的部分	超过51 750元至79 750元的部分	30%	9 750
5	超过100 000元的部分	超过79 750元的部分	35%	14 750

注：1. 本表所列含税级距与不含税级距，均为按照税法规定以每一纳税年度的收入总额减除成本、费用以及损失后的所得额。

2. 含税级距适用于个体工商户的生产、经营所得和由纳税人负担税款的对企事业单位的承包经营、承租经营所得；不含税级距适用于由他人（单位）代付税款的对企事业单位的承包经营、承租经营所得。

（3）稿酬所得，适用比例税率，税率为20%，并按应纳税额减征30%。

（4）劳务报酬所得，适用比例税率，税率为20%。对个人一次取得劳务报酬的应纳税所得额超过20 000元的，其超过20 000元至50 000元的部分，依照税法规定计算应纳税额后再按照应纳税额加征五成；超过50 000元的部分，加征十成。劳务报酬所得税率表如表3-6所示。

表3-6 劳务报酬所得税率表

级数	含税级距	不含税级距	税率	速算扣除数
1	不超过20 000元的	不超过16 000元的	20%	0
2	超过20 000元至50 000元的部分	超过16 000元至37 000元的部分	30%	2 000
3	超过50 000元的部分	超过37 000元的部分	40%	7 000

注：1. 表中的含税级距、不含税级距，均为按照税法规定减除有关费用后的所得额。

2. 含税级距适用于由纳税人负担税款的劳务报酬所得；不含税级距适用于由他人（单位）代付税款的劳务报酬所得。

（5）特许权使用费所得，利息、股息、红利所得，财产租赁所得，财产转让所得，偶然所得和其他所得，适用比例税率，税率为20%。

·── 任务三　掌握个人所得税应纳税额的计算 ──·

一、工资、薪金所得应纳税额的计算

（一）工资、薪金所得的范围

工资、薪金所得，是指个人因任职或者受雇而取得的工资、薪金、奖金、年终加薪、劳动分红、津贴、补贴以及与任职或者受雇有关的其他所得。通俗地说，工资、薪金所得是因为任职或者受雇而从所在单位取得的所有现金或者非现金的所得。其中，年终加薪、劳动分红不分种类和取得情况，一律按工资、薪金所得课税。津贴、补贴等则有例外。根据我国目前个人收入的构成情况，规定对于一些不属于工资、薪金性质的补贴、津贴，或者不属于纳税人本人工资、薪金所得项目的收入，不予征税。这些项目包括：

（1）执行公务员工资制度，未纳入基本工资总额的补贴、津贴差额和家属成员的副食品补贴。

（2）托儿补助费。

（3）差旅费津贴、误餐补助。

（4）企业年金。

外籍人员因任职、受雇、履约等而在中国境内提供劳务取得的工资、薪金所得，无论是否由中国境内或境外的企业或雇主支付或负担，均属于来源于中国境内的所得，除依照中国政府参加的国际条约、签订的税收协定或者有关政策规定可以免税或减税的以外，都应按工资、薪金所得计算缴纳个人所得税。外籍人员适用的税率和速算扣除数与中国公民相同。但是，外籍人员在计算应纳税所得额时，每月可以减去费用扣除额 4 800 元。

工资、薪金所得的费用扣除标准：国籍为中国的，一般人员费用扣除标准为 3 500 元；退休返聘人员费用扣除标准为 3 500 元；特殊行业人员包括远洋运输船员、单位外派国外人员，费用扣除标准为 4 800 元；华侨、国籍为其他国家或港澳台地区的，费用扣除标准为 4 800元。

 练一练

单项选择题

下列项目中，应计入工资、薪金所得范围征收个人所得税的是（　　）。

A. 误餐补助　　　　　　　　　　　　B. 差旅补贴

C. 没有纳入公务员工资的食品补贴　　D. 季度奖金

（二）应纳税额的计算

工资、薪金所得适用超额累进税率，税率为5%~35%，以每月收入额减除费用3 500元（或4 800元）后的余额为应纳税所得额。正常月薪收入的应纳税额的计算公式为

工资、薪金所得的应纳税额 =（月应税收入 - 费用扣除标准）× 税率 - 速算扣除数

【例3-7】张教授每月岗位工资1 420元，薪级工资767元，基础绩效3 600元，工作绩效2 400元，失业险84元，医疗险84元，公积金1 008元（个人部分，不含学校部分），应纳多少个人所得税？

【解析】应纳个人所得税的计算过程如下：

应纳税所得额 = 工资应发金额 - "三险一金" - 个人所得税减除标准

（1）计算工资应发金额 = 1 420 + 767 + 3 600 + 2 400 = 8 187（元）

（2）计算应纳税所得额 = 工资应发金额 - "三险一金" - 个人所得税减除标准

= 8 187 - 84 - 84 - 1 008 - 3 500 = 3 511（元）

（3）计算应纳税额 = 应纳税所得额 × 税率 - 速算扣除数

由于3 511元属于"超过1 500元至4 500元的部分"范围，对应税率10%，对应速算扣除额105元，则

应纳税额 = 3 511 × 10% - 105 = 246.1（元）

张教授本月应交个人所得税为246.1元。

（三）应纳税额计算中的特殊问题

1. 个人取得全年一次性奖金等

全年一次性奖金是指行政机关、企事业单位等扣缴义务人根据全年经济效益和对雇员全年工作业绩的综合考核情况，向雇员发放的一次性奖金。一次性奖金也包括年终加薪、实行年薪制和绩效工资办法的单位根据考核情况兑现的年薪和绩效工资。

纳税人取得全年一次性奖金，单独作为1个月工资、薪金所得计算纳税，由扣缴义务人发放时代扣代缴。

（1）先将雇员当月内取得的全年一次性奖金，除以12个月，按其商数确定适用税率和速算扣除数。

如果在发放年终一次性奖金的当月，雇员当月工资薪金所得低于税法规定的费用扣除额，应将全年一次性奖金减除"雇员当月工资薪金所得与费用扣除额的差额"后的余额，按上述办法确定全年一次性奖金的适用税率和速算扣除数。

（2）将雇员个人当月内取得的全年一次性奖金，按上述第1条确定的适用税率和速算扣除数计算征税，计算公式为

①如果雇员当月工资薪金所得高于（或等于）税法规定的费用扣除额。适用公式为

应纳税额 = 雇员当月取得全年一次性奖金 × 适用税率 - 速算扣除数

②如果雇员当月工资薪金所得低于税法规定的费用扣除额的，适用公式为

$$应纳税额 = \left(\begin{array}{c}雇员当月取得\\全年一次性奖金\end{array} - \begin{array}{c}雇员当月工资薪金所得\\与费用扣除额的差额\end{array}\right) \times 适用税率 - 速算扣除数$$

（3）在一个纳税年度内，对每一个纳税人，该计税办法只允许采用一次。

（4）实行年薪制和绩效工资的单位。个人取得年终兑现的年薪和绩效工资按上述第2条、第3条规定执行。

（5）雇员取得除全年一次性奖金以外的其他各种名目奖金，如半年奖、季度奖、加班奖、先进奖、考勤奖等，一律与当月工资、薪金收入合并，按税法规定缴纳个人所得税。

2. 个人取得公务交通、通信补贴收入

个人因公务用车和通信制度改革而取得的公务用车、通信补贴收入，扣除一定标准的公务费用后，按照工资、薪金所得项目计征个人所得税。按月发放的，并入当月工资、薪金所得计征个人所得税；不按月发放的，分解到所属月份并与该月份工资、薪金所得合并后计征个人所得税。

公务费用扣除标准，由省级地方税务局根据纳税人公务交通、通信费用实际发生情况调查测算，报经省级人民政府批准后确定，并报国家税务总局备案。

3. 失业保险费（金）

城镇企业事业单位及其职工个人按照《失业保险条例》规定的比例，实际缴付的失业保险费，均不计入职工个人当期工资、薪金收入，免予征收个人所得税；超过《失业保险条例》规定的比例缴付失业保险费的，应将其超过规定比例缴付的部分计入职工个人当期的工资、薪金收入，依法计征个人所得税。

具备《失业保险条例》规定条件的失业人员，领取的失业保险金，免予征收个人所得税。

4. 各种免税之外的保险金

企业为员工支付各项免税之外的保险金，应在企业向保险公司缴付时（该保险落到被保险人的保险账户）并入员工当期的工资收入，按工资、薪金所得项目计征个人所得税，税款由企业负责代扣代缴。

5. 企业改组改制过程中个人取得的量化资产

对职工个人以股份形式取得的量化资产仅作为分红依据，不拥有所有权的企业量化资产，不征收个人所得税。

对职工个人以股份形式取得的拥有所有权的企业量化资产，暂缓征收个人所得税；待个人将股份转让时，就其转让收入额，减除个人取得该股份时实际支付的费用支出和合理转让费用后的余额，按财产转让所得项目计征个人所得税。

对职工个人以股份形式取得的企业量化资产参与企业分配而获得的股息、红利，应按利息、股息、红利项目征收个人所得税。

6. 因解除劳动合同取得经济补偿金

（1）企业依照国家有关法律规定宣告破产，企业职工从该破产企业取得的一次性安置费收入，免征个人所得税。

（2）个人因与用人单位解除劳动关系而取得的一次性补偿收入（包括用人单位发放的经济补偿金、生活补助费和其他补助费用），其收入在当地上年职工平均工资3倍数额以内的部分，免征个人所得税；超过3倍数额部分的一次性补偿收入，可视为一次取得数月的工资、薪金收入，允许在一定期限内平均计算。方法为：以超过3倍数额部分的一次性补偿收入，除以个人在本企业的工作年限数（超过12年的按12年计算），以其商数作为个人的月工资、薪金收入，按照税法规定计算缴纳个人所得税。个人在解除劳动合同后又再次任职、受雇的，已纳税的一次性补偿收入不再与再次任职、受雇的工资薪金所得合并计算补缴个人所得税。

（3）个人领取一次性补偿收入时按照国家和地方政府规定的比例实际缴纳的住房公积金、医疗保险费、基本养老保险费、失业保险费，可以在计征其一次性补偿收入的个人所得税时予以扣除。

7. 办理补充养老保险退保和提供担保个人所得税的征税方法

（1）关于单位为个人办理补充养老保险退保后个人所得税及企业所得税的处理问题。单位为职工个人购买商业性补充养老保险等，在办理投保手续时应作为个人所得税的工资、薪金所得项目，按税法规定缴纳个人所得税；因各种原因退保，个人未取得实际收入的，已缴纳的个人所得税应予以退回。

（2）关于个人提供担保取得收入征收个人所得税问题。个人为单位或他人提供担保获得报酬，应按照《个人所得税法》规定的其他所得项目缴纳个人所得税，税款由支付所得的单位或个人代扣代缴。

8. 个人兼职和退休人员再任职取得收入个人所得税的征税方法

个人兼职取得的收入应按照劳务报酬所得应税项目缴纳个人所得税；退休人员再任职取得的收入，在减除按个人所得税法规定的费用扣除标准后，按工资、薪金所得应税项目缴纳个人所得税。

二、劳务及稿酬所得的应纳税额的计算

（一）劳务报酬所得的范围

劳务报酬所得，是指个人独立从事各种非雇佣的劳务所取得的所得。内容主要有设计、装潢、安装、制图、化验、测试、医疗、法律、会计、咨询、讲学、新闻、广播、翻译、审稿、书画、雕刻、影视、录音、录像、演出、表演、广告、展览、技术服务、介绍服务、经纪服务、代办服务及其他劳务。劳务报酬所得是个人独立从事劳务取得的所得，该个人并不在存在雇佣关系的单位任职，只是提供专业服务或是临时性的劳务。例如，某大学教授为企业提供技术咨询服务，企业向其支付的报酬就属于劳务报酬所得。

（二）劳务报酬所得应纳税额的计算

劳务报酬所得适用比例税率，税率为20%。每次收入不超过4 000元的，减除费用800

元，其余额为应纳税所得额；4 000 元以上的，减除 20% 的费用，其余额为应纳税所得额。对劳务报酬所得一次收入畸高的，可以实行加成征收。"劳务报酬所得一次收入畸高"，是指个人一次取得劳务报酬，其应纳税所得额超过 20 000 元。对应纳税所得额超过 20 000 至 50 000 元的部分，依照税法规定计算应纳税额后再按照应纳税额加征五成；超过 50 000 元的部分，加征十成。因此，劳务报酬所得实际上适用 20%、30%、40% 的三级超额累进税率。

对劳务报酬所得，其个人所得税应纳税额有以下计算公式。

1. 每次收入不足 4 000 元的

   应纳税额 = 应纳税所得额 × 适用税率 = （每次收入额 − 800）× 20%

2. 每次收入在 4 000 元以上的

   应纳税额 = 应纳税所得额 × 适用税率 = 每次收入额 × （1 − 20%）× 20%

3. 每次收入的应纳税所得额超过 20 000 元的

   应纳税额 = 应纳税所得额 × 适用税率 − 速算扣除数

   = 每次收入额 × （1 − 20%）× 适用税率 − 速算扣除数

【例 3 − 8】歌星刘某一次取得表演收入 40 000 元，扣除 20% 的费用后，应纳税所得额为 32 000 元。请计算其应纳个人所得税税额。

【解析】应纳税额 = 每次收入额 × （1 − 20%）× 适用税率 − 速算扣除数

= 40 000 × （1 − 20%）× 30% − 2 000 = 7 600 （元）

4. 为纳税人代付税款的计算方法

如果单位或个人为纳税人代付税款的，应当将单位或个人支付给纳税人的不含税收入额换算为应纳税所得额，然后按规定计算应代付的个人所得税款。

（1）不含税收入额不超过 3 360 元的：

   应纳税所得额 = （不含税收入额 − 800）÷（1 − 税率）

   应纳税额 = 应纳税所得额 × 适用税率

（2）不含税收入额超过 3 360 元的：

   应纳税所得额 = （不含税收入额 − 速算扣除数）×（1 − 20%）÷ [1 − 税率 ×（1 − 20%）]

   = （不含税收入额 − 速算扣除数）×（1 − 20%）÷ 当级换算系数

   应纳税额 = 应纳税所得额 × 适用税率 − 速算扣除数

【例 3 − 9】高级工程师赵某为泰华公司进行一项工程设计，按照合同规定，公司应支付赵某劳务报酬 48 000 元，与其报酬相关的个人所得税由公司代付。在不考虑其他税收的情况下，计算公司应代付的个人所得税税额。

【解析】代付个人所得税的应纳税所得额 = （48 000 − 2 000）×（1 − 20%）÷ 76%

= 48 421.05（元）

应代付个人所得税 = 48 421.05 × 30% − 2 000 = 12 526.32 （元）

（三）稿酬收入的税务处理

1. 稿酬所得的范围

稿酬所得，是指个人因其作品以图书、报刊形式出版、发表而取得的所得。将稿酬所得独立划归一个征税项目，而对不以图书、报刊形式出版、发表的翻译、审稿、书画所得归为劳务报酬所得，主要是考虑了出版、发表作品的特殊性。第一，它是一种依靠较高智力创作的精神产品；第二，它具有普遍性；第三，它与社会主义精神文明和物质文明密切相关；第四，它的报酬相对偏低。因此，稿酬所得应当与一般劳务报酬相对区别，并给予适当优惠照顾。

2. 稿酬所得税率

稿酬所得税率为20%，按应纳税额减征30%。故其实际税率为14%。

3. 稿酬所得的费用减除标准

稿酬所得每次收入不超过4 000元的，减除费用800元；4 000元以上的，减除20%的费用，其余额为应纳税所得额。

4. 每次收入的确定

以每次出版、发表取得的收入为一次。具体又可细分为：

（1）同一作品再版取得的所得，应视作另一次稿酬所得，再次计征个人所得税。

（2）同一作品先在报刊上连载，然后再出版；或先出版，再在报刊上连载的，应视为两次稿酬所得征税。即连载作为一次，出版作为另一次。

（3）同一作品在报刊上连载取得收入的，以连载完成后取得的所有收入合并为一次，计征个人所得税。

（4）同一作品在出版和发表时，以预付稿酬或分次支付稿酬等形式取得的稿酬收入，应合并计算为一次。

（5）同一作品出版、发表后，因添加印数而追加稿酬的，应与以前出版、发表时取得的稿酬合并计算为一次，计征个人所得税。

（6）共同写作一部著作而取得的稿酬所得，可以对每个人分得的收入分别减除费用，并计算各自应纳税款。

 练一练

多项选择题

下列收入中，应按照稿酬所得项目缴纳个人所得税的有（　　　　）。

A. 出版社专业作者翻译作品后，由本社以图书形式出版而取得的收入

B. 某作家的文字作品手稿复印件公开拍卖取得的收入

C. 报社记者在本单位的报刊上发表作品取得的收入

D. 出版社的专业作者编写的作品，在本社以图书形式出版而取得的收入

（四）稿酬所得应纳税额的计算

稿酬所得应纳税额有以下计算公式。

1. 每次收入不足 4 000 元的

$$应纳税额 = 应纳税所得额 \times 适用税率 \times (1 - 30\%)$$
$$= (每次收入额 - 800) \times 20\% \times (1 - 30\%)$$

2. 每次收入在 4 000 元以上的

$$应纳税额 = 应纳税所得额 \times 适用税率 \times (1 - 30\%)$$
$$= 每次收入额 \times (1 - 20\%) \times 20\% \times (1 - 30\%)$$

【例 3 - 10】假如某作家取得一次未扣除个人所得税的稿酬收入 20 000 元。请计算其应缴纳的个人所得税税额。

【解析】应纳税额 = 应纳税所得额 × 适用税率 × (1 - 30%)

$$= 20\ 000 \times (1 - 20\%) \times 20\% \times (1 - 30\%) = 2\ 240（元）$$

三、个体经营性所得的应纳税额计算

（一）个体工商户的生产、经营所得的范围

个体工商户的生产、经营所得，是指：

（1）个体工商户从事工业、手工业、建筑业、交通运输业、商业、饮食业、服务业、修理业及其他行业取得的所得。

（2）个人经政府有关部门批准，取得执照，从事办学、医疗、咨询以及其他有偿服务活动取得的所得。

（3）上述个体工商户和个人取得的与生产、经营有关的各项应税所得。

（4）个人因从事彩票代销业务而取得的所得，应按照个体工商户的生产、经营所得项目计征个人所得税。

（5）其他个人从事个体工商业生产、经营取得的所得。

从事个体出租车运营的出租车驾驶员取得的收入，按个体工商户的生产、经营所得项目缴纳个人所得税。

个体工商户和从事生产、经营的个人，取得与生产、经营活动无关的其他各项应税所得，应分别按照其他应税项目的有关规定，计算征收个人所得税。

个人独资企业、合伙企业的个人投资者以企业资金为本人、家庭成员及其相关人员支付与企业生产经营无关的消费性支出及购买汽车、住房等财产性支出，视为企业对个人投资者的利润分配，并入投资者个人的生产经营所得，依照个体工商户的生产经营所得项目计征个人所得税。

练一练

多项选择题
下列关于个人所得税，表述正确的有（　　）。
A. 某有限责任公司为股东的儿子购买汽车一辆，应按个体工商户生产、经营所得征税
B. 个人独资企业为股东的家人购买的住房，应按个体工商户生产、经营所得征税
C. 某合伙企业为股东购买住房，应按个体工商户生产、经营所得项目计征个人所得税
D. 个人独资企业为投资者购买房屋的支出，应按股息、红利所得项目计征个人所得税

(二)　应纳税额的计算

根据《个体工商户个人所得税计税办法》，个体经营性所得的应纳税额的计算公式为

应纳税所得额 = 收入总额 - （成本 + 费用 + 损失 + 准予扣除的税金 + 其他支出 - 个体工商户业主的工资薪金）- 规定的费用扣除 - 以前年度亏损后的余额

应纳税额 = 应纳税所得额 × 适用税率 - 速算扣除数
　　　　 = （全年收入总额 - 成本、费用以及损失）× 适用税率 - 速算扣除数

个人独资企业的投资者以全部生产经营所得为应纳税所得额。合伙企业的投资者按照合伙企业的全部生产经营所得和合伙协议约定的分配比例确定应纳税所得额；合伙协议没有约定分配比例的，以全部生产经营所得和合伙人数量平均计算每个投资者的应纳税所得额。

以个人独资企业为例：

（1）投资者的工资不得在税前直接扣除。投资者（老板）的费用扣除标准为 42 000 元/年，即 3 500 × 12 = 42 000（元）。

（2）企业从业人员合理的工资、薪金支出，允许在税前据实扣除。

（3）企业拨缴的工会经费、发生的职工福利费、职工教育经费支出分别在其工资、薪金总额的 2%、14%、2.5% 的标准内据实扣除。

（4）投资者及其家庭发生的生活费用不允许在税前扣除。投资者及其家庭发生的生活费用与企业生产经营费用混合在一起，并且难以划分的，全部视为投资者个人及其家庭发生的生活费用，不允许在税前扣除。

（5）企业生产经营和投资者及其家庭生活共用的固定资产，难以划分的，由主管税务机关根据企业的生产经营类型、规模等具体情况，核定准予在税前扣除的折旧费用的数额或比例。

（6）企业每一纳税年度发生的与其生产经营业务直接相关的业务招待费，按照发生额

的60%扣除，但最高不得超过当年销售（营业）收入的5‰。

（7）企业每一纳税年度发生的广告费和业务宣传费用不超过当年销售（营业）收入15%的部分，可据实扣除，超过部分，准予在以后纳税年度结转扣除。

（8）企业计提的各种准备金不得扣除。

（9）投资者兴办两个或两个以上企业，并且全部是独资的，年度终了后，汇算清缴时，应纳税额的计算按以下方法：

应纳税所得额 = ∑各个企业的经营所得

应纳税额 = 应纳税所得额 × 税率 − 速算扣除数

【例3-11】张某在市区投资办了A、B两家个人独资企业，按照当地税务机关的要求，张某选择在A企业扣除投资人费用。2016年，A、B两家企业经营情况如下：

（1）A企业为装饰装修企业，扣除张某每月工资5 000元之后，其账面利润总额为68 000元，该企业招待费超过税法规定标准12 000元，没有其他纳税调整项目。

（2）B企业为咨询服务企业，每月支付给张某工资3 000元之后，其账面利润总额为32 000元，营业外支出中有一项非广告性赞助支出8 000元。没有其他纳税调整项目。

要求：计算A、B两企业应预缴纳税额及年终汇算清缴的所得税。

【解析】（1）投资经营A企业应预缴税额计算如下：

应纳税所得额 = 68 000 + 5 000 × 12 − 42 000 + 12 000 = 9 8000（元）

投资经营A企业应预缴个人所得税 = 98 000 × 30% − 9 750 = 19 650（元）

（2）投资经营B企业应预缴税额的计算如下：

应纳税所得额 = 32 000 + 3 000 × 12 + 8 000 = 76 000（元）

投资经营B企业应预缴个人所得税 = 76 000 × 30% − 9 750 = 13 050（元）

（3）年终汇算清缴的个人所得税的计算如下：

汇总应纳税所得额 = 98 000 + 76 000 = 174 000（元）

汇总应纳税额 = 174 000 × 35% − 14 750 = 46 150（元）

A企业应纳税额 = 46 150 × 98 000/174 000 = 25 992.53（元）

A企业应补税 = 25 992.53 − 19 650 = 6 342.53（元）

B企业应纳税额 = 46 150 × 76 000/174 000 = 20 157.47（元）

B企业应补税 = 20 157.47 − 13 050 = 7 107.47（元）

四、财产运作性所得的税务处理

财产运作性所得一般包括：特许权使用费所得，利息、股息、红利所得，财产租赁所得，以及财产转让所得等。购买彩票获得的偶然所得也属于财产运作性所得。

财产转让所得以转让财产的收入额减除财产原值和合理费用后的余额，为应纳税所得额。

利息、股息、红利所得，偶然所得和其他所得，以每次收入额为应纳税所得额。

特许权使用费所得，以某项使用权的一次转让所取得的收入为一次。财产租赁所得，以1个月内取得的收入为一次。利息、股息、红利所得，以支付利息、股息、红利时取得的收入为一次。

（一）财产运作性所得应纳税额的计算

1. 特许权使用费所得应纳税额的计算

特许权使用费所得应纳税额有以下计算公式。

（1）每次收入不足 4 000 元的：

应纳税额 = 应纳税所得额 × 适用税率 = （每次收入额 − 800）× 20%

（2）每次收入在 4 000 元以上的：

应纳税额 = 应纳税所得额 × 适用税率 = 每次收入额 ×（1 − 20%）× 20%

2. 利息、股息、红利所得应纳税额的计算

利息、股息、红利所得应纳税额的计算公式为

应纳税额 = 应纳税所得额 × 适用税率 = 每次收入额 × 20%

3. 财产租赁所得应纳税额的计算

（1）应纳税所得额。财产租赁所得一般以个人每次取得的收入，定额或定率减除规定费用后的余额为应纳税所得额。每次收入不超过 4 000 元，定额减除费用 800 元；每次收入在 4 000 元以上，定率减除 20% 的费用。财产租赁所得以 1 个月内取得的收入为一次。

在确定财产租赁的应纳税所得额时，纳税人在出租财产过程中缴纳的税金和教育费附加，可持完税（缴款）凭证，从其财产租赁收入中扣除。准予扣除的项目除了规定费用和有关税费外，还准予扣除能够提供有效、准确凭证，证明由纳税人负担的该出租财产实际开支的修缮费用。允许扣除的修缮费用，以每次 800 元为限。一次扣除不完的，准予在下一次继续扣除，直到扣完为止。

财产租赁所得应纳税所得额有以下计算公式：

①每次（月）收入不超过 4 000 元的：

应纳税所得额 = 每次（月）收入额 − 准予扣除项目 − 修缮费用（800 元为限）− 800 元

②每次（月）收入超过 4 000 元的：

应纳税所得额 = [每次（月）收入额 − 准予扣除项目 − 修缮费用（800 元为限）] ×（1 − 20%）

（2）应纳税额的计算方法。财产租赁所得适用 20% 的比例税率。但对个人按市场价格出租的居民住房取得的所得，自 2001 年 1 月 1 日起暂减按 10% 的税率征收个人所得税。其应纳税额的计算公式为

应纳税额 = 应纳税所得额 × 适用税率

在计算个人所得税时未考虑其他税费。如果对租金收入计征营业税、城市维护建设税、房产税和教育费附加等，还应先将其从税前的收入中扣除后，再计算应缴纳的个人所得税。

4. 财产转让所得应纳税额的计算

财产转让所得应纳税额的计算公式为

$$应纳税额 = 应纳税所得额 \times 适用税率$$
$$= (收入总额 - 财产原值 - 合理税费) \times 20\%$$

小组讨论

王某 2016 年 1 月将自己的一套房屋对外出租，一次性收取全年租金或者分期收取租金，其承担的个人所得税有何不同？

（二）偶然所得税务处理

偶然所得，是指个人得奖、中奖、中彩以及其他偶然性质的所得。得奖是指参加各种有奖竞赛活动，取得名次得到的奖金；中奖、中彩是指参加各种有奖活动，如有奖销售、有奖储蓄，或者购买彩票，经过规定程序，抽中、摇中号码而取得的奖金。偶然所得，以每次收入为一次应纳税所得，应缴纳的个人所得税税款，一律由发奖单位或机构代扣代缴。

个人取得单张有奖发票奖金所得不超过 800 元（含 800 元）的，暂免征收个人所得税；个人取得单张有奖发票奖金所得超过 800 元的，应全额按照偶然所得项目征收个人所得税。

购买体育彩票、福利彩票获得 10 000 元以下所得的暂免征收个人所得税，超过 10 000 元的，应全额按照偶然所得项目征收个人所得税

偶然所得，适用 20% 的比例税率。以每次收入额为应纳税所得额。

偶然所得应纳税额的计算公式为

$$应纳税额 = 应纳税所得额 \times 适用税率 = 每次收入额 \times 20\%$$

（三）个人收入用于捐赠的规定

（1）个人将其所得通过中国境内的社会团体、国家机关向教育和其他社会公益事业以及遭受严重自然灾害地区、贫困地区进行捐赠，捐赠额未超过纳税义务人申报的应纳税所得额 30% 的部分，可以从其应纳税所得额中扣除。

对符合下列捐赠方式（通过非营利性的社会团体和国家机关）的个人捐赠，可以在缴纳个人所得税前全额扣除：对老年活动机构及教育事业的捐赠；对红十字事业的捐赠；对公益性青少年活动场所的捐赠；对中华慈善总会、中国法律援助基金会、中华见义勇为基金会、宋庆龄基金会、中国福利会、中国残疾人福利基金会、中国扶贫基金会等用于公益、救济的捐赠。

（2）个人的所得（不含偶然所得）用于资助非关联的科研机构和高等学校研究开发新产品、新技术、新工艺所发生的研究开发经费，经主管税务机关确定，可以在下月（工资、薪金所得）或下次（按次计征的所得）或当年（按年计征的所得）计征个人所得税时，从应纳税所得额中全额扣除，不足抵扣的，不得结转抵扣。

·—— 任务四　掌握个人所得税税款的申报缴纳 ——·

个人所得税的纳税办法有自行申报纳税和代扣代缴纳税两种。

一、自行申报纳税

自行申报纳税，是由纳税人在税法规定的纳税期限内，自行向税务机关申报取得的应税所得项目和数额，如实填写个人所得税纳税申报表，并按照税法规定计算应纳税额，据此缴纳个人所得税的一种方法。

1. 自行申报纳税的纳税义务人

（1）年所得 12 万元以上的。

（2）从中国境内两处或者两处以上取得工资、薪金所得的。

（3）从中国境外取得所得的。

（4）取得应税所得，没有扣缴义务人的。

（5）国务院规定的其他情形。

其中，年所得 12 万元以上的纳税人，无论取得的各项所得是否已足额缴纳了个人所得税，均应当按照本办法的规定，于纳税年度终了后向主管税务机关办理纳税申报。

2. 自行申报纳税的申报期限

（1）年所得 12 万元以上的纳税人，在纳税年度终了后 3 个月内向主管税务机关办理纳税申报。

（2）个体工商户和个人独资、合伙企业投资者取得的生产、经营所得应纳的税款，分月预缴的，纳税人在每月终了后 7 日内办理纳税申报；分季预缴的，纳税人在每个季度终了后 7 日内办理纳税申报；纳税年度终了后，纳税人在 3 个月内进行汇算清缴。

（3）纳税人年终一次性取得对企事业单位的承包经营、承租经营所得的，自取得所得之日起 30 日内办理纳税申报；在 1 个纳税年度内分次取得承包经营、承租经营所得的，在每次取得所得后的次月 7 日内申报预缴；纳税年度终了后 3 个月内汇算清缴。

（4）从中国境外取得所得的纳税人，在纳税年度终了后 30 日内向中国境内主管税务机关办理纳税申报。

（5）除以上规定的情形外，纳税人取得其他各项所得须申报纳税的，在取得所得的次月 7 日内向主管税务机关办理纳税申报。

（6）纳税人不能按照规定的期限办理纳税申报，需要延期的，按照《税收征管法》第 27 条和《税收征管法实施细则》第 37 条的规定办理。

3. 自行申报纳税的申报方式

纳税人可以采取数据电文、邮寄等方式申报，也可以直接到主管税务机关申报，或者采取符合主管税务机关规定的其他方式申报。纳税人采取邮寄方式申报的，以邮政部门挂号信函收据作为申报凭据，以寄出的邮戳日期为实际申报日期。

纳税人也可以委托有税务代理资质的中介机构或者他人代为办理纳税申报。

4. 自行申报纳税的申报地点

（1）在中国境内有任职、受雇单位的，向任职、受雇单位所在地主管税务机关申报。

（2）在中国境内有两处或者两处以上任职、受雇单位的，选择并固定向其中一处单位所在地主管税务机关申报。

（3）在中国境内无任职、受雇单位，年所得项目中有个体工商户的生产、经营所得或者对企事业单位的承包经营、承租经营所得的，向其中一处实际经营所在地主管税务机关申报。

（4）在中国境内无任职、受雇单位，年所得项目中无生产、经营所得的，向户籍所在地主管税务机关申报。在中国境内有户籍，但户籍所在地与中国境内经常居住地不一致的，选择并固定向其中一地主管税务机关申报。在中国境内没有户籍的，向中国境内经常居住地主管税务机关申报。

（5）其他所得的纳税人，纳税申报地点分别为：

①从两处或者两处以上取得工资、薪金所得的，选择并固定向其中一处单位所在地主管税务机关申报。

②从中国境外取得所得的，向中国境内户籍所在地主管税务机关申报。在中国境内有户籍，但户籍所在地与中国境内经常居住地不一致的，选择并固定向其中一地主管税务机关申报。在中国境内没有户籍的，向中国境内经常居住地主管税务机关申报。

③个体工商户向实际经营所在地主管税务机关申报。

二、代扣代缴纳税

代扣代缴，是指按照税法规定负有扣缴税款义务的单位或者个人，在向个人支付应纳税所得时，应计算应纳税额，从其所得中扣除应纳税款并缴入国库，同时向税务机关报送扣缴个人所得税报告表。这种方法，有利于控制税源、防止漏税和逃税。

1. 扣缴义务人和代扣代缴的范围

（1）扣缴义务人。凡支付个人应纳税所得的企业（公司）、事业单位、机关、社团组织、军队、驻华机构、个体户等单位或者个人，为个人所得税的扣缴义务人。

（2）代扣代缴的范围。扣缴义务人向个人支付的各类应税所得（包括现金、实物和有价证券），应代扣代缴个人所得税。

2. 扣缴义务人的义务及应承担的责任

扣缴义务人对纳税人的应扣未扣的税款，由税务机关向纳税人追缴税款，扣缴义务人应承担应扣未扣税款50%以上3倍以下的罚款。

3. 代扣代缴期限

扣缴义务人每月所扣的税款，应当在次月7日内缴入国库，并向主管税务机关报送扣缴个人所得税报告表、代扣代收税款凭证、包括每一纳税人姓名、单位、职务、收入、税款等内容的支付个人收入明细表以及税务机关要求报送的其他有关资料。

应如实填写个人所得税纳税申报表和支付个人收入明细表，及时进行纳税申报。

本项目小结

个人所得税是对个人取得的所得征收的一种所得税。其应税项目包括工资、薪金所得；个体工商户的生产、经营所得；对企事业单位的承包经营、承租经营所得；劳务报酬所得；稿酬所得；特许权使用费所得；利息、股息、红利所得；财产租赁所得；财产转让所得；偶然所得；经国务院财政部门确定征税的其他所得。

个人所得税按所得性质的不同，适用不同的税率。工资、薪金所得，适用3% ~ 45%的七级超额累进税率；个体工商户的生产、经营所得，个人独资、合伙企业所得和对企事业单位的承包经营、承租经营所得，适用5% ~ 35%的五级超额累进税率；稿酬所得，适用20%的比例税率，可按应纳税额减征30%；劳务报酬所得，适用20% ~ 40%的三级超额累进税率；特许权使用费所得，利息、股息、红利所得，财产租赁所得，财产转让所得、偶然所得和其他所得，适用比例税率，税率为20%。

个人所得税实行源泉扣缴和自行申报两种征管方式，支付所得的单位或个人为个人所得税的扣缴义务人。有以下情形之一的纳税义务人，应当自行申报纳税：年所得12万元以上的；从中国境内两处或者两处以上取得工资、薪金所得的；从中国境外取得所得的；取得应税所得，没有扣缴义务人的；国务院规定的其他情形。

本项目主要参考资料

[1] 中华人民共和国全国人民代表大会. 中华人民共和国个人所得税法.

[2] 中华人民共和国国务院. 个人所得税法及其个人所得税法实施条例. 中华人民共和国国务院令第600号.

[3] 财政部、国家税务总局：财政部国家税务总局关于印发《关于个人独资企业和合伙企业投资者征收个人所得税的规定》的通知. 财税〔2000〕91号.

[4] 国家税务总局. 国家税务总局关于印发《个人所得税管理办法》的通知. 国税发〔2005〕120号.

[5] 国家税务总局. 国家税务总局关于纳税人取得不含税全年一次性奖金收入计征个人所得税问题的批复. 国税函〔2005〕715号.

[6] 中华人民共和国财政部、国家税务总局. 财政部 国家税务总局关于调整个体工商户业主个人独资企业和合伙企业投资者个人所得税费用扣除标准的通知. 财税〔2006〕44号.

〔7〕国家税务总局.国家税务总局关于个人住房转让所得征收个人所得税有关问题的通知.国税发〔2006〕108号.

〔8〕国家税务总局.关于个人股票期权所得缴纳个人所得税有关问题的补充通知.国税发〔2006〕902号.

〔9〕国家税务总局.关于加强和规范个人取得拍卖收入征收个人所得税有关问题的通知.国税发〔2007〕38号.

〔10〕国家税务总局.国家税务总局关于在中国境内无住所的个人执行税收协定和个人所得税法若干问题的通知.国税发〔2004〕97号.

〔11〕国家税务总局.关于在中国境内担任董事或高层管理职务无住所个人计算个人所得税适用公式的批复.国税函〔2007〕946号.

〔12〕中华人民共和国财政部,中华人民共和国人力资源和社会保障部,国家税务总局.关于企业年金 职业年金个人所得税有关问题的通知.财税发〔2013〕103号.

〔13〕国家税务总局.个体工商户个人所得税计税办法.国家税务总局令第35号.

〔14〕国家税务总局.关于股权奖励和转增股本个人所得税征管问题的公告.国家税务总局公告2015年第80号.

自测练习题

一、单项选择题

1. 下列不按个体工商户的生产经营所得的计税的是（　　）。

    A. 个人独资企业和合伙企业的生产经营所得

    B. 个体出租车司机的出租车运营收入

    C. 个人独资企业的老板用企业的资金为自己购买的轿车

    D. 甲合伙企业的对外投资分回的收益

2. 下列项目中，应计入工资、薪金所得范围征收个人所得税的是（　　）。

    A. 误餐补助   B. 独生子女补贴

    C. 没有纳入公务员工资的食品补贴   D. 季度奖金

3. 投资者应纳的个人所得税税款，按年计算，分月或者分季预缴，由投资者在每月或每季度终了后（　　）日内预缴。

    A. 5   B. 7   C. 10   D. 15

4. 下列项目中，属于劳务报酬所得的是（　　）。

    A. 发表论文取得的报酬

    B. 提供著作的版权而取得的报酬

    C. 员工宫某为老总的哥哥代理报税取得报酬

    D. 退休人员再任职取得的收入

5. 下列不属于按 "次" 计算个人所得税的项目有 (　　)。

    A. 个人转包转租取得的所得　　　　　B. 财产转让所得

    C. 个人连续取得演出收入　　　　　　D. 投资的股息所得

6. 以下财产转让所得不需缴纳个人所得税的是 (　　)。

    A. 建筑物转让所得　　　　　　　　　B. 股票转让所得

    C. 机器设备转让所得　　　　　　　　D. 土地使用权转让所得

7. 下列各项中属于劳务报酬所得的是 (　　)。

    A. 杂志社记者在本单位刊物发表作品取得收入

    B. 提供中介服务取得收入

    C. 提供担保取得的收入

    D. 翻译作品并署名为作者所取得的收入

8. 下列选项中，应按劳务报酬所得项目征税的是 (　　)。

    A. 个人在办理内部退养手续后从原任职单位取得的一次性收入

    B. 企业和单位对营销业绩突出的非雇员以培训等名义，提供免费旅游所发生的费用

    C. 个人从事彩票代销业务取得的所得

    D. 个人在办理内部退养手续后至法定退休年龄之间再就业取得的所得

9. 个人所得税法规定，对一次劳务报酬收入畸高的应实行加成征收，所谓 "一次劳务收入畸高" 是指 (　　)。

    A. 一次取得的劳务报酬的应纳税所得额超过 20 000 元

    B. 一次取得的劳务报酬的应纳税所得额超过 10 000 元

    C. 一次取得的劳务报酬的收入超过 10 000 元

    D. 一次取得的劳务报酬的收入超过 20 000 元

10. 下列属于个人所得税中非居民纳税人的是 (　　)。

    A. 在中国境内无住所

    B. 在中国境内无住所，但居住时间满一个纳税年度

    C. 在中国境内无住所且不居住，但有来源于中国境内的所得

    D. 在中国境内有住所，但目前未居住

二、多项选择题

1. 纳税人取得的以下所得不是按照工资、薪金所得缴纳个人所得税的有 (　　)。

    A. 单位为职工个人购买商业性保险

    B. 个人取得揽储奖金

    C. 个人兼职取得的收入

    D. 企业为股东购买车辆并将车辆所有权办到股东个人名下

2. 在计算个体工商户的生产、经营所得时，个体工商户按规定所缴纳的下列税金可以

扣除的有（　　　）。

    A. 增值税　　　　　B. 消费税　　　　　C. 车船税　　　　　D. 印花税

3. 下列收入中，应按照稿酬所得项目缴纳个人所得税的有（　　　）。

    A. 出版社专业作者翻译的作品，由本社以图书形式出版而取得的收入

    B. 某作家的文字作品手稿复印件公开拍卖取得的收入

    C. 报社记者在本单位的报刊上发表作品取得的收入

    D. 出版社的专业作者编写的作品，在本社以图书形式出版而取得的收入

4. 下列应按特许权使用费所得税目征收个人所得税的收入项目有（　　　）。

    A. 编剧从电视剧的制作单位取得的剧本使用费

    B. 作者将自己的文字作品手稿原件公开拍卖的所得

    C. 作者将自己的文字作品手稿复印件竞价取得的所得

    D. 个人取得特许权的经济赔偿收入

5. 下列关于个人所得税，表述正确的有（　　　）。

    A. 某有限责任公司为股东的儿子购买汽车一辆，应按个体工商户生产、经营所得征税

    B. 个人独资企业为股东的家人购买的住房，应按个体工商户生产、经营所得征税

    C. 某合伙企业为股东购买住房，应按个体工商户生产、经营所得项目计征个人所得税

    D. 个人独资企业为投资者购买房屋的支出，应按股息、红利所得项目计征个人所得税

6. 下列财产转让中，不征收或免征个人所得税的有（　　　）。

    A. 个人转让自用 5 年以上且是家庭唯一住房的所得

    B. 个人因离婚办理房屋产权过户手续

    C. 个人举报、协查各种违法、犯罪行为而获得的奖金

    D. 个人转让境内上市公司股票所得

7. 下列关于个人所得税扣缴义务人的说法，正确的有（　　　）。

    A. 外国驻华机构包括外国驻华使馆也可以是扣缴义务人

    B. 税务机关应根据扣缴义务人所扣缴的税款，付给 3% 的手续费

    C. 扣缴义务人每月扣缴的税款，应当在次月 15 日内缴入国库

    D. 纳税人为持有完税凭证而向扣缴义务人索取代扣代缴税款凭证的，扣缴义务人不得拒绝

8. 根据个人所得税申报和缴纳的有关规定，下列说法正确的有（　　　）。

    A. 纳税人在两处或两处以上取得工资、薪金所得的，可选择并固定在一地税务机关申报纳税

    B. 所有的工资薪金所得都是按月计征，在次月 7 日内缴入国库

    C. 个人在 1 年内分次取得承包经营、承租经营所得的，应在取得每次所得后的 7 日内预缴税款，年度终了后 5 个月内汇算清缴，多退少补

    D. 劳务报酬所得属于同一项目连续性收入的，以 1 个月内取得的收入为一次，据以确定应纳税所得额

  9. 下列各项所得中，应当缴纳个人所得税的有（　　）。

    A. 个人参加企业集资取得的利息

    B. 个人按规定缴付住房公积金而存入银行账户取得的利息

    C. 个人取得的国家发行的金融债券利息

    D. 个人以股份形式取得的企业量化资产参与分配获得的利息

  10. 下面情形属于必须向税务机关进行自行申报的有（　　）。

    A. 年所得额 20 万元以上的

    B. 年所得额 12 万元以上的

    C. 在中国境内两处或两处以上取得工资、薪金所得的

    D. 从中国境外取得所得的

三、实务练习题

1. 王某的一篇小说在某晚报上连载三月，每月取得稿酬 3 600 元。之后送交出版社出版，一次取得稿酬 20 000 元，一年后加印取得稿酬 15 000 元。试计算王某因小说需缴纳的个人所得税税额。

2. 中国公民王某系在国内某市单位任职，2016 年 12 月份取得收入情况如下：

（1）工资收入 3 000 元，当月奖金 1 000 元，季度奖 2 000 元，取得 2015 年年终奖 12 000 元。

（2）接受某公司邀请担任技术顾问，当月取得收入 35 000 元，从中拿出 10 000 元通过希望工程基金会捐给希望工程。

（3）撰写的一本专著由境外某出版社出版，稿酬 36 000 元，已在境外缴纳所得税 2 600 元。

（4）2016 年购入 1 000 份债券，每份买入价 10 元，购进过程中支付的税费共计 150 元。本月以每份 12 元的价格卖出其中 600 份，支付卖出债券的税费共计 110 元。

要求：根据所给资料，回答下列问题。

（1）计算 2016 年 12 月取得工资和各项奖金收入应缴纳的个人所得税税额。

（2）计算 2016 年 12 月担任技术顾问应缴纳的个人所得税税额。

（3）计算 2016 年 12 月出版专著取得收入应在我国补缴的个人所得税税额。

（4）计算 2016 年 12 月售出债券应缴纳的个人所得税税额。

（5）完成纳税申报表的填制。

参考答案

一、单项选择题

1	2	3	4	5	6	7	8	9	10
D	D	B	C	C	B	B	B	A	C

二、多项选择题

1	2	3	4	5	6	7	8	9	10
BCD	BCD	ABD	ABCD	BC	AC	BCD	AD	AD	ABD

三、实务练习题

1. 王某取得的稿酬收入应按次计算：

$$(3\,600 \times 3 + 20\,000 + 15\,000) \times (1-20\%) \times 20\% \times (1-30\%) = 5\,129.6 （元）$$

2. （1）　工资和各项奖金收入应缴纳的个人所得税

$$= (3\,000 + 1\,000 - 3\,500) \times 5\% + (2\,000 + 12\,000) \times 5\% = 725 （元）$$

（2）　担任技术顾问的劳务报酬应缴纳的个人所得税应纳税所得额

$$= 35\,000 \times (1-20\%) = 28\,000 （元）$$

向希望工程捐赠可以税前抵扣额 $= 28\,000 \times 30\% = 8\,400 （元）$

劳务报酬应缴纳的个人所得税 $= (28\,000 - 8\,400) \times 20\% = 3\,920 （元）$

（3）稿酬所得可以抵免税额 $= 36\,000 \times (1-20\%) \times 20\% \times (1-30\%) = 4\,032 （元）$

已在国外缴纳 2 600 元，则

国内应补缴 $= 4\,032 - 2\,600 = 1\,432 （元）$

（4）　债券投资应缴纳的个人所得税

$$= [600 \times (12-10) - 150 \times 60\% - 110] \times 50\% \times 20\% = 100 （元）$$

（5）略

请扫描二维码，获取模块三相关附表。

模块四　资源、财产、行为税制

模块综述

　　我国的税制体系中资源、财产、行为税制作为流转税制和所得税制的必要补充，在为国家提供财政收入的同时，更多地发挥了税收调节级差收入、促进公平竞争、引导消费、保护环境等税收的多种功能。

　　通过本模块的学习，可以完整地认识我国的税制体系。

项目一

资源税制

▼ 引入

海南某矿业公司 2016 年 7 月份开采铁矿石原矿 320 万吨，生产海盐 23 万吨，按照现行相关税法，应如何计征资源税？

▼ 内容提要

➤ 资源税概述

➤ 资源税的基本要素

➤ 资源税的计税依据

➤ 资源税应纳税额的计算

➤ 资源税的征收管理

▼ 学习目标

1. 准确复述资源税的纳税人、征税范围、税目、税率

2. 重点掌握资源税计税依据、应纳税额的计算，熟悉其征纳管理

3. 具备办理资源税有关申报事宜的基本技能

▼ 学习方法

1. 对教材中提示掌握的内容予以认真学习和关注

2. 根据业务内容填写资源税纳税申报表

3. 经常登录国家税务总局官网（http：//www.chinatax.gov.cn/）了解税收政策的解读和新变化

💡 关键词

资源税 盐税 从价计征

·—— 任务　掌握资源税纳税实务 ——·

资源税是指对在中华人民共和国境内开采应税资源的矿产品或者生产盐的单位和个人征收的一种税。资源税是以各种自然资源为课税对象，是为调节资源级差收入并体现国有资源有偿使用而征收的。

自然资源的丰富与贫乏、开采条件的优劣，会直接影响企业盈利的多少，从而形成资源级差收入。国家通过征收资源税的办法把这部分差异收入收归国有，既促进了企业的公平竞争，又增加了国家的财政收入。

一、纳税义务人与扣缴义务人

（一）纳税义务人

根据《中华人民共和国资源税暂行条例》，在中华人民共和国领域及管辖海域开采该条例规定的矿产品或者生产盐的单位和个人，为资源税的纳税义务人，应当依照该条例缴纳资源税。单位是指企业、行政单位、事业单位、军事单位、社会团体及其他单位。个人是指个体工商户和其他个人。

（二）扣缴义务人

资源税的扣缴义务人是指对于那些税源小、零散、不定期开采，税务机关难以控制，容易发生漏税的单位和个人，在收购其未纳税矿产品时代扣代缴其应纳的税款。按照现行税法规定，资源税的扣缴义务人主要包括三类，具体说明如表4-1所示。

表4-1　资源税扣缴义务人说明

扣缴义务人	说　　明
独立矿山	只有采矿或只有采矿和选矿业务，实行独立核算、自负盈亏的单位，其生产的原矿和精矿主要用于对外销售
联合企业	连续进行采矿、选矿、冶炼（或加工）生产的企业或连续进行采矿、冶炼（或加工）的企业，采矿单位一般是该企业的二级或二级以下的核算单位
其他单位	收购未税矿产品的个体户

扣缴义务人履行代扣代缴的适用范围是收购的除原油、天然气、煤炭以外的资源税未税矿产品。

练一练

单项选择题

下列各项中，不属于资源税纳税人的是（　　　）。

A. 开采原煤的国有企业　　　B. 进口铁矿石的私营企业

C. 开采石灰石的个体经营者　　D. 开采天然原油的外商投资企业

二、征税范围

资源税的征税范围分为原油、天然气、盐、黑色金属矿原矿、有色金属矿原矿、煤炭、其他非金属矿原矿共七大类，如表4－2所示。

表4－2　资源税征税范围

征税范围		不征或暂不征收的项目
矿产品	天然气（专门开采或与原油同时开采的天然气）	煤矿生产的天然气和煤层瓦斯暂不征资源税
	煤炭（原煤）	洗煤、选煤和其他煤炭制品不征资源税
	其他非金属矿原矿①	对于未列举名称的其他非金属矿原矿和其他有色金属矿原矿，由省级政府决定征收或暂缓征收资源税，并报财政部和国家税务总局备案
	黑色金属矿原矿①	
	有色金属矿原矿①	
盐	固体盐（海盐原盐、湖盐原盐和井矿盐）	
	液体盐（卤水）	
原油	天然原油	

①一般在税目税率表上列举了名称。

对于划分资源等级的应税产品，其在"几个主要品种的矿山资源等级表"中未列举名称的纳税人适用的税率，由省、自治区、直辖市人民政府根据纳税人的资源状况，参照"资源税税目税额明细表"和"几个主要品种的矿山资源等级表"中确定的临近矿山的税额标准，在浮动30%的幅度内核定，并报财政部和国家税务总局备案。

 练一练

多项选择题

下列各项中，属于资源税征税范围的有（　　　）。

A. 天然原油　　B. 煤矿生产的天然气　　C. 固体盐　　D. 液体盐

三、资源税优惠政策说明

有下列情形之一的，企业可减征或者免征资源税：

（1）开采原油过程中用于加热、修井的原油，免税。

（2）纳税人开采或者生产应税产品过程中，因意外事故或者自然灾害等原因遭受重大损失的，由省、自治区、直辖市人民政府酌情决定减税或者免税。

（3）对地面抽采煤层气暂不征收资源税。煤层气是指附着于煤层及其围岩中与煤炭资源伴生的常规天然气，也称煤矿瓦斯。

（4）纳税人在新疆开采的原油、天然气，自用于连续生产原油、天然气的，不缴纳资源税；自用于其他方面的，视同销售，依照规定计算缴纳资源税。

（5）油田范围内，运输稠油过程中用于加热的原油、天然气，免征资源税；稠油、高凝油和含硫天然气资源税减征 40%；三次采油资源税减征 30%；对低油气田资源税暂减征 20%；对深水油气田资源税减征 30%。

（6）煤炭资源纳税人应当单独核算销售额或者销售数量；未单独核算或者不能准确提供销售额或者销售数量的，不予减税或者免税。

（7）销售的洗选煤，其所用原煤如果此前已按从量定额办法缴纳了资源税，这部分已缴税款可在其应纳税额中抵扣。

> **练一练**
>
> 多项选择题
> 下列各项关于资源税减免税规定的表述中，正确的有（　　　　）。
> A. 对出口的应税产品免征资源税
> B. 对进口的应税产品免征资源税
> C. 开采原油过程中用于修井的原油免征资源税
> D. 销售已交税的原煤加工的洗选煤，已缴税款可在其应纳税额中抵扣

四、资源税计税依据、税率和应纳税额的计算

（一）计税依据

1. 从价定率征收的计税依据

从价定率计算资源税的销售额，包括纳税人销售应税产品向购买方收取的全部价款和价外费用，但不包括收取的增值税销项税额和运杂费用。运杂费用是指应税产品从坑口或洗选（加工）地到车站、码头或购买方指定地点的运输费用、建设基金以及随运销产生的装卸、仓储、港杂费用。运杂费用应与销售额分别核算，凡未取得相应凭据或不能与销售额分别核算的，应当一并计征资源税。

2. 从量定额征收的计税依据

对经营分散、多为现金交易且难以控管的黏土、砂石，按照便利征管原则，仍实行从量定额计征。

(二) 税率

资源税税目税率幅度表如表4-3所示。

表4-3 资源税税目税率幅度表

序号	税目		征税对象	税率幅度
1	金属矿	铁矿	精矿	1%~6%
2		金矿	金锭	1%~4%
3		铜矿	精矿	2%~8%
4		铝土矿	原矿	3%~9%
5		铅锌矿	精矿	2%~6%
6		镍矿	精矿	2%~6%
7		锡矿	精矿	2%~6%
8		未列举名称的其他金属矿产品	原矿或精矿	税率不超过20%
9	非金属矿	石墨	精矿	3%~10%
10		硅藻土	精矿	1%~6%
11		高岭土	原矿	1%~6%
12		萤石	精矿	1%~6%
13		石灰石	原矿	1%~6%
14		硫铁矿	精矿	1%~6%
15		磷矿	原矿	3%~8%
16		氯化钾	精矿	3%~8%
17		硫酸钾	精矿	6%~12%
18		井矿盐	氯化钠初级产品	1%~6%
19		湖盐	氯化钠初级产品	1%~6%
20		提取地下卤水晒制的盐	氯化钠初级产品	3%~15%
21		煤层 (成) 气	原矿	1%~2%
22		黏土、砂石	原矿	每吨或立方米0.1~5元
23		未列举名称的其他非金属矿产品	原矿或精矿	从量税率每吨或立方米不超过30元；从价税率不超过20%
24	海盐		氯化钠初级产品	1%~5%

注：1. 铝土矿包括耐火级矾土、研磨级矾土等高铝黏土。

2. 氯化钠初级产品是指井矿盐、湖盐原盐、提取地下卤水晒制的盐和海盐原盐，包括固体和液体形态的初级产品。

3. 海盐是指海水晒制的盐，不包括提取地下卤水晒制的盐。

（三）应纳税额的计算

1. 从价定率的税额计算

应纳税额 = 销售额 × 适用税率

2. 从量定额的税额计算

应纳税额 = 课税数量 × 适用的单位税额

【例 4 – 1】某盐业公司 2016 年 1 月 1 日以自产液体盐 4 000 吨和外购液体盐 10 000 吨（每吨已缴纳资源税 5 元），加工固体盐 12 000 吨对外销售，每吨 230 元，盐税税率为 4%，计算应纳资源税金额。

【解析】该企业应进行如下纳税处理：

应纳资源税税额 = 12 000 × 230 × 4% = 110 400（元）

【例 4 – 2】某煤炭联合企业，2016 年 1 月销售原煤 6 000 吨，取得不含增值税销售额 200 万元。销售选煤 100 吨（折算比 1∶30），取得不含增值税销售额 80 万元。又以上述价格用 100 吨选煤与钢厂交换钢材一批，用于本企业基础建设，用 100 吨选煤支付发电厂的电费，均按规定取得增值税专用发票且已通过认证。本月购买辅料和修理用备件取得增值税专用发票注明增值税税款 3 万元。已知该公司销售煤炭的资源税税率为 2%。计算应纳资源税税额和应纳增值税税额。

【解析】该企业应进行如下纳税处理：

（1）应纳资源税税额 = (200 + 80 × 3) × 2% = 8.8（万元）

（2）计算应纳增值税：

销售额 = 200 + 80 + 80 + 80 = 440（万元）

销项税额 = 440 × 13% = 57.2（万元）

进项税额 = 80 × 17% + 3 = 16.6（万元）

其中，换入钢材虽取得增值税专用发票，但其用于基础建设，其进项税额不得抵扣。因此，

应纳增值税税额 = 57.2 – 16.6 = 40.6（万元）

💬 小组讨论

应税资源产品在销售或自用时，缴纳了资源税，还需缴纳增值税吗？

五、资源税申报和缴纳

（一）纳税义务发生时间

资源税纳税义务发生时间的规定如表 4 – 4 所示。

表4-4 纳税义务发生时间的规定

项 目		纳税义务发生时间
纳税人销售应税产品	分期收款结算	销售合同规定的收款日期的当天
	预收货款结算	发出应税产品的当天
	其他结算方式	收讫销售款或取得索取销售款凭据的当天
纳税人自产自用应税产品		移送使用应税产品的当天
扣缴义务人代扣代缴税款		支付货款的当天

（二）纳税期限

资源税的纳税期限，由主管税务机关根据纳税人或者扣缴人应纳税额的大小分别核定为1日、3日、5日、10日、15日或者1个月。具体纳税期限由主管税务机关根据实际情况具体核定。不能按固定期限计算纳税的，可以按次计算纳税。纳税人以1个月一期纳税的，自期满之日起15日申报纳税；以1日、3日、5日、10日或者15日为一期纳税的，自期满之日起5日内预缴税款，于次月1日起15日内申报纳税并结清上月税款。

扣缴义务人的解缴税款期限，比照上述规定执行。

（三）纳税地点

1. 在本省、自治区、直辖市范围内开采或者生产应税产品

资源税的纳税人，应当向应税产品的开采或者生产所在地主管税务机关缴纳税款。如果需要调整的，由所在地省、自治区、直辖市税务机关决定。

2. 跨省、自治区、直辖市开采或者生产应税产品

其下属生产单位与核算单位不在同一省、自治区、直辖市的，对其开采的矿产品一律在开采地纳税，其应纳税款由独立核算、自负盈亏的单位按照开采地的实际销售量（或者自用量）及适用的单位税款计算划拨。

3. 代扣代缴的资源税

扣缴人代扣代缴的资源税，应当向收购地税务机关缴纳。

（四）纳税申报

资源税的纳税人不论本期是否发生应税行为，均应按期进行纳税申报。纳税申报分为网上申报和业务大厅申报，应按纳税申报要求的从价定率和从量定率分别填列，应如实填写资源税纳税申报表（一）和资源税纳税申报表（二）。

本项目小结

自然资源是生产资料或生活资料的天然来源，它包括的范围很广，如矿产资源、土地资源、水资源、动植物资源等。目前我国的资源税征税范围较窄，仅选择了部分级差收入差异较大、资源较为普遍、易于征收管理的矿产品、盐和城镇土地使用列入征税范

围。随着我国经济的快速发展，对自然资源的合理利用和有效保护将越来越重要。因此，资源税的征税范围应逐步扩大。

本项目主要参考资料

［1］中华人民共和国国务院.中华人民共和国资源税暂行条例.中华人民共和国国务院令第 139 号.

［2］中华人民共和国财政部.中华人民共和国资源税暂行条例实施细则.中华人民共和国财政部令第 66 号.

［3］国家税务总局.中华人民共和国资源税代扣代缴管理办法.国税发〔1998〕49 号.

［4］中华人民共和国财政部，国家税务总局.财政部国家税务总局关于调整原油、天然气资源税有关政策的通知.财税〔2014〕73 号.

［5］国家税务总局.国家税务总局关于修订资源税纳税申报表的公告.国家税务总局公告 2014 年第 62 号.

［6］国家税务总局，国家能源局.国家税务总局国家能源局关于落实煤炭资源税优惠政策若干事项的公告.国家税务总局 国家能源局公告 2015 年第 21 号.

［7］国家税务总局.国家税务总局关于发布煤炭资源税征收管理办法（试行）的公告.国家税务总局公告 2015 年第 51 号.

自测练习题

一、单项选择题

1. 下列各项中，不属于资源税纳税人的是（　　）。

    A. 开采原煤的国有企业　　　　　B. 进口铁矿石的私营企业

    C. 开采石灰石的个体经营者　　　D. 开采天然原油的外商投资企业

2. 下列各项中，不属于资源税征税范围的有（　　）。

    A. 天然原油　　B. 煤层抽采的天然气　C. 固体盐　　　　D. 液体盐

3. 海南某煤矿企业 2016 年 3 月销售煤炭 10 万吨，每吨不含税价格为 350 元。已知该煤矿适用的税率为 2%。该煤矿 3 月应纳的资源税税额为（　　）万元。

    A. 70　　　　　B. 40　　　　　C. 25　　　　　D. 15

4. 某盐场 2016 年 3 月用自产液体盐 10 000 吨和外购的液体盐 8 000 吨，加工固体盐 11 000 吨，当月全部销售取得销售额 570 万元。已知盐税税率为 5%，该纳税人 3 月应纳资源税为（　　）万元。

    A. 33　　　　　B. 26.48　　　　C. 30　　　　　D. 28.50

二、多项选择题

1. 下列各项中，属于资源税征税范围的有（　　　）。

A. 天然原油　　　　B. 煤矿生产的天然气　C. 固体盐　　　　　D. 液体

2. 下列收购未税矿产品的单位能够成为资源税扣缴义务人的有（　　　）。

A. 收购未税矿石的独立矿山　　　　B. 收购未税矿石的个体经营者

C. 收购未税矿石的联合企业　　　　D. 收购未税矿石的冶炼厂

3. 下列正确确定应税煤炭销售额的是（　　　）。

A. 纳税人开采原煤直接对外销售的，以原煤销售额作为应税煤炭销售额计算缴纳资源税

B. 纳税人将其开采的原煤，自用于连续生产洗选煤的，在原煤移送使用环节不缴纳资源税

C. 纳税人将其开采的原煤加工为洗选煤销售的，以洗选煤销售额乘以折算率作为应税煤炭销售额计算缴纳资源税

D. 纳税人将其开采的原煤加工为洗选煤自用的，视同销售洗选煤，计算缴纳资源税

4. 下列各项关于资源税减免税规定的表述中，正确的有（　　　）。

A. 对出口的应税产品免征资源税

B. 对进口的应税产品免征资源税

C. 开采原油过程中用于修井的原油免征资源税

D. 销售已交税的原煤加工的洗选煤，已缴税款可在其应纳税额中抵扣

三、实务练习题

某煤矿 2016 年生产销售原煤 50 万吨，取得收入 9 000 万元。另使用本矿生产的原煤加工成洗煤 7 万吨对外销售取得销售额 1 610 万元，如果税务部门无法正确计算原煤移送使用量，但知道该加工产品的综合回收率为 70%。已知税率为 2%，试计算该矿应纳资源税税额。

参考答案

一、单项选择题

1	2	3	4
B	B	A	D

二、多项选择题

1	2	3	4
ACD	ABCD	ABCD	BCD

三、实务练习题

该矿产应纳资源税 = （9 000 + 1 610 × 70%）× 2% = 202.54（万元）

项目二

财产税制

🔻 引入

　　海南某国有企业占地面积 30 000 平方米，为二等土地。拥有房产的原值为 1 280 万元，其中自用部分为 520 万元，其余出租，月租金为 46 万元。2016 年 3 月购入车辆 2 台，价值为 68 万元。该企业 3 月份应缴的房产税、车船税各为多少？

🔻 内容提要

➤ 房产税纳税实务

➤ 城镇土地使用税纳税实务

➤ 契税纳税实务

➤ 耕地占用税法律制度

➤ 车船税纳税实务

🔻 学习目标

1. 了解财产税的概念和种类
2. 掌握财产税的征税范围
3. 掌握财产税的申报与缴纳
4. 了解财产税的税率及计算
5. 了解财产税的优惠政策

🔻 学习方法

1. 认真阅读相关法律条文
2. 关注国家税法改革动态
3. 通过实务案例掌握财产税的纳税实务操作方法和流程
4. 经常登录国家税务总局官网（http：//www.chinatax.gov.cn/）查阅最新政策

💡 关键词

房产税　城镇土地使用税　契税　耕地占用税　车船税

·—— 任务一 掌握房产税纳税实务 ——·

房产税是以房产为征税对象，以房产价格或房产租金收入为依据，分别按从价计征或从租计征的计税办法计算，向产权所有人或经营人征收的一种税。

一、房产税纳税义务人

房产税的纳税义务人包括产权所有人、经营管理单位、承典人、代管人或者使用人、无租房产使用人，具体说明如表4-5所示。

表4-5 房产税纳税义务人

纳税义务人	具体说明
经营管理单位	(1) 产权属国家所有的，由经营管理单位纳税。 (2) 产权属集体和个人所有的，由集体单位和个人纳税
产权所有人	(1) 产权属集体或个人所有的，由集体单位或者个人纳税，即产权所有人为纳税人。 (2) 产权所有人，简称"产权人"或者"业主"，是指拥有房产的使用、收益、出卖和赠送等权利的单位和个人。 (3) 房屋出租，承租人使用房产，以支付修理费抵交房产租金的，仍应由房产的产权所有人依照规定缴纳房产税。 (4) 外商投资企业和外国企业、外籍个人、海外华侨、港澳台同胞所拥有的房产依法缴纳房产税
承典人	(1) 产权出典的，由承典人纳税，即承典人为纳税人。产权出典是指产权所有人在急需资金，又希望保留产权回赎权的情况下，将房屋、生产资料等的产权，在一定期限内典当给他人使用，从而取得资金的一种融资业务。 (2) 产权所有人称为出典人，接受房产典当的单位或个人称为承典人
代管人或者使用人	(1) 产权所有人、承典人不在房产所在地的，或者产权未确定及租典纠纷未解决的，由房产代管人或者使用人纳税，即代管人或者使用人为纳税人。 (2) 代管人是指接受产权所有人、承典人的委托代为管理房产，或虽未委托而在事实上已代为管理房产的人
无租房产使用人	纳税单位或者个人无租使用房产管理部门、免税单位及纳税单位的房产，应由使用人代为缴纳房产税

二、房产税征收对象和征税范围

房产税的征收对象是房产。房产是指有屋面和围护结构（有墙或两边有柱），能够遮风避雨，可供人们在其中生产、学习、工作、娱乐、居住或储藏物资的场所。独立于房屋之外的建筑物，如围墙、水塔、变电塔、酒窖、菜窖、室外游泳池、玻璃暖房等，不属于房屋，即不属于房产税的征税对象。

房产税的征税范围为城市、县城、建制镇、工矿区范围内的房产，不包括农村的房屋。具体说明如表4-6所示。

表4-6 房产税征税范围

征税范围	具体说明
城市	指经国务院批准设立的市。城市的征税范围为市区、郊区和市辖县县城，不包括农村
县城	指未设立建制镇的县人民政府所在地的地区
建制镇	指经省、自治区、直辖市人民政府批准设立的建制镇。建制镇的征税范围为镇人民政府所在地，不包括所辖的行政村
工矿区	指工商业比较发达、人口比较集中、符合国务院规定的建制镇标准但尚未设立建制镇的大中型工矿企业所在地。开征房产税的工矿区须经省、自治区、直辖市人民政府批准

房产税的征税范围不包括农村。农村的农民居住用房和农副业生产用房，均不属于房产税的征收范围。税法规定农村房屋不纳入房产税征收范围，主要目的是减轻农民负担，发展农业，发展农村经济，维护社会稳定。

 小组讨论

纳税人对原有房屋进行改建、扩建的应如何缴纳房产税？

三、房产税优惠政策说明

根据《中华人民共和国房产税暂行条例》（简称《房产税暂行条例》）的规定，目前与企业相关的房产税优惠政策主要包括以下八项。

（1）国家机关、人民团体、军队自用的房产免征房产税。但上述免税单位的出租房产不属于免税范围。

（2）由国家财政部门拨付事业经费的单位自用的房产免征房产税。但学校的工厂、商店、招待所等应照章纳税。

（3）对微利企业和亏损企业的房产，应依照规定征收房产税，以促使企业改善经营管理，提高经济利益。但考虑到企业的实际负担能力，可由地方根据实际情况在一定期限内暂免征收房产税。

（4）企业停产、撤销后，对其原有的房产闲置不用的，经省、自治区、直辖市税务局批准可暂不征收房产税；如果这些房产转给其他征税单位使用或者企业恢复生产，应依照规定征收房产税。

（5）凡是在基建工地为基建工地服务的各种工棚、材料棚、休息棚和办公室、食堂、茶炉房、汽车房等临时性房屋，无论是施工企业自行建造，还是由基建单位出资建造交施工

企业使用的，在施工期间，一律免征房产税。但是，如果在基建工程结束以后，施工企业将这种临时用房交还或者估价转让给基建单位的，应当从基建单位接收的次月起，依照规定征收房产税。

（6）房屋大修理停用在半年以上的，经纳税人申请，税务机关审核，在大修期间可免征房产税。

（7）2011年1月1日起，对按政府规定价格出租的共有住房和廉租住房，包括企业和自收自支事业单位向职工出租的单位自有住房；房管部门向居民出租的公有住房；落实私房政策中带户发还产权并按政府规定租金标准向居民出租的私有住房等，暂免征收房产税。

（8）向居民供热并向居民收取采暖费的供热企业暂免征收房产税，供热企业包括专业供热企业、联营供热企业、单位自供热及为小区居民供热的物业公司等，不包括从事热力生产但不直接向居民供热的企业。

四、房产税税目和税率

房产税的计税依据是房产的计税价值或者房产的租金收入。计税依据根据采用从价计征还是从租计征方式而有所不同。具体说明如表4-7所示。

表4-7　房产税的计算方法

方法	计算公式
从价计征	应纳税额 = 应税房产原值 ×（1 - 扣除比例）× 1.2%
从租计征	应纳税额 = 房产租金收入 × 12%（或4%）

（一）从价计征

从价计征是指按照房产价值征税。《房产税暂行条例》规定，房产税按照房产原值一次减除10% ~ 30%后的余值计算缴纳。各地扣除比例由省、自治区、直辖市人民政府确定。具体说明如表4-8所示。

表4-8　房产税从价计征计税规定

计征基础	具体说明
房产原值	房产原值是指纳税人按照会计制度规定，在账簿"固定资产"科目中记载的房屋原价： （1）凡按会计制度规定在账簿中记载有房屋原价的，应以房屋原价按规定减除一定比例后作为房产余值计征房产税。 （2）没有记载房屋原价的，按照上述原则，并参照同类房屋确定房产原值，按规定计征
房产余值	（1）房产余值是指依照税法规定，按照房产原值一次减除10% ~ 30%的损耗价值后的剩余价值。 （2）对于扣除比例，一定要按照由各省、自治区、直辖市人民政府确定的比例执行

（二）从租计征

从租计征是指按照房产租金收入征税。根据《房产税暂行条例》的有关规定，房产出租的，其房产租金收入为房产税的计税依据。

房屋的租金收入是指房屋产权人出租房产使用权所取得的报酬，包括货币收入和实物收入。

如果是以劳务或者其他形式作为报酬抵付房租收入的，应根据当地同类房产的租金水平，确定一个标准租金额，从租计征。

纳税人对个人出租房屋的租金收入，申报不实或申报数与同一地段同类房屋的租金收入相比不合理的，税务部门可以按照《税收征管法》的有关规定，采取科学合理的方法核定其应纳税款。具体办法由各省、自治区、直辖市地方税务机关结合当地实际情况制定。

 练一练

单项选择题

从价计征是指按照房产计税价值征税。《房产税暂行条例》规定，房产税按照房产原值一次减除（ 　　 ）后的余值计算缴纳。

A. 15%～50%　　　　B. 10%～30%　　　　C. 10%～50%　　　　D. 15%～30%

（三）房产税应纳税额的计算

1. 从价计征的纳税处理

【例4－3】某企业2016年度固定资产账面房产原值为650万元，均用于生产经营，不包括冷暖通风设备20万元。计算该企业年应纳房产税。（该省规定房产原值一次减除比例为30%。）

【解析】房产税按年征收，分期缴纳，按当地的减除比例后的余额计算，年税率为1.2%。

$$年应纳房产税税额 = 固定资产（房产）账面原值 \times (1 - 减除比例) \times 1.2\%$$
$$= (6\,500\,000 + 200\,000) \times (1 - 30\%) \times 1.2\% = 56\,280（元）$$

2. 从租计征的纳税处理

【例4－4】某房地产开发企业将地处繁华路段的门面房出租，取得月收入租金35万元，计算该企业年应纳房产税。

【解析】房产税按年征收，分期缴纳，按租金收入的计算方法，是以实际收到的租金作为计税依据进行计算的，年税率为12%。

$$年应纳房产税税额 = 房产租金收入 \times 12\% = 350\,000 \times 12\% \times 12 = 504\,000（元）$$

【例4－5】某企业有原值为3 000万元的房产，2016年1月1日将其中的40%用于对外投资联营，投资期限10年，每年取得固定收入60万元，不承担投资风险。已知当地政府的扣除比例为20%。计算该企业年应纳房产税。

【解析】该纳税人用于投资的房产部分，因其不承担投资风险，应当按照租金收入从租计征房产税，且不再按照房产余值从价计征房产税，剩余部分以房产余值为计税依据。

$$应纳房产税税额 = 应税房产原值 \times (1 - 扣除比例) \times 1.2\% + 房产租金收入 \times 12\%$$
$$= 30\,000\,000 \times (1 - 40\%) \times (1 - 20\%) \times 1.2\% + 600\,000 \times 12\%$$
$$= 172\,800 + 72\,000 = 244\,800（元）$$

单项选择题

房屋大修理停用在半年以上的，经纳税人申请，税务机关审核，在大修期间可（　　）房产税。

A. 免征 50%　　　　B. 免征 100%　　　　C. 免征 25%　　　　D. 免征 10%

五、房产税申报和缴纳

（一）纳税义务发生时间

（1）纳税人将原有房产用于生产经营，从生产经营之月起缴纳房产税。

（2）纳税人自行新建房屋用于生产经营，从建成之次月起缴纳房产税。

（3）纳税人委托施工企业建设的房屋，从办理验收手续之次月起缴纳房产税。

（4）纳税人购置新建商品房，自房屋交付使用之次月起缴纳房产税。

（5）纳税人购置存量房，自办理房屋权属转移、变更登记手续、房地产权属登记机关签发房屋权属证书之次月起，缴纳房产税。

（6）纳税人出租、出借房产，自交付出租、出借房产之次月起缴纳房产税。

（7）房地产开发企业自用、出租、出借本企业建造的商品房，自房屋使用或交付之次月起，缴纳房产税。

（8）自 2009 年 1 月 1 日起，纳税人因房产的实物或权利状态发生变化而依法终止房产税纳税义务的，其应纳税款的计算应截止到房产的实物或权利状态发生变化的当月月末。

（二）纳税期限

房产税实行按年计算、分期缴纳的征收方法，具体纳税期限由各省、自治区、直辖市人民政府确定。

（三）纳税地点

房产税在房产所在地缴纳。房产不在同一地方的纳税人，应按房产的坐落地点分别向房产所在地的税务机关纳税。

（四）纳税申报

房产税的纳税人应按照条例的有关规定及时办理纳税申报，并如实填写房产税纳税申报表和从租计征房产税税源明细表。

·—— 任务二 掌握城镇土地使用税纳税实务 ——·

城镇土地使用税是对使用城镇土地的单位和个人征收的一种税。开征该税，能够用经济手段加强对土地的控制和管理，变土地的无偿使用为有偿使用，有利于合理利用城镇土地，调节土地级差收入，提高土地使用效益，加强对土地的管理。

一、城镇土地使用税纳税义务人

城镇土地使用税是以国有土地为征税对象，对拥有土地使用权的单位和个人征收的一种税。其具体规定如表4-9所示。

表4-9 城镇土地使用税纳税义务人的规定

一般规定	在城市、县城、建制镇、工矿区范围内使用土地的单位和个人
具体规定	（1）拥有土地使用权的单位和个人，为纳税义务人。 （2）拥有土地使用权的单位和个人不在土地所在地的，其土地的实际使用人和代管人为纳税义务人。 （3）土地使用权未确定或权属纠纷未解决的，其实际使用人为纳税人。 （4）土地使用权共有的，共有各方都是纳税义务人，由共有各方分别纳税

几个人或几个单位共同拥有一块土地的使用权，这块土地的城镇土地使用税的纳税人应是对这块土地拥有使用权的每一个人或每一个单位。他们应以其实际使用的土地面积占总面积的比例，分别计算缴纳土地使用税。

二、城镇土地使用税征税范围

城镇土地使用税的征税范围，包括城市、县城、建制镇和工矿区的国家所有和集体所有的土地。上述范围应按照表4-10所示的标准确认。

表4-10 城镇土地使用税征税范围标准

征税范围	具体标准
城市	经国务院批准设立的市
县城	县人民政府所在地
建制镇	经省、自治区、直辖市人民政府批准设立的建制镇
工矿区	工商业比较发达、人口比较集中、符合国务院规定的建制镇标准、但尚未设立建制镇的大中型工矿企业所在地，工矿区须经省、自治区、直辖市人民政府批准

上述城镇土地使用税的征税范围中，城市的土地包括市区和郊区的土地；县城的土地是

指县人民政府所在地的城镇的土地，建制镇的土地是指镇人民政府所在地的土地。建立在城市、县城、建制镇和工矿区以外的工矿企业不需要缴纳城镇土地使用税。

单项选择题

下列使用土地但不缴纳城镇土地使用税的是（   ）。

A. 城市的土地　　　B. 县城的土地　　　C. 建制镇的土地　　　D. 村里的土地

三、城镇土地使用税应纳税额的计算

（一）城镇土地使用税计税依据

城镇土地使用税以纳税人实际占用的土地面积为计税依据，土地面积计量标准为每平方米。税务机关根据纳税人实际占用的土地面积，按照规定的税额计算应纳税额，向纳税人征收土地使用税。

纳税人实际占用的土地面积按以下办法进行确定：

（1）由省、自治区、直辖市人民政府确定的单位组织测定土地面积的，以测定的面积为准。

（2）尚未组织测量，但纳税人持有政府部门核发的土地使用证书的，以证书确认的土地面积为准。

（3）尚未核发出土地使用证书的，应由纳税人申报土地面积，据以纳税，待核发土地使用证以后再做调整。

（二）城镇土地使用税税率

城镇土地使用税采用定额税率，即采用有幅度的差别税额，按大、中、小城市和县城、建制镇、工矿区分别规定每平方米土地使用税年应纳税额。具体规定如表 4－11 所示。

表 4－11　城镇土地使用税税率说明表

级别	人口	税率
大城市	50 万人以上	1.5～30 元/每平方米
中等城市	20 万～50 万人	1.2～24 元/每平方米
小城市	20 万人以下	0.9～18 元/每平方米
县城、建制镇、工矿区	—	0.6～12 元/每平方米

（三）城镇土地使用税税收优惠

法定免缴土地使用税的优惠政策主要包括：

（1）国家机关、人民团体、军队自用的土地。

（2）由国家财政部门拨付事业经费的单位自用的土地。这部分土地是指这些单位本身

的业务用地，如学校的教学楼、操场、食堂等占用的土地。

（3）宗教寺庙、公园、名胜古迹自用的土地。宗教寺庙自用的土地是指举行宗教仪式等用地和寺庙内的宗教人员生活用地。公园、名胜古迹自用的土地是指供公共参观游览的用地及其管理单位的办公用地。以上单位的生产、经营用地和其他用地，不属于免税范围，应按规定缴纳土地使用税，如公园、名胜古迹中附设的营业单位（影剧院、饮食部、茶社、照相馆等）使用的土地。

（4）市政街道、广场、绿化地带等公共用地。

（5）直接用于农、林、牧、渔业的生产用地。这部分土地是指直接用于种植养殖、饲养的专业用地，不包括农副产品加工场地和生活办公用地。

（6）经批准开山填海整治的土地和改造的废弃土地，从使用的月份起免缴土地使用税5年至10年。具体免税期限由各省、自治区、直辖市地方税务局在《中华人民共和国城镇土地使用税暂行条例》（简称《城镇土地使用税暂行条例》）规定的期限内自行确定。

（7）对非营利性医疗机构、疾病控制机构和妇幼保健机构等卫生机构自用的土地，免征城镇土地使用税。

（8）企业办的学校、医院、托儿所、幼儿园，其用地能与企业其他用地明确区分的，免征城镇土地使用税。

（9）免税单位无偿使用纳税单位的土地的（如公安、海关等单位使用铁路、民航等单位的土地），免征城镇土地使用税。纳税单位无偿使用免税单位的土地的，纳税单位应照章缴纳城镇土地使用税。纳税单位与免税单位共同使用、共有使用权土地上的多层建筑，对纳税单位可按其占用的建筑面积占建筑总面积的比例计征城镇土地使用税。

（10）对行使国家行政管理职能的中国人民银行总行（含国家外汇管理局）所属分支机构自用的土地，免征城镇土地使用税。

（11）为了体现国家的产业政策，支持重点产业的发展。对石油、电力、煤炭等能源用地，民用港口、铁路等交通用地和水利设施用地，三线调整企业、盐业、采石场、邮电等一些特殊用地划分了征免税界限，给予政策性减免税照顾。

练一练

单项选择题

下列各项中，《城镇土地使用税暂行条例》直接规定的免税项目是（   ）。

A. 个人所有的居住房屋及院落用地

B. 个人办的医院、托儿所和幼儿园用地

C. 宗教寺庙自用的土地

D. 民政部门举办的安置残疾人占一定比例的福利工厂用地

（四）城镇土地使用税纳税计算

城镇土地使用税的应纳税额可以通过纳税人实际占用的土地面积乘以该土地所有地段的

适用税额求得。其计算公式为

全年应纳税额 = 实际占用应税土地面积（平方米）× 适用税额

即以企业土地所在地域，找出所属等级以及对应的年税额，乘以总土地面积扣除免税土地面积后的余额，计算得出年度应缴纳的土地使用税。

【例4-6】北京市某外贸企业，拥有某办公楼 644 平方米（建筑面积），该楼每层建筑面积 1 288 平方米，共计 20 层。该楼占地面积 6 000 平方米（按照北京市规定属于第三级土地），土地面积为共用。计算该企业应缴纳城镇土地使用税。（根据北京相关规定，北京市城镇土地使用税等级分为六级，每平方米各级土地税标准为：一级土地 10 元；二级土地 8 元；三级土地 6 元；四级土地 4 元；五级土地 1 元；六级土地 0.5 元。）

【解析】（1）计算应纳税面积。

应纳税面积 = 6 000 × 644 ÷（1 288 × 20）= 150 平方米

（2）计算应缴纳城镇土地使用税。

年应纳税额 = 150 × 6 = 900（元）

四、城镇土地使用税申报和缴纳

（一）城镇土地使用税纳税义务发生时间

使用城镇土地，一般是从次月起发生纳税义务，只有新征用耕地是在批准使用之日起满一年时开始纳税。具体纳税义务发生时间如表 4-12 所示。

表 4-12 纳税义务发生时间的规定

情况	纳税义务发生时间
购置新建商品房	房屋交付使用之次月起
购置存量房	自办理房屋权属转移、变更登记手续，房地产权属登记机关签发房屋权属证书之次月起
出租、出借房产	交付出租、出借房产之次月起
以出让或转让方式有偿取得土地使用权的	应由受让方从合同约定交付土地时间的次月起缴纳城镇土地使用税，合同未约定交付土地时间的，由受让方从合同签订的次月起缴纳城镇土地使用税
新征用的耕地	批准征用之日起满 1 年时
新征用的非耕地	批准征用次月起
纳税人因土地权利状态发生变化而依法终止土地使用税的纳税义务的	其应纳税款的计算应截止到实物或权利发生变化的当月月末

（二）城镇土地使用税纳税期限

城镇土地使用税采用按年计算、分期缴纳的征收方法。具体纳税期限省、自治区、直辖市人民政府确定。

（三）城镇土地使用税纳税地点

城镇土地使用税在土地所在地缴纳。

纳税人使用的土地不属于同一省、自治区、直辖市管辖的，由纳税人分别向土地所在地的税务机关缴纳土地使用税；在同一省、自治区、直辖市管辖范围内的纳税人跨地区使用的土地，其纳税地点由各省、自治区、直辖市地方税务局确定。

（四）城镇土地使用税征税机构

城镇土地使用税属于地方税，其所得属于地方政府的收入，纳入地方财政预算管理。城镇土地使用税由地方税务局征收管理。城镇土地使用税征收工作涉及面广，政策性较强，税务机关在负责征收的同时，还必须注意加强同国土管理、测绘等有关部门的联系，及时取得土地的权属资料，相互沟通，共同协作，把征收管理工作做好。

 练一练

多项选择题

下列各项中，符合城镇土地使用税有关纳税义务发生时间规定的有（　　　）。

A. 纳税人新征用的耕地，自批准征用之月起缴纳城镇土地使用税

B. 纳税人出租房产，自交付出租房产之月起缴纳城镇土地使用税

C. 纳税人新征用的非耕地，自批准征用之月起缴纳城镇土地使用税

D. 纳税人购置新建商品房，自房屋交付使用之次月起缴纳城镇土地使用税

（五）城镇土地使用税纳税申报

城镇土地使用税纳税申报的操作规范如下：

（1）核查企业土地使用证标示的土地面积和实际占用的土地面积，在此基础上核查土地实际所处的类区和用途，以确定征税土地面积的数量和适用的单位税额。

（2）核查拥有土地使用权的实际情况，确认纳税义务人。

（3）核查企业实际占用的减税免税土地面积及核批手续，确认免税土地面积。

（4）根据适用的单位税额计算应纳税额，按年计算分期缴纳。

应如实填制城镇土地使用税纳税申报表和城镇土地使用税税源明细表。

任务三　了解契税纳税实务

契税法是国家制定的用以调整契税征收与缴纳之间权利及义务关系的法律规范。现行契税是 1997 年 7 月 7 日重新颁布的《中华人民共和国契税暂行条例》（简称《契税暂行条例》），于 1997 年 10 月 1 日起实施。

契税是以所有权发生转移变动的不动产为征税对象，向产权承受人征收的一种财产税。征收契税有利于通过法律形式保护纳税人的合法权益，使产权转移有合法的依据，避免或减少产权纠纷；有利于调控房地产市场，规范市场交易行为，增加财政收入，为地方经济建设

积累资金。

契税除了具有强制性、固定性、无偿性外，还有其独特之处：

（1）契税是由土地、房屋权属转移承受人缴纳的行为税。

（2）契税是对土地、房屋权属转移行为征收，转移一次，征收一次。

（3）从全国范围来讲，契税纳税采用了幅度比例税率，从地方来讲，则采用了单一的比例税率。

（4）根据土地、房屋权属转移的不同方式，确立了不同的计税依据。

一、契税的纳税义务人

契税的纳税义务人是在中华人民共和国境内转移土地、房屋权属，承受的单位和个人。具体说明如下：

（1）境内是指中华人民共和国实际税收行政管辖范围内。

（2）土地、房屋权属是指土地使用权和房屋所有权。

（3）单位是指企业单位、事业单位、国家机关、军事单位和社会团体以及其他组织。

（4）个人是指个体经营者及其他个人，包括中国公民和外籍人员。

二、契税的征税对象

契税的征税对象是在中华人民共和国境内转移的土地以及房屋权属。具体说明如表4-13所示。

表4-13　契税的征税对象

征税对象	具体说明	纳税人
国有土地使用权出让	土地使用者向国家交付土地使用权出让费用，国家将国有土地使用权在一定年限内让予土地使用者的行为	承受方
土地使用权转让	土地使用者以出售、赠予、交换或者其他方式将土地使用权转移给其他单位和个人的行为。土地使用权的转让不包括农村集体土地承包经营权的转移	买方
房屋买卖	以货币为媒介，出卖者向购买者过渡房产所有权的交易行为	买方
房屋赠予	房屋产权所有人将房屋无偿转让给他人所有。其中，将自己的房屋转交给他人的法人和自然人，称作房屋赠予人；接受他人房屋的法人和自然人，称为受赠人。房屋赠予的前提必须是产权无纠纷，赠予人和受赠人双方自愿	受赠方
房屋交换	房屋所有者之间相互交换房屋的行为	付出差价方
承受国有土地使用权支付的土地出让金	对承受国有土地使用权所应支付的土地出让金，要计征契税。不得因减免土地出让金而减免契税	承受方

下述情况需特别注意：

（1）以补偿征地款方式取得的房产，征收契税。这是因为土地被征用后，征地单位用所建房产产权以补偿征地款的方式转移给被征单位或者个人。这种房地产转移方式，实质上是被征地单位或个人以征地款购买房产的行为，应依法缴纳契税。

（2）购买经济适用住房、安居房，应照章缴纳契税。

（3）私立学校、私立医院等不属于国家机关、事业单位、社会团体、军事单位的教学、医疗设施，不在免税范围之内，应照章缴纳契税。

（4）城镇居民委托代建房屋。城镇居民通过与房屋开发商签订"双包代建"合同，由开发商承办规划许可证、准建证、土地使用证等手续，并由委托方按地价与房价之和向开发商付款取得房屋所有权，这实质上是一种以预付款方式购买商品房的行为，应照章征收契税。如果房屋建造前土地使用权归建成后房屋所有权用户，属承包建房性质，不视同房屋买卖，不存在房屋买卖问题。

（5）集资建商品房。房地产公司为满足个人购房需要，以预收售房款的方式，集资建商品房，属房屋买卖行为，应照章缴纳契税。

对经当地政府有关部门批准的行政、企事业单位，以预收售房款的方式，集资建房，其房屋产权属于出资者个人所有的，属房屋买卖行为，应照章缴纳契税。

行政、企事业单位向有当地正式城镇户口的本单位职工集资建房，按房改政策规定卖给职工，该职工又是第一次购买公有住房，且在规定住房标准面积以内的，免征契税。

（6）法院拍卖的房屋、没收非法所得后进行拍卖的房屋。法院拍卖的房屋、没收非法所得后进行拍卖的房屋，因房屋所有权已发生转移，属房屋买卖性质，应照章缴纳契税。

单项选择题

被法院判定为无效产权转移行为的（　　　）。

A. 不征收契税 　　　 B. 免征契税 　　　 C. 依法征收契税 　　　 D. 减半征收契税

三、契税的税收优惠

契税的税收优惠主要包括一般规定及特殊规定。

（一）一般规定

（1）国家机关、事业单位、社会团体、军事单位承受土地、房屋用于办公、教学、医疗、科研和军事设施的，免征契税。其中：

用于办公的是指办公室（楼）、附属的职工食堂、职工浴室、库房和其他直接用于办公的土地、房屋。

用于教学的是指教室（教学楼）、图书馆、实验室、操场和其他直接用于教学的土地、房屋。

用于医疗的是指门诊部、住院部和其他直接用于医疗的土地、房屋。

用于科研的是指科学试验场所、资料馆（室）和其他直接用于科研的土地、房屋。

用于军事设施的是指地上和地下的军事指挥作战工程；军用的机场、港口、码头；军用的库房、营区、训练场、试验场；军用的通信、导航、观测台站；其他直接用于军事设施的土地、房屋。

事业单位承受土地、房屋免征契税应同时具备的两个条件：一是纳税人必须是按《事业单位财务规则》进行财务核算的事业单位；二是所承受的土地、房屋必须用于办公、教学、医疗、科研项目。

监狱管理部门是对犯罪人员执行刑罚的机关，其所承担的公务有一定特殊性，除干警办公外，监舍也是执行公务的必备条件。因此，对监狱管理部门承受土地、房屋直接用于监狱建设的，视同国家机关的办公用房建设，免征契税。

（2）城镇职工按规定第一次购买公有住房的，免征契税。

（3）因不可抗力灭失住房而重新购买住房的，酌情准予减征或免征契税。

（4）土地、房屋被县级以上人民政府征用、占用后，重新承受土地、房屋权属的，由省级人民政府确定是否减免。

（5）承受荒山、荒沟、荒丘、荒滩土地使用权，并用于农、林、牧、渔业生产的，免征契税。

（6）经外交部确认，依照我国有关法律规定以及我国缔结或参加的双边和多边条约或协定，应当予以免税的外国驻华使馆、领事馆、联合国驻华机构及其外交代表、领事官员和其他外交人员承受土地、房屋权属。

（二）特殊规定

非公司制企业，按照《中华人民共和国公司法》的有关规定，整体改建为有限责任公司（含国有独资公司）或股份有限公司，或者有限责任公司整体改建为股份有限公司的，对改建后的公司承受原企业土地、房屋权属的。契税优惠的特殊规定说明如表4-14所示。

表4-14 契税优惠的特殊规定说明

具体情况		优惠政策
企业公司制改造	非公司制企业，按照《中华人民共和国公司法》的规定，整体改建为有限责任公司（含国有独资公司）或股份有限公司，或者有限责任公司整体改建为股份有限公司的，改建后的公司承受原企业土地、房屋权属的	免征契税
	非公司制国有独资企业或国有独资有限责任公司，以其部分资产与他人组建新公司，且该国有独资企业（公司）在新设公司中所占股份超过50%的，新设公司承受该国有独资企业（公司）的土地、房屋权属的	

具体情况		优惠政策
企业股权重组	在股权转让中，单位、个人承受企业股权，企业土地、房屋权属不发生转移的	不征收契税
	国有、集体企业实施企业股份合作制改造，由职工买断企业产权，或向其职工转让部分产权，或者通过其职工投资增资扩股，将原企业改造为股份合作制企业的，改造后的股份合作制企业承受原企业的土地、房屋权属的	免征契税
企业合并	两个或两个以上的企业，依据法律规定、合同约定，合并改建为一个企业，对其合并后的企业承受合并各方的土地、房屋权属的	免征契税
企业分立	企业依照法律规定、合同约定，分设为两个或两个以上投资主体相同的企业，派生方、新设方承受原企业土地、房屋权属的	不征收契税
企业出售	国有、集体企业出售，被出售企业法人予以注销，并且买受方妥善安置原企业30%以上职工的，其承受所购企业的土地、房屋权属的	减半征收契税
	全部安置原企业职工的	免征契税
企业关闭、破产	企业依照有关法律、法规的规定实施关闭、破产后，债权人承受关闭、破产企业土地、房屋权属以抵偿债务的	免征契税
	对非债权人承受关闭、破产企业土地、房屋权属，凡妥善安置原企业30%以上职工的	减半征收契税
	全部安置原企业职工的	免征契税
房屋的附属设施	对于承受与房屋相关的附属设施（包括停车位、汽车库、自行车库、顶层阁楼以及储藏室）所有权或土地使用权的行为的	依法征收契税
	对于不涉及土地使用权和房屋所有权变动的	不征收契税
继承土地、房屋权属	对于《中华人民共和国继承法》规定的法定继承人（包括配偶、子女、父母、兄弟姐妹、祖父母、外祖父母）继承土地、房屋权属的	不征收契税
	按照《中华人民共和国继承法》规定，非法定继承人根据遗嘱承受死者生前土地、房屋权属，属于赠予行为的	征收契税
城市和国有工矿棚户区改造项目	(1) 对经营管理单位回购已分配的改造安置住房继续作为改造安置房源的，免征契税。 (2) 个人首次购买90平方米以下改造安置住房，可按1%的税率计征契税；购买超过90平方米，但符合普通住房标准的改造安置住房，按法定税率减半计征契税。 (3) 个人取得的拆迁补偿款及因拆迁重新购置安置住房，可按有关规定享受个人所得税和契税减免	依法征收契税

续表

	具体情况	优惠政策
土地配套费	土地配套费征收契税。根据条例规定，国有土地使用权出让以成交价格作为计税依据。成交价格是指土地、房屋权属转移合同确定的价格，包括承受者应支付的货币、实物、无形资产或者其他经济利益支出。因此，土地配套费属于契税计税依据的范围	依法征收契税
以房地产抵债	以房地产抵债征收契税。以房地产抵债发生的土地使用权、房屋所有权的转移，按政策规定，必须到当地土地管理部门和房产管理部门办理土地使用权、房屋所有权变更登记手续，所以，应视同房屋买卖和土地使用权转让	依法征收契税
无效产权转移行为	对经法院判决的无效产权转移行为不征收契税。法院判决撤销房屋所有权证后，已纳契税款应予退还	不征收契税
其他	经国务院批准实施债权转股权的企业，债权转股权后新设立的公司承受原企业的土地、房屋权属的	免征契税
	政府主管部门对国有资产进行政策性调整和划转过程中发生的土地、房屋权属转移的	不征收契税
	对拆迁居民因拆迁重新购置住房的，购房成交价格中相当于拆迁补偿款部分	免征契税

四、契税的税率与应纳税额的计算

(一) 契税的税率

契税税率实行 3% ~5% 的幅度税率。实行幅度税率是考虑到我国经济发展不平衡，各地经济差别较大的实际情况。契税的适用税率，由省、自治区、直辖市人民政府在规定的幅度内按照本地区的实际情况确定，并报财政部和国家税务总局备案。

(二) 契税应纳税额的计算

契税采用比例税率。当计税依据确定以后，应纳税额的计算比较简单，计算公式为

应纳税额 = 计税依据 × 税率

契税应纳税额以人民币计算。转移土地、房屋权属以外汇结算的，应以纳税义务发生当日人民银行公布的市场汇价中间价折算成人民币计算。

【例 4 - 7】2016 年某企业破产清算时，其房地产评估价值为 4 000 万元，其中以价值 3 000 万元的房地产抵偿债务，对价值 1 000 万元的房地产进行拍卖，拍卖收入 1 200 万元。债权人获得房地产后，与他人进行房屋交换，取得额外补偿 500 万元。请计算其应纳契税额。

【解析】(1) 债权人承受破产企业土地、房屋权属以抵偿债务的免征契税。拍卖房地产

的，承受方应纳契税税额为

应纳契税税额 = 1 200 × 3% = 36（万元）

（2）房屋交换中，由支付补价的一方按价差计算缴纳契税，应纳契税税额为

应纳税额 = 500 × 3% = 15（万元）

应纳契税合计 = 36 + 15 = 51（万元）

【例 4 - 8】甲公司购买了乙公司（个人独资合伙企业）全部资产和债务，实现了合并。乙公司房产、土地的评估价值为 4 500 000 元，假设当地规定的契税税率为 4%。请思考甲公司是否需要缴纳契税，如果需要请计算其应纳契税额。

【解析】甲公司应进行如下纳税处理：

根据《关于进一步支持企业事业单位改制重组有关契税政策的通知》（财税〔2015〕37号）文件规定，两个或两个以上的企业，依据法律规定、合同约定，合并改建为一个企业的，对其合并后的企业承受原合并各方的土地、房屋权属，免征契税。因此，甲公司不需要缴纳契税。

五、契税的申报和缴纳

（一）纳税义务发生时间

契税的纳税义务发生时间是纳税人签订土地、房屋权属转移合同的当天，或者纳税人取得其他具有土地、房屋权属转移合同性质凭证的当天。

（二）纳税期限

纳税人应当自纳税义务发生之日起 10 日内，向土地、房屋所在地的契税征收机关办理纳税申报，填写契税纳税申报表，并在契税征收机关核定的期限内缴纳税款。

（三）纳税地点

契税在土地、房屋所在地的财政机关或者地方税务机关缴纳。

 练一练

多项选择题

以下属于契税纳税申报表信息有（   ）。

A. 承受方信息　　　　　　　　　　B. 转让方信息

C. 土地房屋权属转移信息　　　　　D. 税款征收信息

—— 任务四　了解耕地占用税法律制度 ——

耕地占用税法是指国家制定的用于调整耕地占用税征收与缴纳之间权利与义务关系的法律规范。

为了合理利用土地资源，加强土地管理，保护耕地，1987 年 4 月 1 日，国务院发布了《中华人民共和国耕地占用税暂行条例》。为了进一步加强对耕地占用的管理，2007 年 12 月

1日，国务院重新修订并颁布了《中华人民共和国耕地占用税暂行条例》，自 2008 年 1 月 1 日起施行。

耕地占用税是国家对占用耕地建房或者从事其他非农业建设的单位和个人，就其实际占用的耕地面积一次性征收的一种税。

耕地占用税是一种行为税，它具有以下四个特点：

（1）兼具资源税与特定行为税的性质。

（2）采用地区差别税率。

（3）在占用耕地环节一次性课征。

（4）税收收入专用于耕地开发与改良。

一、耕地占用税的纳税人

凡占用耕地建房或者从事非农业建设的单位和个人，都是耕地占用税的纳税人。这就是说，不仅非农村的单位和个人占用耕地要缴税，农民占用耕地新建房屋，也应依法缴纳耕地占用税。外商投资企业和外国企业经批准征用耕地的，也应征收耕地占用税。

未经批准占用耕地的，纳税人为实际用地人。

二、耕地占用税的征税对象和征税范围

耕地占用税以占用农用耕地建房或者从事其他非农业建设的耕地为征税对象。

所称耕地是指用于种植农作物的土地。占用林地、牧草地、农田水利用地、养殖水面及渔业水域、滩涂等其他农用地建房或者从事非农业建设的，也在征税范围内。

三、耕地占用税的计税依据和税率

耕地占用税采用从量定额，一次课征制。以纳税人经批准实际占用的耕地面积为计税依据，以每平方米为计量单位。

耕地占用税实行地区差别定额税率，以县为单位，以人均耕地面积为标准，分别规定有幅度的单位税额。税额规定如下：

（1）以县为单位（下同），人均耕地不超过 1 亩①（含 1 亩）的地区，为 10～50 元/平方米。

（2）人均耕地超过 1 亩不超过 2 亩（含 2 亩）的地区，为 8～40 元/平方米。

（3）人均耕地超过 2 亩不超过 3 亩（含 3 亩）的地区，为 6～30 元/平方米。

（4）人均耕地超过 3 亩的地区，为 5～25 元/平方米。

各地适用的税额，由各省、自治区、直辖市人民政府在统一规定的幅度税额内，依本地区的情况具体核定。经济特区、经济技术开发区和经济发达、人均耕地特别少的地区，固定税额可以适当提高，但是最高不得超过上述规定税额的 50%。各省级政府核定的适用税额

---

① 亩为非法定计量单位，1 亩≈666.67 平方米

的平均水平，不得低于国务院财政、税务主管部门确定的平均税额。

占用基本农田的，适用税额应当在条例规定的当地适用税额的基础上提高50%。

四、耕地占用税的减免税规定

（一）免税规定

下列情形免征耕地占用税：

（1）军事设施占用耕地。

（2）学校、幼儿园、养老院、医院占用耕地。

（二）减税规定

（1）铁路线路、公路线路、飞机场跑道、停机坪、港口、航道占用耕地，减按每平方米2元的税额征收耕地占用税。根据实际需要，国务院财政、税务主管部门商国务院有关部门并报国务院批准后，可以上情形免征或者减征耕地占用税。

（2）农村居民占用耕地新建住宅，按照当地适用税额减半征收耕地占用税。农村烈士家属、残疾军人、鳏寡孤独以及革命老根据地、少数民族聚居区和边远贫困山区生活困难的农村居民，在规定用地标准以内新建住宅缴纳耕地占用税确有困难的，经所在地乡（镇）人民政府审核，报经县级人民政府批准后，可以免征或者减征耕地占用税。

（3）依照上述规定免征或者减征耕地占用税后，纳税人改变原占地用途，不再属于免征或者减征耕地占用税情形的，应当按照当地适用税额补缴耕地占用税。

> **练一练**
>
> 单项选择题
> 下列各项中，可以按照当地适用税额减半征收耕地占用税的是（　　　　）。
> A. 供电部门占用耕地新建变电站　　B. 农村居民占用耕地新建住宅
> C. 市政部门占用耕地新建自来水厂　　D. 国家机关占用耕地新建办公楼

五、耕地占用税的计算

耕地占用税以纳税人实际占用耕地面积为计税依据，以每平方米为计税单位，按适用的定额税率计税。其计算公式为

应纳税额 = 实际占用耕地面积（平方米）× 适用定额税率

【例4-9】某企业新占用19 800平方米耕地用于工业建设，所占耕地适用的定额税率为20元/平方米。试计算该企业应纳耕地占用税税额。

应纳耕地占用税税额 = 19 800 × 20 = 396 000（元）

六、耕地占用税的申报与缴纳

耕地占用税由地方税务机关负责征收。在各级人民政府依法批准单位和个人占用耕地之后，获准占用耕地的单位和个人，应持县级以上土地管理部门的批准文件向当地征收机关申

报纳税。

耕地占用税的缴纳期限为 30 天，即纳税人必须在经人民政府批准占用耕地之日起 30 日内缴纳耕地占用税，土地管理部门根据纳税收据发放用地批准文件，办理土地权属变更登记，划拨用地。纳税人按有关规定向土地管理部门办理退还耕地的，已纳税款不予退还。

应如实填报耕地占用税纳税申报表，进行纳税申报。

·—— 任务五　了解车船税纳税实务 ——·

所谓车船税，是我国按照规定的计税依据和年税额标准计算征收的一种财产税。车船税法是国家制定的用以调整车船税征收与缴纳之间权利及义务关系的法律规范。车船税的作用主要体现在：为地方政府筹集财政资金；有利于车船的管理与合理配置；有利于调节财富差异。《中华人民共和国车船税法》（简称《车船税法》）由全国人大常委会于 2011 年 2 月 25 日通过，自 2012 年 1 月 1 日起施行。

一、车船税的纳税义务人和扣缴义务人

（一）纳税义务人

车船税是就使用的车船征税，不使用的车船不征税。因此，原则上车船使用人为纳税义务人。车船税的纳税义务人，是指在中华人民共和国境内属于车船税法所附"车船税税目税额表"规定的车辆、船舶（简称"车船"）的所有人或者管理人，即在我国境内拥有车船的单位和个人。

单位是指行政机关、事业单位、社会团体以及各类企业。

个人是指我国境内的居民和外籍个人。

车船管理人是指对车船具有管理使用权、不具有所有权的单位。通常情况下，车船的所有人与车船的管理人是一致的。但在实践中，经常会出现车船的所有权与管理权分离的情形，如国家机关拥有所使用车船的管理使用权，其所有权属于国家所有。因此，就出现了车船的所有人与车船的管理人不一致的情况。如果让抽象意义上的国家作为车船的所有人缴纳车船税，在实践中是无法操作的。所以，车船税法也将车船管理人规定为车船税的纳税人。

通常情况下，拥有并且使用车船的单位和个人同属一人，纳税义务人既是车船的使用人，又是车船的拥有人。如有租赁关系，拥有人与使用人不一致时，则应由租赁双方商妥由何方为纳税义务人；租赁双方未商定的，由使用人纳税。

（二）扣缴义务人

机动车车船税的扣缴义务人为从事机动车第三者责任强制保险业务的保险机构的，应当在收取保险费时依法代收车船税。保险机构在代收车船税时，应当在机动车交通事故责任强制保险（简称"交强险"）的保险单以及保费发票上注明已收税款的信息和减免税信息，作为代收税款凭证。

船舶车船税的扣缴义务人为负责船舶登记、检验的船舶管理部门或者船舶检验机构的，

应当在登记、检验时依法代收车船税，并出具代收税款凭证。

二、车船税的征税范围

车船税的征税范围是"车船税税目税额表"中所规定的车辆和船舶。应税车船可分为应税车辆和应税船舶两大类。

（一）应税车辆

应税车辆就是机动车辆。机动车辆是指以动力装置驱动或者牵引上路行驶的，供人员乘用或者用于运送物品以及进行工程专项作业的轮式车辆，如乘人汽车、电车、载货汽车和摩托车等。拖拉机和非机动车辆不属于应税车辆范围。

（二）应税船舶

应税船舶包括机动船舶和非机动船舶。机动船舶是指自身安装动力装置，依靠外力驱动的船舶，如客货轮船、游艇、气垫船、拖船和机帆船。非机动船舶是指自身没有动力装置，依靠外力（人力或者其他力量）驱动的船舶，如驳船、木船、帆船、舢板及各种人力驾驶船。机动船舶均属征税范围，非机动船舶中只有驳船属于征税范围。非机动驳船是指在船舶管理部门登记为驳船的非机动船。

三、车船税的税收优惠

（一）免征

下列车船免征车船税：

（1）捕捞、养殖渔船，是指在渔业船舶管理部门登记为捕捞船或者养殖船的渔业船舶。不包括在渔业船舶管理部门登记为捕捞船或者养殖船以外类型的渔业船舶。

（2）军队、武警专用的车船，是指按照规定在军队、武警车船管理部门登记，并领取军用牌照、武警牌照的车船。

（3）警用车船，是指公安机关、国家安全机关、监狱、劳动教养管理机关、人民法院、人民检察院领取警用牌照的车辆和执行警务的专用船舶。

（4）依照法律规定应当予以免税的外国驻华使领馆、国际组织驻华代表机构及其有关人员的车船。

（二）特定减免

（1）对尚未在车辆管理部门办理登记、属于应减免税的新购置车辆，车辆所有人或管理人可提出减免税申请，并提供机构或个人身份证明文件和车辆权属证明文件以及地方税务机关要求的其他相关资料。经税务机关审验符合车船税减免条件的，税务机关可为纳税人出具该纳税年度的减免税证明，以方便纳税人购买交强险。

（2）在企业内部行驶、不领取行驶执照，也不上公路行驶的车辆。

（三）其他税收优惠

（1）对节约能源、使用新能源的车船减征或者免征车船税。节约能源、使用新能源的车辆包括纯电动汽车、燃料电池汽车和混合动力汽车。纯电动汽车、燃料电池汽车和插电式混合动力汽车免征车船税，其他混合动力汽车按照同类车辆适用税额减半征税。

（2）对受严重自然灾害影响纳税困难以及有其他特殊原因确需减税、免税的，可以减征或者免征车船税。具体办法由国务院规定，并报全国人民代表大会常务委员会备案。

（3）省、自治区、直辖市人民政府根据当地实际情况，可以对公共交通车船，农村居民拥有并主要在农村地区使用的摩托车、三轮汽车和低速载货汽车定期减征或者免征车船税。

四、车船税的计税依据和税率

（一）计税依据

按车船的种类和性能，车船税的计税依据有以下三种：载客汽车，以"辆"为计税依据；载货汽车，以"自重吨位"为计税依据；船舶，以"净吨位"为计税依据。车辆自重尾数未超过0.50吨（含0.50吨）的按0.50吨计算，超过0.50吨的按1吨计算；船舶净吨位尾数在0.50吨以下（含0.50吨）的不计算，超过0.50吨的按1吨计算；拖船按照发动机功率每2马力折合成净吨位1吨计算。

（二）税率

车船税的税率为有幅度的定额税率，授权各级人民政府在规定的税额幅度内按当地的实际情况确定具体的适用税率。具体税额幅度如表4-15所示。

表4-15 车船税税目、税额表

税　目		计税单位	年基准税额	备注
乘用车[按发动机汽缸容量（排气量）分档]	1.0升（含）以下的	每辆	60~360元	核定载客人数9人（含）以下
	1.0升以上至1.6升（含）的		300~540元	
	1.6升以上至2.0升（含）的		360~660元	
	2.0升以上至2.5升（含）的		660~1 200元	
	2.5升以上至3.0升（含）的		1 200~2 400元	
	3.0升以上至4.0升（含）的		2 400~3 600元	
	4.0升以上的		3 600~5 400元	
商用车	客车	每辆	480~1 440元	核定载客人数9人以上，包括电车
	货车	整备质量每吨	16~120元	包括半挂牵引车、三轮汽车和低速载货汽车等

续表

税　目		计税单位	年基准税额	备注
挂车		整备质量每吨	按照货车税额的50%计算	
其他车辆	专用作业车	整备质量每吨	16~120 元	不包括拖拉机
	轮式专用机械车		16~120 元	
摩托车		每辆	36~180 元	
船舶	机动船舶	净吨位每吨	3~6 元	拖船、非机动驳船分别按照机动船舶税额的50%计算
	游艇	艇身长度每米	600~2 000 元	

（三）车船税应纳税额的计算

纳税人应该缴纳车船税税额的计算公式为

应纳车船税 = 计税依据 × 单位税额

车船购置当年的应纳税额应该从纳税义务发生的当月起计算，购置当年应纳税额的计算公式为

应纳车船税 = 年应纳税额 ÷ 12 × 应纳税月份数

【例 4 – 10】某市蓝天公司 2016 年 10 月 5 日购置小汽车 2 辆，适用税率为 1 200 元/辆；原有载货汽车 5 辆，每辆自重 10 吨，适用税率为 80 元/吨。计算该公司 2016 年应该缴纳的车船税税额。

【解析】应纳车船税 = 1 200 ÷ 12 × 3 × 2 + 5 × 10 × 80 = 4 600（元）

【例 4 – 11】某海上运输公司拥有机动船舶 30 艘，其中净吨位为 1 000 吨的 15 艘、净吨位为 2 500 吨的 10 艘、净吨位为 12 000 吨的 5 艘。上述三类船舶的税额分别为 4 元/吨、5 元/吨和 6 元/吨。计算该公司应缴纳的车船税。

【解析】按净吨位计算机动船的年应纳税额为

应纳税额 = 15 × 1 000 × 4 + 10 × 2 500 × 5 + 5 × 12 000 × 6 = 545 000（元）

（四）计算车船税应纳税额的注意事项

（1）车辆整备质量尾数不超过 0.5 吨的，按照 0.5 吨计算；超过 0.5 吨的，按照 1 吨计算。整备质量不超过 1 吨的车辆，按照 1 吨计算。

（2）船舶净吨位尾数不超过 0.5 吨的不予计算，超过 0.5 吨的，按照 1 吨计算。净吨位不超过 1 吨的船舶，按照 1 吨计算。

（3）拖船按照发动机功率每 2 马力折合净吨位 1 吨计算征收车船税。

（4）车船税法所涉及的排气量、整备质量、核定载客人数、净吨位、马力、艇身长度，以车船管理部门核发的车船登记证书或者行驶证相应项目所载数据为准。依法不需要办理登

记、依法应当登记而未办理登记或者不能提供车船登记证书、行驶证的，以车船出厂合格证明或者进口凭证相应项目标注的技术参数、所载数据为准；不能提供车船出厂合格证明或者进口凭证的，由主管税务机关参照国家相关标准核定，没有国家相关标准的参照同类车船核定。

（5）对于机动车行驶证上未注明整备质量参数的，按总质量减去核定载质量的差额作为计税吨位，或由纳税人提供能确认车辆整备质量的相关资料。对于机动车行驶证上未记载相关参数，纳税人又不能提供相关资料的，应指引纳税人到车辆管理部门补登相关数据。纳税人不补登相关数据的，由税务机关根据机动车行驶证记载的数据核定征收。

练一练

多项选择题
以下属于车船税纳税信息的有（　　　　）。

A. 整备质量　　　　B. 排（气）量　　　　C. 计税单位的数量　　　　D. 征收品目

五、车船税的申报和缴纳

（1）纳税申报车船税的纳税人应按照《中华人民共和国车船税暂行条例》的有关规定及时办理纳税申报，并根据纳税情况分别填写并提交车船税纳税申报表、车船税代收代缴报告表、车船税税源明细表（船舶）、车船税税源明细表（车辆）。

（2）纳税期限。我国车船税按年征收、分期缴纳，具体纳税期限由省、自治区、直辖市人民政府决定。

（3）纳税地点。车船的登记地或车船税扣缴义务人所在地即车船税的纳税地点。依法不需要办理车船登记的车船，其纳税地点为纳税人所在地。纳税人所在地，对单位而言，指的是单位的经营所在地或机构所在地；对个人而言，指的是个人住所所在地。

本项目小结

　　财产税是所得税的补充税，是在所得税对收入调节的基础上，对纳税人占有的财产做的进一步调节。财产的多少反映纳税人的贫富，因此，财产税调节的重点是富人。强化财产税的调节作用，有利于缩小贫富差距。

　　财产税类税种的课税对象是财产的收益或财产所有人的收入，主要包括房产税、契税、遗产税和赠与税（我国尚未开征）、城镇土地使用税、耕地占用税、车船税等税种。对财产课税，对于促进纳税人加强财产管理、提高财产使用效果具有特殊的作用。

本项目主要参考资料

[1] 中华人民共和国国务院．中华人民共和国房产税暂行条例．国发〔1986〕90 号．

[2] 中华人民共和国财政部，国家税务总局．财政部 国家税务总局关于房产税若干具体问题的解释和暂行规定．财税地字〔1986〕8 号．

[3] 中华人民共和国财政部，国家税务总局．财政部 国家税务总局关于房产税城镇土地使用税有关政策的通知．财税〔2006〕186 号．

[4] 中华人民共和国国务院．中华人民共和国城镇土地使用税暂行条例．

[5] 中华人民共和国财政部，国家税务总局．财政部 国家税务总局关于对外资企业及外籍个人征收房产税有关问题的通知．财税〔2009〕3 号．

[6] 中华人民共和国财政部，国家税务总局．财政部 国家税务总局关于房产税城镇土地使用税有关问题的通知．财税〔2009〕128 号．

[7] 中华人民共和国财政部，国家税务总局．财政部 国家税务总局关于安置残疾人就业单位城镇土地使用税等政策的通知．财税〔2010〕121 号．

[8] 中华人民共和国财政部，国家税务总局．财政部 国家税务总局关于国家大学科技园税收政策的通知．财税〔2013〕118 号．

[9] 中华人民共和国财政部，国家税务总局．财政部 国家税务总局关于科技企业孵化器税收政策的通知．财税〔2013〕117 号．

[10] 中华人民共和国国务院．中华人民共和国城镇土地使用税暂行条例．中华人民共和国国务院令第 17 号．

[11] 中华人民共和国财政部，国家税务总局．财政部 国家税务总局关于支持公共租赁住房建设和运营有关税收优惠政策的通知．财税发〔2010〕88 号．

[12] 中华人民共和国国务院．中华人民共和国契税暂行条例．国务院令第 224 号．

[13] 中华人民共和国财政部．中华人民共和国契税暂行条例细则．财法字〔1997〕52 号．

[14] 国家税务总局，国家土地管理局．国家税务总局 国家土地管理局关于契税征收管理有关问题的通知．国税发〔1998〕31 号．

[15] 中华人民共和国财政部，国家税务总局．财政部 国家税务总局关于契税征收中几个问题的批复．国税发〔1998〕96 号．

[16] 中华人民共和国国务院．中华人民共和国车船税法实施条例．中华人民共和国国务院令第 611 号．

[17] 国家税务总局，交通运输部．国家税务总局交通运输部关于发布《船舶车船税委托代征管理办法》的公告．国家税务总局 交通运输部公告 2013 年第 1 号．

[18] 国家税务总局．国家税务总局关于车船税征管若干问题的公告．国家税务总局公告 2013 年第 42 号．

[19] 国家税务总局. 国家税务总局关于发布《车船税管理规程（试行）》的公告. 国家税务总局公告 2015 年第 83 号.

自测练习题

一、单项选择题

1. 《房产税暂行条例》规定，房产税是按照房产原值一次减除（　　）后的余值计算缴纳。

    A. 15% ~50%　　　B. 10% ~30%　　　C. 10% ~50%　　　D. 15% ~30%

2. 房屋大修理停用在半年以上的，经纳税人申请，税务机关审核，在大修期间可（　　）房产税。

    A. 免征 100%　　　B. 免征 50%　　　C. 免征 25%　　　D. 免征 10%

3. 被法院判定为无效产权转移行为的，（　　）。

    A. 依法征收契税　　B. 减半征收契　　　C. 免征契税　　　D. 不征收契税

4. 纳税期限纳税人应当自纳税义务发生之日起（　　）内，向土地、房屋所在地的契税征收机关办理纳税申报。

    A. 10 日　　　　　B. 15 日　　　　　C. 30 日　　　　　D. 3 个月

5. 下列使用土地但不缴纳城镇土地使用税的是（　　）。

    A. 城市的土地　　B. 县城的土地　　C. 建制镇的土地　　D. 村里的土地

6. 下列各项中，《城镇土地使用税暂行条例》直接规定的免税项目是（　　）。

    A. 个人所有的居住房屋及院落用地

    B. 个人办的医院、托儿所和幼儿园用地

    C. 宗教寺庙自用的土地

    D. 民政部门举办的安置残疾人占一定比例的福利工厂用地

7. 乘用车排气量 1.0 升以上至 1.6 升（含）的，年基准税额为（　　）。

    A. 60 ~360 元　　　　　　　　　　B. 300 ~540 元

    C. 360 ~660 元　　　　　　　　　　D. 660 ~1 200 元

8. 在企业内部行驶，不领取行驶执照，也不上公路行驶的车辆，属于车船税（　　）车辆。

    A. 特定减免　　　B. 特例减免　　　C. 法定减免　　　D. 指定减免

9. 耕地占用税实行地区差别定额税率，以县为单位，以人均耕地面积为标准，分别规定有幅度的单位税额。人均耕地超过 1 亩不超过 2 亩（含 2 亩）的地区，单位税额为（　　）元/平方米

    A. 5 ~25　　　　　B. 6 ~30　　　　　C. 8 ~40　　　　　D. 10 ~50

10. 下列各项中，可以按照当地适用税额减半征收耕地占用税的是（　　）。

    A. 供电部门占用耕地新建变电站　　　B. 农村居民占用耕地新建住宅

    C. 市政部门占用耕地新建自来水厂   D. 国家机关占用耕地新建办公楼

二、多项选择题

1. 房产税的纳税义务人包括产权所有人、经营管理单位、（   ）。

    A. 无租房产使用人 B. 承典人   C. 代管人或者使用人 D. 城镇居民

2. 房产税的计税的计征方式有（   ）。

    A. 从价   B. 混合   C. 从租   D. 以上都是

3. 以下属于契税纳税申报信息的是（   ）。

    A. 承受方信息   B. 转让方信息

    C. 土地房屋权属转移信息   D. 税款征收信息

4. 下列行为中，应视同土地使用权转让征收契税的有（   ）。

    A. 以土地权属作价投资   B. 以土地权属抵债

    C. 以获奖方式承受土地权属   D. 以预购方式承受土地权属

5. 下列各项中，符合城镇土地使用税有关纳税义务发生时间规定的有（   ）。

    A. 纳税人新征用的耕地，自批准征用之月起缴纳土地使用税

    B. 纳税人出租房产，自交付出租房产之月起缴纳土地使用税

    C. 纳税人新征用的非耕地，自批准征用之月起缴纳土地使用税

    D. 纳税人购置新建商品房，自房屋交付使用之次月起缴纳城镇土地使用税

6. 对（   ）的车船减征或者免征车船税。

    A. 节约能源   B. 用于公益事业   C. 使用新能源   D. 用于国防

7. 以下属于车船税纳税信息的是（   ）。

    A. 整备质量   B. 排（气）量   C. 计税单位的数量   D. 征收品目

8. 根据耕地占用税的有关规定，下列各项土地中属于耕地的有（   ）。

    A. 果园   B. 花圃   C. 茶园   D. 菜地

9. 下列情形免征耕地占用税的有（   ）。

    A. 军事设施占用耕地

    B. 学校、幼儿园、养老院、医院占用耕地

    C. 铁路线路、公路线路建设占用耕地

    D. 农村烈士家属、残疾军人安置占用耕地

10. 根据车船税的有关规定，下列各项中，属于车船税计税单位的有（   ）。

    A. 净吨位每吨   B. 整备质量每吨   C. 每辆   D. 艇身长度每米

三、实务练习题

1. 某企业占用符合国家规定的耕地 8 000 平方米建造生产车间，该地区适用的耕地占用税单位税额是 10 元/平方米。试计算该企业应纳耕地占用税税额。

2. 某企业在某大城市占用的土地面积为 7 000 平方米，在县城占用的土地面积为 4 000 平方米；经该市人民政府和税务机关核定，该企业城市土地使用税适用年税额为每平方米 15 元，县城每平方米年纳税额 3 元。试计算该企业全年应纳土地使用税税额。

3. 某市一商场坐落在该市繁华地段，企业土地使用证书记载占用土地的面积为 6 000 平方米，经确定属一等地段；该商场另设两个统一核算的分店均坐落在市区三等地段，共占地 4 000 平方米；一座仓库位于市郊，属五等地段，占地面积为 1 000 平方米。另外，该商场自办托儿所占地面积 2 500 平方米，属三等地段。试计算该商场全年应纳城镇土地使用税税额（一等地段年应纳税额标准为 4 元/平方米；三等地段年应纳税额标准为 2 元/平方米；五等地段年应纳税额标准为 1 元/平方米）。

4. 某渔业公司 2016 年拥有捕捞渔船 6 艘，每艘净吨位 21 吨，非机动驳船 2 艘，每艘净吨位 10 吨；机动补给船 1 艘，净吨位 15 吨，机动运输船 10 艘，每艘净吨位 7 吨。机动船舶净吨位小于等于 200 吨的，车船税适用年税额为每吨 3 元。该公司当年应缴纳车船税额为多少？

参考答案

一、单项选择题

1	2	3	4	5	6	7	8	9	10
B	A	D	A	D	C	B	A	C	B

二、多项选择题

1	2	3	4	5	6	7	8	9	10
ABC	AC	ABCD	ABCD	BD	ABCD	ABCD	ABCD	AB	ABCD

三、实务练习题

1. 该企业占用耕地应纳耕地占用税额 = 8 000 × 10 = 80 000（元）

2. 该企业全年应纳土地使用税税额 = 7 000 × 15 + 4 000 × 3 = 117 000（元）

3. 该商场全年应纳城镇土地使用税税额 = 6 000 × 4 + 4 000 × 2 + 1 000 × 1 = 33 000（元）

4. 捕捞、养殖渔船免征车船税，机动补给船与机动运输船应纳车船税，非机动驳船按机动船舶税的 50% 计算。

该公司当年应缴纳车船税额 = 2 × 10 × 3 × 50% + (1 × 15 + 10 × 7) × 3 = 285（元）

项目三

行为税制

▼ 引入

　　海南某房地产公司 2016 年 4 月份签订房地产开发项目合同 10 份，涉及金额 3.5 亿元；同时从事普通标准住宅开发，总面积 12 000 平方米，房屋开发成本 1 100 万元，利息支出 120 万元。该公司 4 月份应该缴纳的税种有哪些？如何计征？

▼ 内容提要

➢ 土地增值税、印花税、城市维护建设税实务
➢ 土地增值税、印花税、城市维护建设税法律制度
➢ 土地增值税、印花税、城市维护建设税纳税实务

▼ 学习目标

1. 了解土地增值税、印花税、城市维护建设税的概念和种类
2. 掌握土地增值税、印花税、城市维护建设税的征税范围
3. 掌握土地增值税、印花税、城市维护建设税的申报与缴纳
4. 了解土地增值税、印花税、城市维护建设税的优惠政策

▼ 学习方法

1. 认真阅读相关法律条文
2. 关注国家税法改革动态
3. 通过实务案例掌握土地增值税、印花税、城市维护建设税纳税实务的操作方法和流程
4. 经常登录国家税务总局官网（http：//www.chinatax.gov.cn/）查阅最新政策

关键词

土地增值税纳税　印花税　城市建设维护税

·—— 任务一　掌握印花税纳税实务 ——·

　　印花税是指对经济活动和经济交往中书立、使用、领受具有法律效力的凭证的单位和个人征收的一种税。

　　现行印花税的基本规范，是 1988 年 8 月 6 日国务院发布并于同年 10 月 1 日实施的，根据 2011 年 1 月 8 日《国务院关于废止和修改部分行政法规的决定》修订的《中华人民共和

国印花税暂行条例》（简称《印花税暂行条例》）。

印花税是一种具有行为税性质的凭证税。凡发生书立、使用、领受应税凭证的行为，必须依照印花税法的有关规定履行纳税义务。

印花税不论是在性质上，还是在征税方法方面，都具有以下不同于其他税种的特点：

（1）兼有凭证税和行为税性质。一方面，印花税是对单位和个人书立、领受的应税凭证征收的一种税，具有凭证税性质；另一方面，任何一种应税经济凭证反映的都是某种特定的经济行为。因此，对凭证征税，实质上是对经济行为的课税。

（2）征税范围广泛。印花税的征税对象包括了经济活动和经济交往中的各种应税凭证，凡书立和领受这些凭证的单位与个人都要缴纳印花税，其征税范围是极其广泛的。随着市场经济的发展和经济法制的逐步健全，依法书立经济凭证的现象将会越来越普遍。因此，印花税的征收面将更加广阔。

（3）税率低，税负轻。印花税与其他税种相比较，税率要低得多，最低的税率为0.05‰，其税负较轻，具有广集资金、积少成多的财政效应。

（4）由纳税人自行完成纳税义务。纳税人通过自行计算、购买并粘贴印花税票的方法完成纳税义务，并在印花税票和凭证的骑缝处自行盖戳注销或画销。这也与其他税种的缴纳方法有较大区别。

一、印花税的纳税义务人

印花税的纳税义务人包括在中华人民共和国境内书立、使用、领受印花税法所列举凭证的各类企事业单位、机关、团体、部队以及中外合资企业、合作企业、外资企业、外国公司和其他经济组织及其在华机构等单位和个人。

纳税义务人的具体说明如表4-16所示。

表4-16 纳税义务人说明表

纳税义务人	具体说明
立合同人	对购销、加工承揽、建设工程承包、财产租赁、货物运输、仓储保管、借款、财产保险、技术合同或者具有合同性质的凭证享有权利并承担义务的单位和个人，但不包括合同的担保人、证人、鉴定人
立据人	产权转移书据（单位和个人产权的买卖、继承、赠予、交换、分割等所立的书据）的纳税人是立据人
立账簿人	营业账簿的纳税人是立账簿人。（立账簿人是指设立并使用营业账簿的单位和个人；营业账簿是指单位或者个人记载生产经营活动的财务会计核算账簿）
领受人	权利、许可证照的纳税人是领受人（领取或接受并持有权利、许可证照的单位和个人）

纳税义务人	具体说明
使用人	在国外书立、领受，但在国内使用的应税凭证的当事人
各类电子应税凭证的签订人	各类电子应税凭证的签订人，即以电子形式签订的各类应税凭证的当事人

凡由两方或者两方以上当事人共同书立应税凭证的，其当事人各方均为印花税的纳税人，应各就其所持凭证的计税金额履行纳税义务。

 练一练

单项选择题

赵某将一个商铺卖给了李某，双方签订了产权转移书据，钱某为担保人，孙某为鉴定人，该产权转移书据的印花税纳税人为（　　　）。

A. 赵某和钱某
B. 赵某、钱某和孙某
C. 钱某、孙某和李某
D. 赵某和李某

二、印花税的征税范围

印花税的征税范围为各类应税凭证，我国《印花税暂行条例》对印花税征税范围采取列举法，对列明的凭证征税，未列明的不征税。我国印花税的征税范围分为以下五大类：

（1）经济合同类，包括购销、加工承揽、建设工程承包、财产租赁、货物运输、仓储保管、借款、财产保险、技术合同及其他具有合同性质的凭证。

（2）产权转移书据，包括财产所有权、版权、商标专用权、专利权、专利技术使用权等转移所书立的书据。

（3）营业账簿，包括单位和个人生产经营活动中所使用的各种财务会计核算账簿，分为资金账簿和其他账簿。

（4）权利许可证照，包括房屋产权证、工商营业执照、商标注册证、专利证、土地使用证。

（5）经财政部确定征税的其他凭证。

三、印花税的税目与税率

（一）税目

印花税的税目是指印花税法明确规定的应当纳税的项目。现行印花税只对《印花税暂行条例》列举的凭证征收，没有列举的凭证不征税。

（二）税率

根据印花税应纳税凭证性质的不同，印花税分别采用比例税率和定额税率。

1. 比例税率

印花税的比例税率分为四个档次，分别是 0.5‰、3‰、5‰、1‰。

2. 定额税率

权利、许可证照和营业账簿税目中的其他账簿，适用定额税率，按件贴花，税额为 5 元。

印花税的税目、税率详如表 4-17 所示。

表 4-17 印花税税目、税率说明表

税目	征收范围	纳税人	计税依据	税率	备注
购销合同	供应、预购、采购、购销结合及协作、调剂、补偿、易货等合同	立合同人	合同记载的购销金额	3‰	
加工承揽合同	加工、定做、修缮、修理、印刷、广告、测绘、测试等合同	立合同人	加工、承揽收入的金额	5‰	
建设工程勘察设计合同	勘察、设计合同	立合同人	收取的费用	5‰	
建筑安装工程承包合同	建筑、安装工程承包合同	立合同人	承包金额	3‰	
财产租赁合同	租赁房屋、船舶、飞机、机动车辆、机械、器具、设备等合同	立合同人	租赁金额	1‰	
货物运输合同	民用航空运输、铁路运输、海上运输、内河运输、公路运输和联运合同	立合同人	运输费金额（不包括所运货物的金额、装卸费、保险费等）	5‰	单据作为合同使用的，按合同贴花
仓储运输合同	仓储、保管合同	立合同人	仓储保管费用	1‰	仓单或栈单作为合同使用的，按合同贴花
借款合同	银行及其他金融组织和借款人（不包括银行同业拆借）所签订的借款合同	立合同人	借款金额	0.5‰	单据作为合同适用的，按合同贴花

续表

税目	征收范围	纳税人	计税依据	税率	备注
财产保险合同	财产、责任、保证、信用等保险合同	立合同人	支付或收取的保险费（不包括所保财产的金额）	1‰	单据作为合同适用的，按合同贴花
技术合同	技术开发、转让、咨询、服务等合同	立合同人	合同所载的金额	3‰	
产权转移书据	财产所有权和版权、商标专用权、专利权、专有技术使用权等产权转移书据，土地使用权出让、转让合同和商品房销售合同	立据人	所载金额	5‰	
营业账簿	生产、经营用账册	立账簿人	资金账簿：实收资本与资本公积的合计金额	5‰	
			其他账簿：应税凭证件数	5元/件	
权利、许可证照	政府部门发给的房屋产权证、工商营业执照、商标注册证、专利证、土地使用证	领受人	应税凭证件数	5元/件	

印花税的计税依据有三点需要注意：

（1）对于加工承揽合同，当委托方提供主要原材料、受托方提供辅助材料时，只就辅助材料和加工费用的合计金额按加工承揽合同计税贴花；当原材料也主要由受托方提供时，若原材料金额和加工费用金额分别记载于合同，二者应分别按购销合同、加工承揽合同计税贴花，若未分别记载则按二者合计金额按加工承揽合同计税贴花。

（2）由于纳税义务于应税凭证签订时产生，故无论合同是否兑现或按期兑现均应按期计税贴花。

（3）应纳税额不足1角时，免纳印花税；应纳税额在1角以上的，其税额尾数不满5分的不计，满5分的按1角计算缴纳。

3. 应纳税额的计算

纳税人的应纳税额，根据应纳税凭证的性质，分别按比例税率或者定额税率计算。其计算公式为

应纳税额 = 应税凭证计税金额（或应税凭证件数）×适用税率

【例4－12】某企业年初开业，领受房产证、工商营业执照、商标注册证、土地使用证

各 1 件,与其他企业订立转移专用技术使用权书据 1 件,所载金额 250 万元;订立产品销售合同 1 份,所载金额 600 万元;订立借款合同 1 份,所载金额 80 万元;订立财产保险合同 1 份,保险费金额 3.6 万元。此外,企业营业账簿中资金账簿记载实收资本和资本公积两项合计金额为 650 万元;其他营业账簿 4 册。计算该企业应缴纳的印花税税额。

【解析】(1)按比例税率计算。

①产权转移证书应纳税额 $= 2\,500\,000 \times 5\,‰ = 1\,250$(元)

②销售合同应纳税额 $= 6\,000\,000 \times 3\,‰ = 1800$(元)

③借款合同应纳税额 $= 800\,000 \times 0.05‰ = 40$(元)

④财产保险合同应纳税额 $= 36\,000 \times 1‰ = 36$(元)

⑤资金账簿应纳税额 $= 6\,500\,000 \times 5\,‰ = 3\,250$(元)

(2)按定额税率计算。

①领受权利、许可证照 4 件,应纳税额 $= 4 \times 5 = 20$(元)。

②其他营业账簿 4 册应纳税额 $= 4 \times 5 = 20$(元)

因此,该企业应缴纳印花税额 $= 1\,250 + 1\,800 + 40 + 36 + 3\,250 + 20 + 20 = 6\,416$(元)。

练一练

多项选择题

由于纳税义务于应税凭证签订时产生,故无论合同是否( ) 均应按期计税贴花。

A. 有效   B. 兑现   C. 按期兑现   D. 履行

四、印花税的优惠政策和违章处罚

(一)印花税的优惠政策

印花税的现行优惠政策主要是免税。具体的免税项目包括:

(1)已缴纳印花税凭证的副本或者抄本免税。

(2)财产所有人将财产赠给政府、社会福利单位、学校所立的书据免税。

(3)国家指定的收购部门与村民委员会、农民个人书立的农副产品收购合同免税。

(4)无息、贴息贷款合同免税。

(5)外国政府或者国际金融组织向我国政府及国家金融机构提供优惠贷款所书立的合同免税。

(6)对房地产管理部门与个人签订的用于生活居住的租赁合同免税。

(7)对农牧业保险合同免税。

(8)对特殊货运凭证免税。

(9)企业改制过程中享有印花税征免的其他情况。

(二)印花税纳税违章处罚

(1)在应纳税凭证上未贴或者少贴印花税票的,或者已粘贴在应税凭证上的印花税票未注销或者未画销的，由税务机关追缴其不缴或者少缴的税款、滞纳金，并处不缴或者少缴的税款的50%以上5倍以下的罚款。

（2）已贴用的印花税票揭下重用造成未缴或少缴印花税的，由税务机关追缴其不缴或者少缴的税款、滞纳金，并处不缴或者少缴税款50%以上5倍以下的罚款。构成犯罪的，依法追究刑事责任。

（3）伪造印花税票的，由税务机关责令改正，处以2 000元以上1万元以下的罚款。情节严重的，处以1万元以上5万元以下的罚款。构成犯罪的，依法追究刑事责任。

（4）未按期汇总缴纳印花税的，超过税务机关核定的纳税期限，未缴或少缴印花税款的，由税务机关追缴其不缴或少缴的税款、滞纳金，并处不缴或者少缴的税款50%以上5倍以下的罚款。情节严重的，同时撤销其汇缴许可证，构成犯罪的，依法追究刑事责任。

（5）汇总缴纳印花税凭证时，未加注税务机关指定的汇缴戳记、编号，纳税人未妥善保管纳税凭证的，由税务机关责令限期改正，可以处2 000元以下的罚款。情节严重的，处以2 000元以上1万元以下的罚款。

（6）印花税票代售户对取得的税款逾期不缴或者挪作他用，或者违反合同将所领印花税票转托他人代售或者转至其他地区销售，或者未按规定详细提供领、售印花税票情况的，税务机关可视其情节轻重，给予警告或者取消其代售资格的处罚。

五、印花税的申报和缴纳

（一）纳税申报

印花税的纳税人应按有关税法的规定及时办理纳税申报，纳税人应于每季度终了后10日内向主管税务机关提交印花税纳税申报表。

（二）纳税期限

印花税的缴纳时间为书立、领受应税凭证时，具体指在合同签订时、账簿启用时、证照领受时贴花。如果合同是在国外签订的，应在将合同带入境时办理贴花纳税手续。

（三）纳税地点

一般情况下，印花税实现就地纳税，对在全国性商品物资展销会、交易会上签订合同所应缴纳的印花税，由纳税人回其所在地办理贴花完税手续，对于不涉及省际关系的订货会、展销会所签订合同的印花税，其纳税地点由有关地方政府自行确定。

—— 任务二 土地增值税纳税实务 ——

土地增值税是对土地使用权转让及出售建筑物时所产生的价格增值量征税的税种。土地增值税具有以下一些特点：

（1）以转让房地产取得的增值额为征税对象，转让房地产的收入减去税法规定准予扣除项目金额后的余额。

（2）采用扣除法和评估法计算增值额。一般来说，以纳税人转让房地产取得的收入，减除法定扣除项目金额后的余额作为计税依据。对旧房及建筑物的转让，以及对纳税人转让房地产申报不实、成交价格偏低的，采用评估价格法确定增值额。

（3）实行超率累进税率。土地增值税的税率是以转让房地产增值率的高低为依据，按累进原则设计的，实行分级计税。增值率高的税率高，纳税多；增值率低的税率低，纳税少。

（4）土地增值税在房地产的转让环节征收，实行按次征收。

（5）征税面比较广。凡在我国境内转让房地产并取得增值收入的单位和个人，除税法规定免税的以外，均应按照税法规定缴纳土地增值税。

（6）土地增值税属于特定行为目的税。土地增值税是为贯彻国家宏观调控政策而出台的一个税种。土地增值税的开征可以增加财政收入，加强国家对房地产开发、交易行为的宏观调控，抑制土地炒买炒卖，维护国家利益。

一、土地增值税的纳税义务人

《中华人民共和国土地增值税暂行条例》（简称《土地增值税暂行条例》）规定，土地增值税的纳税义务人是为转让国有土地使用权、地上的建筑物及其附着物（简称"转让房地产"）并取得收入的单位和个人，包括各类企事业单位、国家机关、社会团体、个体经营者及其他组织。

根据《国务院关于外商投资企业和外国企业适用增值税、消费税、营业税等税收暂行条例的有关问题的通知》的规定，外商投资企业、外国企业、外籍个人、华侨、港澳台同胞等，只要有转让房地产行为并取得增值收入的，都是土地增值税的纳税义务人，都要按照条例的规定缴纳土地增值税。

二、土地增值税的征税范围

（一）征税范围的一般规定

《土地增值税暂行条例》及其实施细则规定，土地增值税的征税范围包括转让国有土地使用权、地上的建筑物及其附着物，连同国有土地使用权一并转让，而取得的增值性收入的行为。

（1）土地增值税只对转让国有土地使用权的行为课税，转让非国有土地和出让国有土地的行为均不征税。

所谓国有土地使用权，是指土地使用人根据国家法律、合同等规定，对国家所有的土地享有的使用权利。土地增值税只对企业、单位和个人等经济主体转让国有土地使用权的行为课税。对属于集体所有的土地，按现行规定须先由国家征用后才能转让。

根据《中华人民共和国土地管理法》，国家为了公共利益，可以依照法律规定征用集体土地，依法被征用后的土地属于国家所有。未经国家征用的集体土地不得转让。自行转让集体土地是一种违法行为，应由有关部门依照相关法律来处理，而不应纳入土地增值税的征税范围。

国有土地出让是指国家以土地所有者的身份将土地使用权在一定年限内让与土地使用

者，并由土地使用者向国家支付土地出让金的行为。由于土地使用权的出让方是国家，出让收入在性质上属于政府凭借所有权在土地一级市场上收取的租金，所以，政府出让土地的行为及取得的收入也不在土地增值税的征税之列。

（2）土地增值税既对转让土地使用权课税，也对转让地上建筑物和其他附着物的产权征税。

所谓地上建筑物，是指建于土地上的一切建筑物，包括地上地下的各种附属设施，如厂房、仓库、商店、医院、住宅、地下室、围墙、烟囱、电梯、中央空调、管道等。

所谓附着物是指附着于土地上、不能移动，一经移动即遭损坏的种植物、养植物及其他物品。

上述建筑物和附着物的所有者对自己的财产依法享有占有、使用、收益和处置的权利，即拥有排他性的全部产权。

税法规定，纳税人转让地上建筑物和其他附着物的产权转让，取得的增值性收入，也应计算缴纳土地增值税。换言之，纳入土地增值税课征范围的增值额，是纳税人转让房地产所取得的全部增值额，而非仅仅是土地使用权转让的收入。

（3）土地增值税只对有偿转让的房地产征税，对以继承、赠与等方式无偿转让的房地产，不予征税。具体地，不征土地增值税的房地产赠与行为包括以下两种情况：

房产所有人、土地使用权所有人将房屋产权、土地使用权赠与直系亲属或承担直接赡养义务人的行为。

房产所有人、土地使用权所有人通过中国境内非营利的社会团体、国家机关将房屋产权、土地使用权赠与教育、民政和其他社会福利及公益事业的行为。

（二）特定情况的判定

根据征税范围一般规定的三条判定标准，我们可以对以下若干特定情况是否属于土地增值税的征税范围进行判定，如表4-18所示。

表4-18 特定情况的判定

特定情况	是否纳入征税范围	说 明
出售方式为转让国有土地使用权（生地变熟地）	纳入	土地使用者通过出让方式向政府缴纳了土地出让金、有偿受让土地使用权后，仅对土地进行通水、通电、通路和平整地面等土地开发，不进行房产开发，即所谓的"将生地变熟地"，然后直接将空地出售出去，这属于国有土地使用权的有偿转让
房地产开发	纳入	在取得国有土地使用权后开发建造房屋出售，在卖房的同时土地使用权也随之发生转让。因此房地产开发既发生了产权的转让又取得了收入，所以应纳入土地增值税的征收范围

特定情况	是否纳入征税范围	说　明
存量房地产买卖	纳入	即旧屋出售。这种行为应当到有关部门办理房产产权和土地使用权的转移变更手续；原土地使用权属于无偿划拨的，还应到土地管理部门补缴土地出让金
房地产抵押	分情况而定	在抵押期间没有发生权属变更，不征收土地增值税；待抵押期满后，视该房地产权属是否转移，从而确定是否征收土地增值税。对于以房地产抵债而发生房地产权属转让的，应列入征税范围
房地产出租	不纳入	出租人虽取得收入，但没有发生房产产权、土地使用权的转让
房地产交换	纳入	交换房地产行为既发生了房产产权、土地使用权的转移，交换双方又取得了实物形态的收入，按照规定属于征收土地增值税的范围。但对个人之间互换自有居住用房地产的，经当地税务机关核实，可以免征土地增值税
以房地产进行投资、联营	分情况而定	如果投资、联营的一方以土地（房地产）作价入股进行投资或作为联营条件，暂免征收土地增值税。但对以房地产作价入股，凡所投资、联营的企业从事房地产开发的，或者房地产开发企业以其建造的商品房进行投资和联营的，或是投资、联营企业将上述房地产再转让的，则属于征收土地增值税的范围
合作建房	分情况而定	对于一方出资金，另一方出地，双方合作建房，建成后按比例分房自用的，暂免征收土地增值税；建成后转让的，应征收土地增值税
企业兼并转让房地产	暂免征收	对被兼并企业将房地产转让到兼并企业中的，暂免征收土地增值税
房地产的代建房行为	不纳入	这种情况是指房地产开发公司代客户进行房地产的开发，开发完成后向客户收取代建收入的行为。对房地产开发公司而言，虽取得收入，但没有发生房地产权属的转移，其收入属于劳务收入性质，所以不属于土地增值税的征税范围
房地产的赠与	不纳入	虽发生了房地产的权属变更，但房产产权原所有人未取得任何收入。这里的赠与仅指赠与直系亲属或承担直接赡养义务人，以及通过中国境内非营利的社会团体、国家机关将房屋产权、土地使用权赠与教育、民政和其他社会福利、公益事业的
房地产的继承	不纳入	虽发生了房地产的权属变更，但房产产权原所有人（被继承人）未取得任何收入

续表

特定情况	是否纳入征税范围	说　明
房地产的评估增值	不纳入	这种情况主要指国有企业在清产核资时对房地产进行重新评估而使其升值的情况。在这种情况下房地产虽然有增值，但其既没有发生房地产权属的转移，房产产权人、土地使用权人也没取得收入，所以不属于土地增值税的征税范围
国家收回国有土地使用权，征用地上的建筑物及其附着物	免征	这种情况发生了房地产权属的变更，原房产所有人、土地使用权人也取得了一定的补偿金，但根据《土地增值税暂行条例》的有关规定，可以免征土地增值税
应国家需要而自行转让的	免征	因城市实施规划、国家建设的需要而搬迁，由纳税人自行转让原房地产的，条例实施细则规定免征土地增值税

练一练

单项选择题

下列各项中，应当征收土地增值税的是（　　　）。

A. 公司与公司之间互换房产　　B. 房地产公司为客户代建房产

C. 兼并企业从被兼并企业取得房产　　D. 双方合作建房后按比例分配自用房产

（三）税收优惠

土地增值税税收优惠主要内容如下：

（1）建造普通标准住宅出售，增值额未超过扣除项目金额20%的免税。

（2）因国家建设需要依法征用、收回的房地产，免征土地增值税。

（3）因城市实施规划、国家建设的需要而搬迁，由纳税人自行转让原房地产的，免征土地增值税。

（4）对因中国邮政集团公司邮政速递物流业务重组改制，中国邮政集团公司向中国邮政速递物流股份有限公司、各省邮政公司向各省邮政速递物流有限公司转移房地产产权应缴纳的土地增值税，予以免征。已缴纳的应予免征的土地增值税，予以退税。

三、土地增值税的税率与应纳税额的计算

（一）税率

土地增值税实行四级超率累进税率进行征收。具体说明如表4-19所示。

表 4 - 19　土地增值税四级超率累进税率表

级数	增值额与扣除项目金额的比率	税率	速算扣除系数
1	不超过50%的部分	30%	0%
2	超过50%至100%的部分	40%	5%
3	超过100%至200%的部分	50%	15%
4	超过200%的部分	60%	35%

💬 小组讨论

超额累进税率与超率累进税率有何异同？

(二) 应纳税额的计算

在实际工作中，计算土地增值税税额，可按增值额乘以适用的税率减去扣除项目金额，乘以速算扣除系数的方法计算，具体公式为

应纳税额 = 增值额 × 适用税率 - 扣除项目金额 × 速算扣除系数

根据表 4 - 19 中的超率累进税率及速算扣除系数，其计算公式可分解为表 4 - 20 所示的四种。

表 4 - 20　土地增值税的应纳税额计算说明表

级数	增值额与扣除项目金额的比率	计算公式
1	不超过50%的部分	土地增值税税额 = 增值额 × 30%
2	超过50%至100%的部分	土地增值税税额 = 增值额 × 40% - 扣除项目金额 × 5%
3	超过100%至200%的部分	土地增值税税额 = 增值额 × 50% - 扣除项目金额 × 15%
4	超过200%的部分	土地增值税税额 = 增值额 × 60% - 扣除项目金额 × 35%

房地产企业建设普通住宅出售，增值额未超过扣除金额20%的，免征土地增值税。

(三) 扣除项目

土地增值税的扣除项目包括：

(1) 取得土地使用权时所支付的金额。

(2) 开发土地和新建房及其配套设施 (房地产开发) 的成本。

(3) 开发土地和新建房及其配套设施 (房地产开发) 的费用。

(4) 与转让房地产有关的税费。

(5) 财政部规定的其他扣除项目，从事房地产开发的纳税人可以按照上述第 1 项和第 2 项两项金额之和加计扣除 20% 的扣除额。

(6) 旧房及建筑物的评估价格。

(四) 土地增值税纳税处理例示

1. 增值额未超过扣除项目金额 50% 的情况

【例 4 – 13】某企业取得转让房地产收入 100 万元，其扣除项目金额为 80 万元。计算该企业应纳土地增值税金额。

【解析】该企业应进行如下纳税处理：

（1）增值额 = 100 – 80 = 20（万元）

（2）增值额与扣除项目金额的比率 = 20 ÷ 80 = 25%

（3）应纳土地增值税税额 = 20 × 30% = 6（万元）

2. 增值额超过扣除项目金额 50%，未超过 100% 的情况

【例 4 – 14】某企业取得转让房地产收入 300 万元，其扣除项目金额为 170 万元。计算该企业应纳土地增值税金额。

【解析】该企业应进行如下纳税处理：

（1）增值额 = 300 – 170 = 130（万元）

（2）增值额与扣除项目金额的比率 = 130 ÷ 170 = 76.47%

（3）应纳土地增值税税额 = 130 × 40% – 170 × 5% = 43.5（万元）

3. 增值额超过扣除项目金额 100%，未超过 200% 的情况

【例 4 – 15】2016 年某房地产开发公司建造并出售了一栋写字楼，取得销售收入 10 000 万元（营业税税率为 5%，城市维护建设税税率为 7%，教育费附加征收率为 3%）。该公司为建造该写字楼支付的地价款为 1 000 万元，建造该写字楼花费的房地产开发成本为 2 000 万元。因该公司同时建造别的商品房，不能按该写字楼计算分摊银行贷款利息支出。该公司所在地政府确定的费用扣除比例为 10%。计算该企业应纳土地增值税金额。

【解析】该企业应进行如下纳税处理：

（1）确认转让房地产收入为 10 000 万元。

（2）确定转让房地产的扣除项目金额。

①取得土地使用权所支付的金额为 1 000 万元。

②房地产的开发成本为 2 000 万元。

③与转让房地产有关的费用 =（1 000 + 2 000）× 10% = 300（万元）

④与转让房地产有关的税费 = 10 000 × 5% ×（1 + 7% + 3%）= 550（万元）

⑤从事房地产开发的加计扣除项目金额 =（1 000 + 2 000）× 20% = 600（万元）

⑥扣除项目金额合计 = 1 000 + 2 000 + 300 + 550 + 600 = 4 450（万元）

（3）转让房地产的增值额 = 10 000 – 4 450 = 5 550（万元）

（4）增值税与扣除项目金额 = 5 550 ÷ 4 450 = 124.72%

（5）应纳土地增值税税额 = 5 550 × 50% – 4 450 × 15% = 2 107.05（万元）

4. 免征土地增值税的情况

【例 4 – 16】某房地产开发公司于 2016 年 1 月购买了一块土地，支付地价款 300 万元，建造两栋普通标准住宅出售，建造成本 1 000 万元，银行贷款利息支出 40 万元。假设该房地产开发公司能按转让房地产项目计算分摊利息支出，并能提供银行证明。房屋建成后销售收入 2 000 万元。计算该房地产公司应纳土地增值税金额。（营业税税率 5%，城市维护建设

税税率7%，教育费附加税率3%）

【解析】该企业应进行如下纳税处理：

（1）各项允许扣除项目的金额：

①购买土地使用权支付地价款300万元。

②房屋开发成本1 000万元。

③销售费用、管理费用、财务费用扣除金额：根据《土地增值税暂行条例》规定，财务费用中的利息支出，凡能够按转让房地产项目计算分摊，并提供金融机构证明的，允许房地产开发费用在取得土地使用权所支付的金额及房地产开发成本之和的5%以内予以扣除。该企业利息支出40万元，其他费用（300 + 1 000）× 5% = 65（万元），共计105万元。

④缴纳的营业税 = 2 000 × 5% = 100（万元），城市维护建设税 = 100 × 7% = 7（万元），教育费附加 = 100 × 3% = 3（万元）。

⑤从事房地产开发可加计扣除额：根据《土地增值税暂行条例》规定，对从事房地产开发的纳税人，可按取得土地使用权所支付的金额与房地产开发成本之和加计20%予以扣除。因此，该房地产开发公司可加计扣除额为（300 + 1 000）× 20% = 260（万元）。

以上5项扣除项目金额合计300 + 1 000 + 105 + 100 + 7 + 3 + 260 = 1 775（万元）。

（2）房屋销售的增值额 = 2 000 – 1 775 = 225（万元）

（3）增值额与扣除项目金额的比率 = 225 ÷ 1 775 = 12.68%

由于该房地产开发公司建造的是普通标准住宅，根据《土地增值税暂行条例》规定，对增值额未超过20%的，可以免征土地增值税。

 练一练

单项选择题

房地产开发企业在确定土地增值税的扣除项目时，允许单独扣除的税金是（　　）。

A. 营业税、印花税
B. 房产税、城市维护建设税
C. 营业税、城市维护建设税
D. 印花税、城市维护建设税

四、土地增值税的申报和缴纳

（一）纳税义务发生时间

（1）以一次交割，付清价款方式转让房地产的，主管税务机关可在纳税人办理纳税申报后，根据其应纳税额的大小及向有关部门办理过户、登记手续的期限，规定其在办理过户、登记手续前数日内一次性缴纳全部土地增值税。

（2）以分期收款方式转让房地产的，主管税务机关可根据合同规定的收款日期确定具体的纳税期限。首先计算出应缴纳的全部土地增值税税额，再按总税额除以转让房地产的总收入，计算出应纳税额占总收入的比例。在每次收到价款时，按收到价款的数额乘以求得的比例数确定每次应纳的税额，并规定其应在每次收款后数日内缴纳土地增值税。

（3）项目全部竣工结算前转让房地产的，由于无法确定成本的实际支出，无法据实计算土地增值税的，可以对该税进行预征，待该项目全部竣工，确定实际支出后再进行结算，多退少补。

(二) 纳税地点

土地增值税的纳税地点为房地产所在地。这里所说的房地产所在地是指房地产的坐落地。

(1) 如果纳税人是法人，其转让的房地产坐落地与其机构所在地或经营地不一致时，则应在房地产坐落地所管辖的税务机关申报纳税。

(2) 如果纳税人是自然人，其转让的房地产坐落地与其居住所在地不一致时，在办理过户手续所在税务机关申报纳税。纳税人转让的房地产坐落在两个或两个以上地区的，应按房地产所在地分别申报纳税。

(三) 纳税申报

土地增值税纳税人应当依照税收法律法规及相关规定确定的申报期限、申报内容，就其应税项目如实向税务机关申报缴纳土地增值税。

(1) 从事房地产开发与建设的纳税人、从事新建房及配套设施开发的纳税人应报送土地增值税纳税申报表 (一) (从事房地产开发的纳税人预征适用)，以及土地增值税项目登记表等有关资料。

(2) 非从事房地产开发的纳税人应报送土地增值税纳税申报表 (三) (非从事房地产开发的纳税人适用)，房屋及建筑物产权、土地使用权证书，土地转让、房产买卖合同，房地产评估报告及其他与转让房地产有关的资料。

(3) 享受土地增值税优惠的，应提供减免土地增值税证明材料原件及复印件。

从事房地产开发纳税人适用土地增值税项目登记表和土地征增值税纳税申报表 (一)。非从事房地产开发纳税人适用土地增值税纳税申报表 (二)。

①从事房地产开发纳税人的土地增值税纳税申报。从事房地产开发的土地增值税纳税人的土地增值税纳税申报，包括转让已完成开发的房地产取得转让收入，或预售正在开发的房地产取得预售收入的情况。

②非从事房地产开发纳税人的土地增值税纳税申报。非从事房地产开发的纳税人在签订房地产转让合同 7 日内，向主管税务机关报送土地增值税纳税申报表 (三)。

·—— 任务三 城市维护建设税纳税和教育费附加实务 ——·

城市维护建设税 (简称"城建税") 和教育费附加是附加在增值税、消费税两种流转税正税上征收的附加税，是以这两种税的税额为税基计算缴纳的。

该税和费没有自己的征税对象，其征税对象最终由消费者负担，属于间接税。其有以下特点：

(1) 没有独立的征税对象，是一种附加税。城建税和教育费附加是附加在正税上征收的税，征税对象分别是增值税、消费税的征税对象，即缴纳增值税、消费税就要缴纳城建税和教育费附加，在调节经济和贯彻政策上没有自己独立的作用，只会增强增值税、消费税的作用效果。

（2）有特定的目的和用途。缴纳城建税的目的是加强城市的维护建设，扩大和稳定城市维护建设资金的来源。1984年国务院颁布《国务院关于筹措农村学校办学经费的通知》，开始征收农村教育事业经费附加。1985年，《中共中央关于教育体制改革的决定》指出国家在增拨教育经费的同时，要开辟多种渠道筹措经费。为此，国务院于1986年4月28日颁布了《征收教育费附加的暂行规定》，并于同年7月1日开征，其目的是筹措地方教育经费。

（3）根据地区差别设置差别的比例税率。税根据地区差别设置了3档差别比率税率。教育费附加则按3%的比例征收。

一、城市维护建设税和教育费附加的纳税义务人

凡在中华人民共和国境内缴纳增值税、消费税的单位和个人，都是城建税和教育费附加的纳税人。城建税和教育费附加的纳税人包括国有企业、集体企业、私营企业、股份制企业、其他企业和行政单位、事业单位、社会团体、其他单位、个体工商户和其他个人。

增值税、消费税由扣缴人扣缴的，城建税和教育费附加也由扣缴人扣缴。

海关对进口产品代征的增值税和消费税，不征收城建税和教育费附加。

二、城市维护建设税和教育费附加的计税依据

城建税和教育费附加的计税依据是纳税人实际缴纳的增值税和消费税的税额。

供货企业向出口企业和市、县外贸企业销售出口产品时，以增值税当期销项税额抵扣进项税额后的余额为计税依据。

生产企业出口货物的当期免抵税额应纳入城建税和教育费附加的计征依据。

纳税人缴纳增值税和消费税违反税收法律制度而被税务局处以滞纳金和罚款的，是对纳税人违反税法规定的处罚，不作为城建税和教育费附加的计税依据。但对纳税人被查逃避缴纳、未缴或少缴增值税和消费税而被责令补缴税款并处以滞纳金和罚款的，应同时补缴城建税和教育费附加，并对逃避缴纳、未缴或少缴城建税和教育费附加的处以滞纳金和罚款。

三、城市维护建设税和教育费附加的税率和应纳税额的计算

（一）税率

1. 教育费附加

教育费附加按3%的比例征收。

2. 城市维护建设税

（1）城建税根据纳税人所处地区设置了3档差别比例税率。

①纳税人所在地为市区的，税率为7%。

②纳税人所在地为县城、镇的，税率为5%。

③纳税人所在地不在市区、县城或镇的，税率为1%。

（2）城建税税率适用的特殊规定。

城建税的适用税率，按照纳税人所在地的规定税率执行。但是，对下列两种情况，可按纳税人缴纳增值税和消费税所在地的规定税率就地缴纳城建税：

①由受托方代扣代缴、代收代缴增值税和消费税的纳税人，其代扣代缴、代收代缴的城建税按受托方所在地适用税率执行。

②流动经营等无固定纳税地点的单位和个人，在经营地缴纳增值税和消费税的，其城建税的缴纳按经营地适用税率执行。

（二）应纳税额的计算

城建税和教育费附加的计算公式为

应纳税额 = 实际缴纳的增值税和消费税 × 适用税率

【例 4 – 17】 位于市区的某公司 2016 年 3 月份共缴纳增值税、消费税和关税 668 万元，其中关税 162 万元，进口环节缴纳的增值税和消费税 260 万元。该企业 3 月份应缴纳的城建税和教育费附加各为多少？

【解析】 该公司应缴纳的城建税 = （668 – 162 – 260）×7% = 17.22（万元）

该公司应缴纳的教育费附加 = （668 – 162 – 260）×3% = 7.38（万元）

四、城市维护建设税和教育费附加的税收优惠

城建税和教育费附加的税收优惠与增值税和消费税的税收优惠相关联。如果增值税和消费税享受免征或者减征税收，城建税和教育费附加也享受免税或减税。对于因增值税和消费税减免税而需退库的，城建税和教育费附加也可同时退库。

对增值税和消费税实行先征后退、先征后返、即征即退的办法，除另有规定外，对附征的城建税和教育费附加，一律不予退（返）还。

对出口产品退还增值税和消费税的，不退还已缴纳的城建税和教育费附加。

五、城市维护建设税和教育费附加的征收管理

（一）纳税义务发生时间

城建税和教育费附加的纳税义务发生时间，是纳税人发生增值税和消费税纳税义务的时间。

增值税、消费税如果是通过扣缴征收的，城建税和教育费附加的扣缴义务发生时间为纳税人增值税和消费税纳税义务发生的当天。

（二）纳税期限

城建税和教育费附加的纳税期与增值税和消费税的纳税期一致，即附加在增值税和消费税上征收的城建税的纳税期为 1 日、3 日、5 日、10 日、15 日、1 个月或者一个季度。

城建税的具体纳税期限，由主管税务机关根据增值税和消费税应纳税额大小分别核定；不能按照固定期限纳税的，可以按次纳税。

纳税人以 1 个月或者 1 个季度为一个纳税期限的，自期满之日起 15 日内申报纳税；以 1

日、3 日、5 日、10 日、15 日为一个纳税期的，自期满之日起 5 日内预缴税款，于次月 1 日起 15 日内申报纳税并结清上月应纳税款。

扣缴人解缴税款的期限，依照纳税人的规定执行。

纳税申报资料为城市维护建设税、教育费附加、地方教育附加税（费）申报表。

（三）纳税地点和征收机关

城建税和教育费附加的纳税地点，一般就是其所附加的增值税和消费税的纳税地点。流动经营等无固定纳税地点的单位和个人的城建税和教育费附加，按经营地的适用税率在经营地缴纳城建税和教育费附加。

扣缴增值税和消费税的城建税和教育费附加的纳税地点在扣缴地。

城建税和教育费附加由地方税务局征收管理，但不包括铁道部门、各银行总行、各保险总公司集中缴纳的城建税和教育费附加。

本项目小结

行为税的征税对象，是国家税法规定的，除商品流转、劳务收入、收益、所得、财产占有、特定目的、资源开采和占用等行为之外的其他各种应税行为。行为税包括交易税（印花税）、耕地占用税、车船使用税等，税种较多，各个税种的具体课征对象差异较大，所以此类税收中各税种的课征制度也不大相同。

行为税中很多税种是国家根据一定时期的客观需要，为了限制某种特定的行为而开征的。因此，除印花税等税负较轻、长期征收的税种之外，大部分行为税税负较重，税源不很稳定。加之征收范围有限，税源零星，征收管理难度较大，又多为地方税，在税制体系中此类税收一般作为辅助税种存在。

本项目主要参考资料

［1］中华人民共和国国务院．中华人民共和国印花税暂行条例．中华人民共和国国务院令第 11 号．

［2］中华人民共和国财政部．中华人民共和国印花税暂行条例施行细则．〔88〕财税 255 号．

［3］国家税务总局．国家税务总局关于外商投资企业和外国企业征收印花税有关问题的通知．国税发〔1994〕95 号．

［4］中华人民共和国财政部，国家税务总局．财政部 国家税务总局关于印花税若干政策的通知．财税〔2006〕162 号．

［5］中华人民共和国财政部，国家税务总局．财政部 国家税务总局关于调整房地产交易环节税收政策的通知．财税〔2008〕137 号．

〔6〕中华人民共和国财政部,国家税务总局.财政部 国家税务总局关于支持公共租赁住房建设和运营有关税收优惠政策的通知.财税〔2010〕88 号.

〔7〕国家税务总局.国家税务总局关于发行 2015 年印花税票的公告.国家税务总局公告 2015 年第 94 号.

〔8〕中华人民共和国国务院.中华人民共和国土地增值税暂行条例.中华人民共和国国务院令第 138 号.

〔9〕中华人民共和国财政部.中华人民共和国土地增值税暂行条例实施细则.财法字〔1995〕6 号.

〔10〕中华人民共和国财政部,国家税务总局.财政部、国家税务总局关于土地增值税一些具体问题规定的通知.财税字〔1995〕48 号.

〔11〕国家税务总局,国家土地管理局.国家税务总局 国家土地管理局关于土地增值税若干征管问题的通知.国税发〔1996〕4 号.

〔12〕中华人民共和国国务院.中华人民共和国城市维护建设税暂行条例.国发〔1985〕19 号.

〔13〕中华人民共和国财政部,国家税务总局.财政部 国家税务总局关于增值税营业税消费税实行先征后返等办法有关城建税和教育费附加政策的通知.财税发〔2005〕72 号.

〔14〕中华人民共和国国务院.国务院关于统一内外资企业和个人城市维护建设税和教育费附加制度的通知.国发〔2010〕35 号.

〔15〕国家税务总局.国家税务总局关于撤县建市城市建设维护税适用税率问题的批复.税总函〔2015〕511 号.

自测练习题

一、单项选择题

1. 赵某将一个商铺卖给了李某,双方签订了产权转移书据,钱某为担保人,孙某为鉴定人,该产权转移书据的印花税纳税人为(　　)。

　　A. 赵某和钱某　　　　　　　　　　B. 赵某、钱某和孙某

　　C. 钱某、孙某和李某　　　　　　　D. 赵某和李某

2. 在应纳税凭证上未贴或者少贴印花税票的或者已粘贴在应税凭证上的印花税票未注销或者未画销的,由税务机关追缴其不缴或者少缴的税款、滞纳金,并处不缴或者少缴的税款的 50% 以上(　　)以下的罚款。

　　A. 2 倍　　　　　B. 3 倍　　　　　C. 5 倍　　　　　D. 10 倍

3. 财产保险合同的印花税适用税率为(　　)。

　　A. 3 ‰　　　　　B. 1‰　　　　　C. 5 ‰　　　　　D. 0.5 ‰

4. 印花税的纳税人应按有关税法的规定及时办理纳税申报,纳税人应于(　　)终了

后 10 日内向主管税务机关提交印花税纳税申报表。

  A. 每月份   B. 每季度   C. 每半年   D. 每年度

  5. 下列各项中，应当征收土地增值税的是（   ）。

  A. 公司与公司之间互换房产   B. 房地产公司为客户代建房产

  C. 兼并企业从被兼并企业取得房产   D. 双方合作建房后按比例分配自用房产

  6. 房地产开发企业在确定土地增值税的扣除项目时，允许单独扣除的税金是（   ）。

  A. 营业税、印花税   B. 房产税、城市维护建设税

  C. 营业税、城市维护建设税   D. 印花税、城市建设维护税

  7. 土地增值额超过 50% 至 100% 的部分，土地增值税税额 = 增值额 ×40% − 扣除项目金额 ×（   ）。

  A. 35%   B. 25%   C. 15%   D. 5%

  8. 非从事房地产开发的纳税人在签订房地产转让合同（   ）内，向主管税务机关报送土地增值税纳税申报表。

  A. 7 日   B. 10 日   C. 15 日   D. 30 日

二、多项选择题

  1. 由于纳税义务于应税凭证签订时产生，故无论合同是否（   ）均应按期计税贴花。

  A. 有效   B. 兑现   C. 按期兑现   D. 履行

  2. 下列权利许可证照需要粘贴印花税票的有（   ）。

  A. 会计从业资格证   B. 工商营业执照

  C. 商标注册证书和专利证书   D. 房屋产权证和土地使用证

  3. 下列各项中，不征或者免征土地增值税的有（   ）。

  A. 以房地产使用权抵债而尚未发生房地产权属转让的

  B. 以土地、出资双方合作建房、建成后又转让给其中一方的

  C. 被兼并企业的房地产在企业兼并中转让到兼并方的

  D. 企业与个人之间交换的房地产

  4. 转让房地产收入包括（   ）。

  A. 货币收入   B. 实物收入   C. 房产税收入   D. 其他收入

  5. 不纳入土地增值税征税范围的有（   ）。

  A. 合作建房建成后转让的   B. 房地产的代建房地产

  C. 企业兼并转让房地产   D. 房地产的赠与

  6. 纳税人转让房地产，有（   ）情形的，按照房地产评估价格计算征收土地增值税。

  A. 隐瞒、虚报房地产成交价格

  B. 因偷税被税务机关给予 2 次行政处罚

  C. 房地产成交价格在 1 亿元以上

  D. 提供扣除项目金额不实

三、实务练习题

甲公司与乙公司签订了两份合同：一是货物交换合同，甲公司的货物市场价值 200 万元，乙公司的货物价值 180 万元；二是采购合同，甲公司购买乙公司 50 万元的货物，但因故合同未能兑现。甲公司应缴纳的印花税是多少？

参考答案

一、单项选择题

1	2	3	4	5	6	7	8
D	C	B	B	A	C	D	A

二、多项选择题

1	2	3	4	5	6
BC	BCD	AC	ABD	BD	AD

三、实务练习题

甲公司货物交换合同应缴纳印花税 $= (200 + 180) \times 3‰ \times 10\ 000 = 1\ 140$（元）

甲公司采购合同应缴纳印花税 $= 50 \times 3‰ \times 10\ 000 = 150$（元）

故甲公司共缴纳印花税 $= 1\ 140 + 150 = 1\ 290$（元）

请扫描二维码，获取模块四相关附表。

 参考文献

[1] 国家税务总局税收科学研究所 . 西方税收理论 . 北京：中国财政经济出版社，1997.

[2] 孟德斯鸠 . 论法的精神 . 张雁深，译 . 北京：商务印书馆，1978.

[3] 张莹 . 税收理论与实务 . 北京：中国人民大学出版社，2010.

[4] 艾华 . 税务会计 . 大连：东北财经大学出版社，2009.

[5] 苏春林 . 税法与纳税操作 . 2 版 . 北京：中国人民大学出版社，2008.

[6] 中华会计网校 . 营业税改征增值税政策解读及实务案例分析 . 北京：经济科学出版社，2013.

[7] 乔梦虎 . 纳税实务 . 北京：高等教育出版社，2005.

[8] 中国注册会计师协会 . 税法 . 北京：经济科学出版社，2014.

[9] 福州市国家税务局 . 税收历史故事 . 福州：海风出版社，2013.

[10] 黄润林 . 税费计算与缴纳 . 大连：东北财经大学出版社，2014.

[11] 汪蔚青 . 百姓不缴糊涂税：财税专家汪蔚青的税务普及书 . 杭州：浙江大学出版社，2014.

[12] 言谭 . 一本书读懂中国税 . 杭州：浙江大学出版社，2013.

 参考网址

[1] 中国税务网 . http：//www. ctax. org. cn/.

[2] 国家税务总局 . http：//www. chinatax. gov. cn/.

[3] 海南省国家税务局 . http：//www. hitax. gov. cn/.

[4] 海南省地方税务局 . http：//www. tax. hainan. gov. cn/.

下载专区：http：//www. crtvup. com. cn/zyxz/zyxz/《税收实务》附表 . rar